Siegfried Kettling

Typisch evangelisch

Grundbegriffe des Glaubens

BRUNNEN
VERLAG GIESSEN

TVG-Orientierung
Herausgegeben von Helmut Burkhardt,
Reinhard Frische und Gerhard Maier

Begründet 1973 von Klaus Bockmühl (1931-89)
unter dem Namen „Theologie und Dienst“

Die Theologische Verlagsgemeinschaft (TVG)
ist eine Arbeitsgemeinschaft der Verlage
Brunnen Gießen und R. Brockhaus Wuppertal.
Sie hat das Ziel, schriftgemäße theologische Arbeiten
zu veröffentlichen.

5. Auflage 1994

Umschlag: Friedhelm Grabowski
Satz: Typostudio Rücker & Schmidt, Langgöns
Herstellung: St. Johannis-Druckerei, Lahr
ISBN 3-7655-9537-3

Inhalt

Vorwort

„Typisch evangelisch“, das ist kein konfessioneller Schlachtruf. „Typisch evangelisch“ meint schlicht: vom „Typos“, vom Grundmuster des Evangeliums, geprägt.
Das Evangelium, die „gute Botschaft“, umfaßt beides: Gottes notwendende Tat und die befreiende Kunde davon; es ist „ein Predigt und Geschrei von der Gnad und Barmherzigkeit Gottes“ (Martin Luther). Beides – der frohmachende Inhalt der Botschaft und ihr befreiender Vollzug – ist Thema dieser Aufsätze. Sie wollen Brücken schlagen zwischen Lehre und Leben, Dogmatik und Predigt. Und sie möchten ermutigen zur evangelischen Freude.
Dieses Buch ist mit Dank zwei Vätern und Brüdern in Christus gewidmet. *Kurt Heimbucher* hat als Gnadauer Präses und „lutherischer Pietist“ evangelische Freude beispielhaft gelebt, hat die Verbindung zwischen Reformation und Gemeinschaftsbewegung anschaulich verkörpert und immer wieder zur theologischen Arbeit daran gemahnt. Nur so bekam man nach seiner Überzeugung „Eisen ins Blut“. Die hier gesammelten Aufsätze sind Frucht dieser Ermutigung, sind im „Gnadauer Kontext“ erwachsen und möchten den empfangenen Impuls weitergeben.
Gleichzeitig sind sie ein dankbarer Gruß an *Paul Deitenbeck,* den Ursauerländer mit dem weiten, für Jesus brennenden Herzen, den „Bischof“ unter den Pietisten. Sein Name hat schon in meine Kindheit geleuchtet, sein Mutmachen mich jahrzehntelang begleitet. Auf einer Tagung mit Predigern des Evangeliums faßte er das, was ihm sein Glaube ganz persönlich bedeute, „typisch evangelisch“ in die reformatorische Formel: *„Facultas standi extra me in Christo“,* „die Ermächtigung außerhalb meiner selbst Position zu fassen, nämlich in Christus“.

Unterweissach,
Pfingsten 1992

Siegfried Kettling

ERSTES KAPITEL

Die Rechtfertigung des Gottlosen

Einleitung

In seinem großen Galaterkommentar[1] von 1531 („in gewisser Hinsicht ... ein theologisches Testament", Iwand[2]) berichtet Luther gleich zweimal von dem Eremiten Arsenius[3], der überall in dem Ruf stand, ein besonders geheiligtes Leben zu führen, und seinen Zeitgenossen als leuchtendes Vorbild galt.

> „Kurz bevor er starb, stand er traurig und unbewegt drei Tage mit zum Himmel gerichteten Augen. Gefragt, warum er das mache, sagte er, *er fürchte den Tod*. Als die Schüler ihn trösteten, es gäbe keinen Grund, warum er den Tod fürchten müßte, da er völlig heilig gelebt habe, antwortete er: Ich habe zwar heilig gelebt und die Gebote Gottes gehalten, aber *es sind die Gerichte Gottes bei weitem anders als der Menschen Gerichte*. – Und so verlor er das Vertrauen in alle seine guten Werke und Verdienste, und wenn er nicht durch die Verheißung Christi aufgerichtet worden ist, ist er verzweifelt. Daher, das Gesetz kann nichts anderes bewirken, als uns nackt und als Schuldner hinzustellen; da ist dann nicht Rat noch Hilfe, sondern alles ist verloren" (S. 99 f). „Si salvus, hat er kriechen müssen ad Christum mortuum" (Wenn er doch gerettet wurde, so hat er zum für uns gestorbenen Christus kriechen müssen).

Worauf kann ich sterben? Was macht mich getrost und gewiß, wenn ich vor Gottes Gericht gefordert werde? Denn wer ich bin und wie es um mich steht, das kommt allein im Urteil Gottes heraus, nirgends sonst!

Indem Luther so nach dem *Sterbetrost* fragt, fragt er in Wahrheit nach dem *Lebensmut*. Denn was sich im Sterben als feuerfest erweist, lohnt als Basis für das Leben. Was jedoch im Tod nicht standhält, taugt auch im Leben nicht.

Fragt man Luther nach dem Fundament seines Lebensmuts und seiner Lebensfreude, dann hat er nur eine Antwort:

„Gott macht den Gottlosen gerecht!" Diese „justificatio impii" ist „der erste und Hauptartikel":

> „Von diesem Artikel kann man nicht weichen oder nachgeben, es falle Himmel und Erde oder was nicht bleiben will."[4]

Die Rechtfertigung des Gottlosen als Basis unserer Existenz – das ist unser Thema. Wir wollen zunächst fragen, was es heißt, ein *Gottloser* zu sein, und dann, was es bedeutet, daß Gott solche Gottlosen *gerecht macht*.

I. Der gottlose Mensch (Gesetz und Sünde)

1. Geist wider Fleisch (Gesetz und gefallener Mensch)

Ich las von einem Jungen, der alles, was er fand, in seine Hosentasche steckte, so auch eines Tages einen merkwürdigen weißen Steinbrocken, den er auf einer Baustelle entdeckte. Anschließend watet er mit seinen Freunden in den nahen Dorfteich. Plötzlich beginnt er mörderisch zu schreien: „Es brennt, es brennt! Mein Bein brennt!" Die Kameraden halten ihn für verrückt: Wie kann es mitten im kühlen Wasser brennen? Doch der Kleine setzt sein verzweifeltes Geschrei fort: „Hilfe, mein Bein brennt!" Tatsächlich zeigt sich dann am Oberschenkel eine so tiefe Brandwunde, daß sofort ärztliche Hilfe nötig ist.

Bei dem seltsamen Steinbrocken handelte es sich um gebrannten, ungelöschten Kalk. Wir wissen: Wenn solcher ungelöschter Kalk mit Wasser in Berührung kommt, setzt ein intensiver chemischer Prozeß ein, der von Zischen und Sieden und mächtiger Wärmeentwicklung begleitet ist.

Das mag ein schwaches Bild sein für das, was geschieht, wenn Gottes *Gesetz* mit dem gefallenen, Gott entfremdeten Menschen in Kontakt kommt, wenn *„Geist" auf „Fleisch"* stößt.

Gottes Gesetz, das ist die Summe des guten göttlichen Willens, der auf Leben aus ist (Röm 7,10 „zum Leben gegeben"). Es ist – wie Paulus sagt – „heilig, gerecht und gut"

(Röm 7,12), ja „geistlich" (7,14). Es trägt also Gottes Art an sich, kommt von ihm, ist sein heilsames Gebot, seine helfende Weisung (Tora).

Aber dieses göttliche Gesetz stößt nun auf den *Sünder,* auf den von Gott abgesonderten Menschen. *„Fleisch"* ist dieser Mensch (Röm 7,18). „Fleisch" – das hat nichts mit Biologie zu tun und dem Metzgerladen, auch nichts mit der idealistischen Unterscheidung zwischen dem Materiell-Triebhaften und dem Vernünftig-Geistigen im Menschen. „Fleisch" meint nicht *etwas,* eine niedere Schicht im Menschen, sondern ist ein *Ganzheitsurteil:* „Fleisch" ist der Mensch in seinem Widerstand gegen Gott, in seinem Wahn, wie Gott sein zu wollen. Dieses „Fleisch-Sein" des Menschen äußert sich in doppelter Weise: als *Selbst-Sucht* und als *Welt-Sucht.* Beide Dimensionen hat Luther sehr plastisch beschrieben.

2. „Selbst-Sucht" („Eingekrümmt-Sein in sich selbst")

Von Gott her – auf Gott hin, das ist die schöpfungsmäßige Bestimmung des Menschen. Aber eben dagegen rebelliert der Sünder. Er will selber Herr sein; seine Sünde ist „Selbst-*herr*-lich-keit". Er will kein (Ober-)Haupt über sich dulden; seine Sünde ist „Selbst-be-*haupt*-ung". Luther sagt: Er ist *„incurvatus in se ipsum",* ist in sich selbst „eingekurvt" und eingekrümmt, dreht sich wie ein Karussell stets um die eigene Achse, wobei ständig ein schrilles „Ich – Meiner – Mir – Mich" ertönt als Ausdruck der Anmaßung, daß alles und alle, die ganze Welt und selbst Gott um ihn rotieren sollten. Dieser „in sich eingekurvte" Mensch gleicht – in einem anderen Bild – einem Menschen im Boot, der nur auf einer Seite das Ruder zu betätigen vermag. Auch der größte Eifer, die stärkste Anstrengung bringen ihn nicht vom Fleck; er rotiert unablässig um sich selbst. Als *„Mittelpunktshaltung"* hat der Theologe W. Elert diese Selbst-Sucht charakterisiert. Auf sich selbst ist dieser „Süchtige" fixiert: Er kann nicht wollen, daß Gott GOTT sei (Luther).

3. „Welt-Sucht“ („Festhängen im Geschaffenen“)

Von Gott getrennt, ist dieser Mensch zugleich von Gottes Schöpfung entfremdet. Der „Ichverkrümmte“ empfindet das als tiefe Leere, erfährt sich als Vakuum, spürt einen wilden Durst, eine heiße Gier: alles möchte er in sich hineinsaugen, alles in sich hineinfressen, und bleibt doch durstig. Es geht ihm wie einem Schiffbrüchigen, der seinen Durst mit Meerwasser zu stillen sucht und ihn dadurch schier zum Wahnsinn steigert. *Süchtig* ist dieser Mensch; zur *Selbst-Sucht* („incurvatus“) kommt die *Welt-Sucht,* das gierige Haben-, Ergreifen-, Besitzen-Wollen. Er beginnt, die Welt zu verzehren, ohne doch satt zu werden.

Gestalten aus Geschichte und Dichtung lassen die verschiedenen Ausrichtungen, die Betätigungsfelder dieser Gier modellhaft erfassen (Kierkegaard): Im *Don Giovanni* ist der sexuelle Trieb verdichtet: Allein in Spanien hat er „mille e tre“ (1003) Frauen als Objekte seiner Sucht benutzt und ist doch keiner wahrhaft begegnet. Der sexuelle Virtuose ist in wahrer Liebe impotent!

Im *Modell Faust* giert der Mensch nach *Wissen,* begehrt zu erkennen, „was die Welt im Innersten zusammenhält“, und bleibt ein „armer Tor“.

Im *Modell Nero* will er sich an der *Macht* berauschen, zündet Rom an, um Stoff für ein Gedicht zu finden, und stirbt mit leeren Händen.

Die Gier nach *Geld* schließlich, die banalste und doch so dämonisch mächtige, hat kein großes Modell hervorgebracht. Neben dem König Midas, dem alles zu Gold wird, was er berührt, so daß er nicht einmal mehr Nahrung findet, steht allenfalls ein Comic-Star: Donald Ducks geiziger Onkel Dagobert!

Im Haben und Besitzen will dieser leere Mensch sich stillen und wird stets Gefangener seines Verlangens. Die Mächte, deren er sich bedienen möchte, spielen sich als Diktatoren auf, die ihn versklaven. Sex und Wissen, Macht und Geld, Alkohol und LSD, – nicht er hat sie, sie haben ihn. Luther spricht vom *„haerere in creaturis“,* vom *„Festhängen im Ge-*

schaffenen": Der Mensch, der das Geschaffene vergötzt, von ihm Heil, Erlösung, Freiheit erwartet, wird zum Sklaven der Dämonen, hängt im Geschaffenen fest wie ein Insekt im Spinnennetz.
„Incurvatum esse in se", rotieren ums eigene Ich, und *„haerere in creaturis",* der geschaffenen Welt verfallen sein, mit diesen beiden sehr plastischen Aussagen hat Luther die Wirklichkeit „Fleisch" beschrieben: süchtig ist der Mensch; *Selbst- und Welt-Sucht* haben ihn gefangen, machen ihn zum Besessenen.

4. Die eine Sünde – drei Variationen

Auf diesen „fleischlichen" Menschen stößt Gottes geistliches Gesetz – wie das Wasser auf den ungelöschten Kalk. Jetzt beginnt ein Prozeß von ungeheurer Dynamik, ein Brodeln, Zischen, Sieden: *Sünde,* nichts als Sünde treibt und gärt da. „Die Kraft der Sünde" (der chemische Katalysator) „ist das Gesetz" (1Kor 15,56).
Was will dieses heilige Gesetz? Alle Forderungen lassen sich bündeln im ersten Gebot: Es gilt Gott über alle Dinge zu fürchten, Gott zu lieben, Gott zu vertrauen. Gott will die Mitte sein, allein an ihm soll der Mensch hängen. Gott will beim Menschen wahrhaft GOTT werden! Das geistliche Gesetz fordert also Geistliches, das, was Gott ehrt, Ihn groß macht. Aber eben dies Geistliche kann und will das „Fleisch" nicht produzieren (so wie man einen Esel weder durch Prügeln noch durch Streicheln dazu bringen kann, Goldstücke zu spucken; das ist bei ihm „nicht drin"!). *„Vom Fleisch wollt' nicht heraus der Geist, vom G'setz erfordert allermeist",* so hat Luthers Mitstreiter Paul Speratus höchst präzis formuliert (EKG 242,2). Das heilige Gesetz Gottes versetzt das Fleisch in Aufruhr: die bisher schwelende Rebellion wird ans Tageslicht gefördert, die Inkubationszeit der Krankheit kommt abrupt zum Ende, jetzt bricht sie voll aus, jetzt erreicht die Sünde Siedetemperatur, zeigt ganz ihr Gesicht („auf daß die Sünde recht als Sünde erscheine", wörtlich „damit sie zum Phänomen werde", Röm 7,13).

Allerdings kann diese Rebellion gegen Gott ganz unterschiedliche Strategien anwenden, kann die eine Krankheit ganz verschiedene Symptome hervorbringen. Drei Variationen der Sünde, drei Typen, drei Modelle möchte ich aufzeigen, das eine Gesicht der Sünde in drei Masken.

a) „Modell Zöllner Zachäus"

Fragt man den erfolgreichen Zolldirektor, wie er zu seiner prächtigen Villa und dem gefüllten Safe kam, so wird er grinsend sein „todsicheres (!) Erfolgsrezept" präsentieren: „Seit ich endlich das völlig antiquierte Gebot ‚Du sollst nicht stehlen!' zum alten Eisen warf, häuft sich bei mir das Gold."
Die Weisung Gottes war diesem ich- und weltsüchtigen Mann ein lästiger *Zaun;* mutwillig setzte er darüber hinweg. Sünde erscheint hier in der uns wohl geläufigsten Gestalt – als *Übertretung.* Das ist der eine Trick Satans: Er schildert uns das von Gott umfriedete Gelände innerhalb des Zaunes als stickiges Gefängnis, malt uns jenseits der Begrenzung den Traum der großen Freiheit: „Da bist du wer, da hast du was!" „Nicht ehebrechen!?", so höhnt er, „weg mit dieser bürgerlichen Moral! Gebote Gottes? Nichts als Freudenverbote sind sie! Brich durch, steig hinüber; das Leben wartet auf dich!"
„Modell Zachäus" – *Sünde als Übertretung, Sünde als Übermut!*

b) „Modell Pharisäer Saulus"

Voller Stolz steht der hochbegabte junge Theologe, der fromme Eiferer vor uns, die Zierde seiner Generation! Wie der reiche Jüngling spricht er: „Das habe ich alles gehalten von meiner Jugend an. Pfui den Übertretern, die Gottes Tora als Zaun ansehen, wehe ihnen! Nicht Zaun ist Gottes Weisung; man muß sie nur um 90 Grad nach oben drehen, und aus dem Zaun wird die *Leiter zum Himmelreich.*"

Imponierend, wie hoch der Mann schon geklettert ist (vgl. Phil 3,4ff.)! Doch dieser Eiferer meint im Tiefsten nicht Gott, um sich selbst eifert er. Später wird er die „eigene Gerechtigkeit", das „Sich-Rühmen" vor Gott, scharf verurteilen. Es ist die andere List des Satans, dem Menschen, dem alten Adam „erbaulich" zu kommen, ihm einzureden, durch die eigene Leistung könne er sich vor Gott aufbauen, könne sich vor Gott Ansprüche, Verdienste erwerben. Als Engel des Lichts erscheint der Satan hier, äfft Gottes Stimme nach, empfiehlt dringend Gottes Gebote, appelliert an den „frommen Gernegroß", der aus sich etwas machen möchte. Doch die vermeintliche Himmelsleiter ist nur ein neuer babylonischer Turm! Spüren wir, wie bei dieser selbstherrlichen „Erfüllung" der Gebote gerade das erste Gebot, das „Soli Deo Gloria", radikal verneint wird?
„Modell Saulus" – *Sünde als selbstherrliche Erfüllung, als Hochmut!*
Luther beurteilt dieses Modell so:

> „Das Gesetz ... kann nur im Geist erfüllt werden. Aus den Gesetzeswerken die Rechtfertigung suchen, heißt die Glaubensgerechtigkeit verleugnen ... Die Werkheiligen ... verfehlen sich gegen das erste, zweite und dritte Gebot und gegen das ganze Gesetz ... Darum handeln sie gerade darin, daß sie das Gesetz halten, am allermeisten gegen das Gesetz" (Gal, S. 153).

c) „Modell Mönch Luther"

Der von Wachen, Fasten, Geißelhieben, unerbittlicher Selbsterforschung Gezeichnete sieht fast jenem büßenden Fürsten von Anhalt ähnlich, der ihm als Schüler in Magdeburg so mächtig imponiert hatte, „der in der Barfüßerkappe auf der Breiten Straße nach Brot ging und den Sack trug wie ein Esel; er hatte so sehr gefastet und sich kasteit, daß er aussah wie der Tod, lauter Bein und Haut ... Wer ihn ansah, der schmatzte vor Andacht."[5]
Warum diese Selbstquälerei? Dem Mönch erscheint das Gesetz als steil aufragende, ja überhängende und zudem völlig

vereiste *Felswand.* Hinauf muß er, muß die „vollkommene Reue“ *(contritio cordis)* in sich erzeugen, den ganzen Gehorsam, gerade gegenüber dem 1. Gebot! Aber der Absturz ist eine tägliche Erfahrung. Verzweifelnd ruft er: Ich *muß* hinauf, aber ich *kann* es nicht! Gott soll ich lieben, aber ich beginne, ihn zu hassen wie einen sadistischen Sklavenhalter. Das ist der dritte Trick des Satans: Er isoliert das Gesetz Gottes von der Gnade, will den Menschen in das Dunkel der Depression treiben, ja bis zum Selbstmord (Judas!): „Sage Gott ab und stirb!“
„Modell Luther“ – *Sünde als Verzweiflung, als Gotteshaß.*

Der Zöllner, der Pharisäer, der Mönch! Auf den ersten Blick möchte man nicht glauben, daß diese so gegensätzlichen Figuren nur drei Variationen des einen Themas sind: Sünde als Selbst-Sucht und Welt-Sucht.
Doch dies ist allen gemeinsam: Sie wollen ihr Leben selbst in den Griff nehmen, aus sich selbst etwas machen, wollen vom Werk her ihre Person qualifizieren. So unterschiedlich auch die Wege erscheinen – offene Rebellion (Zachäus), Werkheiligkeit und Stolz (Saulus), Gotteshaß und Verzweiflung (Luther) – gemeinsam ist das Motiv, gemeinsam das letzte Ziel, das ICH!
Begegnet Gottes geistliches Gesetz dem fleischlichen Menschen, dann kommt nichts als Sünde heraus. Luther hat später über diesen Selbermacher Mensch, der sich an Gottes Gesetz vergreift, scharf geurteilt: „Wie es lästerlich ist zu sagen, daß einer selbst sein eigener Gott sei, sein Schöpfer oder Erzeuger, so ist es auch lästerlich, gerecht zu werden durch seine eigenen Werke.“[6]

5. Rettung für den Gottlosen?

„Eingekrümmt-Sein in sich selbst“, „Festhängen im Geschaffenen“, „Mittelpunktshaltung“, „Weltverfallenheit“, Gotteslästerung, – mit all dem haben wir versucht, das Wort *„der Gottlose“* (das eine Leitwort unseres Themas!) zu umschreiben.

Nach all dem bedeutet „gott-*los*" mehr als ein bloßes Defizit. Sagen wir „ein Mittel-loser", „ein Fried-loser", „ein Hoffnungs-loser", „ein Freud-loser", dann bezeichnet das Wörtchen „los", diese negative Nachsilbe, stets einen Hohlraum, der nach Ausfüllung verlangt, einen schmerzhaften Mangel, dessen Beseitigung heiß ersehnt wird. Welcher Hoffnungslose möchte nicht Hoffnung finden? Was wünscht sich ein Freudloser mehr als Freude? Aber der Gottlose ist der aktive Feind Gottes; Gottlosigkeit bedeutet Widerstand gegen Gott: Der Sünder *haßt* Gott, statt ihn zu lieben, er verachtet Gott, statt ihn zu fürchten, er reckt sich hochmütig empor oder verkrampft sich verzweifelt, statt Gott zu vertrauen. Der „Gott-lose" (lat. *„impius"*, griech. *„asebes")* ist der, dessen Leben (bewußt oder unbewußt) im leidenschaftlichen *Nein gegen Gott* gipfelt.[7]
Unsere Frage heißt nun: Wie kann diesem Gottlosen geholfen werden? Gibt es Rettung für ihn, Rettung für uns alle, die wir ausnahmslos hier oder dort in den drei Typen der Sünde eingefangen sind?
Eins ist deutlich: Vom *Gesetz* kann die Rettung nicht kommen. Wohl ist es in der Konfrontation mit der dunklen Macht „Fleisch" *Gottes* Gesetz geblieben, heilig, gerecht und gut. Aber es ist seinem eigentlichen Wollen, seiner Intention, Heil, Leben zu schaffen, entfremdet. Denn wo es mit seinem kompromißlosen „Du sollst!" auf den selbst- und welt-süchtigen Menschen trifft, entsteht nichts als Sünde. Nun ist das Gesetz Ankläger, Richter, Henker geworden: „Der Buchstabe tötet" (2Kor 3,6). Dieses Töten ist nun der dunkle Glanz des Gesetzes. Es vermag Gottes heiliges Nein zur Sünde zu demonstrieren, beweist, daß Gott sich nicht spotten läßt. Es erstrahlt in der blutigen Herrlichkeit des unerbittlichen Richters. Aber Heilsweg ist es in keiner Weise: Leben, Rettung, Neuanfang kann es nicht bewirken. Wie soll da Rettung möglich sein? Da müßte Gott schon ganz neu einsetzen, das ganze System aus den Angeln heben. Und dieser Neueinsatz müßte auf einer ganz neuen Ebene geschehen, außerhalb des Gesetzes, besser: *oberhalb*. Daß Gott eben dies tat, ist der Inhalt des *Evangeliums*. In Röm 3,21 begrüßt Paulus voller Jubel den Sonnenaufgang

über dem Todesdunkel, das Juden und Heiden, alle Menschen ohne Ausnahme, einhüllte: „Nun, jetzt ist – abgesehen vom Gesetz – die Gerechtigkeit Gottes offenbart." *Gerechtigkeit Gottes,* diese zwei Worte umschreiben die „süße Wundertat": Gott macht den Gottlosen gerecht!

II. Christus – unsere Gerechtigkeit

Gerechtigkeit Gottes, was bedeutet das? Hier wäre ausführlich von Luthers reformatorischem Durchbruch zu berichten, von seinem „Turmerlebnis". Es wäre zu entfalten, wie er durch dieses Wort „Gerechtigkeit Gottes" aus der Hölle ins Paradies versetzt wurde. Wie er Gottes Gerechtigkeit zunächst als fordernde, strafende, verurteilende Instanz betrachtet hatte *(„justitia distributiva"),* wie er dann entdeckte: Es geht hier um Gottes schenkende Barmherzigkeit, um seine den Sündengraben übergreifende Bundestreue. Nicht um Leistungsgerechtigkeit geht es, die ich vorweisen muß *(„justitia activa"),* sondern um Gnadengerechtigkeit, die ich ganz „passiv" empfange *(„justitia passiva").*[8]

1. ER – für uns

Doch wir wollen uns an Luthers Grundregel halten:

> „Die wahre christliche Theologie fängt ... an ... mit Christus" (S. 37).[9]

Denn Gottes Gerechtigkeit ist nicht etwas, eine Eigenschaft, ein Vorgang, eine Tat; sie ist *Jesus Christus* selbst: „Er ist uns gemacht zur Gerechtigkeit" (1 Kor 1,30).

> „Der im Glauben ergriffene und im Herzen wohnende Christus ist die christliche Gerechtigkeit, derentwillen Gott uns als gerecht betrachtet und das ewige Leben schenkt" (S. 90).

Dies hat Luther in seinem Galaterkommentar (1531) gewaltig bezeugt. Einige Aussagen daraus wollen wir im Folgenden bedenken. Da heißt es:

> Er ist „der größte Räuber, Mörder, Ehebrecher, Dieb, Tempelschänder, Lästerer ..., der durch keinen Verbrecher in der Welt je übertroffen wird" (S. 168).

Wen meint Luther? Kaiser Karl V., der ihn ächtete, ihn aus der menschlichen Gemeinschaft ausstieß? Papst Leo X., der ihn durch seinen Bannfluch aus der Christenheit exkommunizieren wollte? Sich selbst, „den verlorenen und verdammten Sünder", den „stinkenden Madensack"? Von wem redet er? Er spricht von *Jesus Christus!* Er ist der größte Räuber, Mörder, Ehebrecher ... Klingt das nicht wie Gotteslästerung? Ja, wenn Luther das erfunden hätte, aber er spricht es ja nur dem Apostel Paulus nach. Ja, wenn Paulus dies aus sich produziert hätte, aber er zeichnet ja nur nach, was Gott, Gott selbst, getan hat: „Gott hat den, der von keiner Sünde wußte, für uns zur Sünde gemacht" (2Kor 5,21).

Für sich genommen ist Jesus freilich der Reine, der Unschuldige, der von aller Sünde Geschiedene, ganz mit dem Vater Verbundene. Aber das ist gerade das Wunder der göttlichen Liebe: Gott *will* nicht „für sich genommen" werden; der Immanu-El will er sein, der Gott für uns und mit uns. Das ist gerade das Wunder der Menschwerdung: Der ewige Sohn will nicht für sich selbst bleiben (hält seine Gottheit nicht fest wie ein Raubtier seine Beute, Phil 2); zu uns drängt es ihn, für uns „schüttet er sich aus". Weil von Gott her dies Ungeheure geschehen ist, darum wagen Paulus und Luther das Ungeheure auszusprechen: „Christus aber hat uns erlöst von dem Fluch des Gesetzes, indem er für uns *ein (von Gott) Verfluchter* wurde" (Gal 3,13). *„Für uns!"* Luther betont leidenschaftlich:

> „Der ganze Nachdruck liegt auf dem Wörtchen ‚für uns'" (S. 168). „Die ganze Gewalt liegt darin, daß einer die Pronomina gut auf sich bezieht" (S. 40).

Im Wort steckt's, daß wir es ja wortwörtlich nehmen, das kleine Fürwort „Für dich"!

Alles ist verloren, wenn wir an dieser Stelle „Christum von den Sünden und den Sündern scheiden" (S. 169), ihn etwa als Vorbild anpreisen, das wir nachbilden sollen. Das stürzt uns nur wieder in den tödlichen Strudel der Werkerei. Hier haben wir uns dem zu beugen, dürfen uns dem überlassen, sollen das jubelnd anbeten, was Gott tat: Unsere Sünde hat er mit dem reinen Jesus Christus zusammengebunden und gerade so uns von unserer Sünde für ewig getrennt.

> „Was immer ich und du und alle an Sünden begangen haben und in Zukunft noch begehen werden, gehört so eigentlich zu Christus, als wenn er selbst diese Sünden begangen hätte. Alles in allem, es muß unsere Sünde Christi eigene Sünde werden, oder wir sind in Ewigkeit verloren ... Das ist unser höchster Trost, Christus ... so einhüllen zu dürfen in meine, deine und der ganzen Welt Sünden, daß wir ihn sehen dürfen als den, der unser aller Sünde trägt" (S. 169). „Gott hat unsere Sünde nicht auf uns, sondern auf Christus, seinen Sohn, gelegt" (S. 169).

2. ER – „aller Menschen Person"

Sünde, was ist das, was nimmt er da auf sich? Ist Sünde nur eine Sache, ein Es, ein Ding, das ich zu schleppen habe wie eine zentnerschwere Last; geht es um Sündenpakete, die ein anderer, ein Starker, mir abnimmt? Ist Sünde so etwas wie eine gewaltige finanzielle Verschuldung, ein Millionendefizit, für das ein anderer, ein Reicher, eintritt? Habe ich Sünden, wie ein Gefangener Fesseln trägt, die ein anderer, ein Befreier, durchschneidet? Nein, so *habe* ich Sünden nicht wie eine häßliche Schmutzschicht, die abzulösen wäre. Alle Sünden, die ich begangen habe – in Gedanken, Worten und Werken –, entspringen meinem abgrundtiefen Sünder-*Sein. In der Person-Sünde wurzeln alle Tat-Sünden.* Weil der Baum kernfaul ist, darum stinken die Früchte. Ich *habe* nicht Sünden, ich *bin* Sünder, Rebell gegen Gott, bis in die Urgründe meiner Motive, Gedanken und Sehnsüchte. Ich *bin's!* Es ist höchst oberflächlich, von Sündenpaketen, Sündenschulden, Sündenfesseln, Sündenflecken zu reden. Es geht um *mich,* die *Sünder-Person!* Wer jetzt die Sünde entfernen will, der muß den Sünder selbst aufheben. Wer mir meine Sünde abnehmen will, der muß mir schon mich selbst abnehmen. Der müßte an meinen Platz treten, so daß er ich und ich er würde! So spricht Gott-Vater zum Sohn:

> „Du sollst Petrus sein, jener Verleugner, du sollst Paulus sein, jener Verfolger, Lästerer und Gewaltmensch, du sollst David sein, jener Ehebrecher, du sollst jener Sünder sein, der die Frucht im Paradies aß, jener Räuber am Kreuz, in Summa: du sollst *aller Menschen Person* sein und sollst aller Menschen Sünde getan haben" (169 f.).

Du sollst Petrus sein, du sollst Siegfried Kettling sein, – das ist das rettende Wort. Daß wir ja hier Jesus nicht für sich nehmen. Jesus ist nicht irgendeine Privatperson, ist nicht einfach unter all den Milliarden Menschen, die lebten, leben und leben werden, ein spezielles Exemplar, einer unter anderen. Er ist der Eine, der alle in sich schließt, der „letzte Adam", der die neue Menschheit umfaßt. Aber er ist so der neue Adam, daß alle die „alten Adams" in ihm Platz haben. So – als „aller Menschen Person" – ist er für uns zur Sünde gemacht. Diesen Einen trifft dann das heilige Gericht Gottes, an ihm – und so für uns! – wird der Fluch des Gesetzes vollzogen:

> „Da kommt das Gesetz her und spricht: Ich finde jenen Sünder, der aller Menschen Sünde auf sich nimmt, und außer dem sehe ich keine Sünde, darum sterbe er am Kreuz ... Durch diese Tat ist die ganze Welt gereinigt und von allen Sünden entsühnt" (S. 170).

Wundersame Logik: „Wir urteilen so: Ist einer (der Eine!) gestorben, so sind alle gestorben" (2Kor 5,14). Sein Grab ist das meine, sein Ostern gehört mir!

3. ER und ich – „eine Person"

Auf das Wort kommt's an! Es hängt unser *Leben* daran, daß wir hier die *Lehre* präzis fassen. Luthers beschwörender Ruf lautet:

> „Wenn du ... *in der Sache der Rechtfertigung die Person Christi und deine Person unterscheidest,* bist du im Gesetz, bleibst drin und lebst in dir; und das heißt tot sein bei Gott und von dem Gesetz verdammt werden" (S. 111).

Erstaunlich genug: Ich darf Christus und mich nicht *unter-*

scheiden; kann ich mich denn mit ihm identifizieren? Bin ich etwa Jesus?

Ich sage es zunächst theologisch: Was in der *Christologie* verboten ist, eine Lästerung, genau das ist in der *Rechtfertigungslehre* geboten, ist heilsnotwendig. Was meint das?

In der *Christologie* (der Lehre von der Person Jesu) betone ich zunächst den unendlichen Abstand zwischen Ihm und mir, zwischen dem „eingeborenen Sohn Gottes" und mir, dem Adamskind, zwischen dem „Heiligen Gottes" und mir, dem Sünder. Da werde ich gegen jede „Jesulogie" kämpfen, d.h. gegen jeden Versuch, Jesus von unten, von unserem menschlichen Niveau her zu definieren – etwa als den Gipfel der Menschheit, als das höchste Exemplar, das unsere Gattung „homo sapiens" hervorbrachte. Dabei ist es belanglos, ob man von dem Religionsstifter, dem Genie der Liebe, dem Sozialreformer, dem Lehrer der Humanität oder anderem schwärmt. Nein, Jesus ist nicht der Mount Everest auf dem Plateau der Menschheit. Er ist nicht die am höchsten emporgereckte Hand der Menschheit, sondern die in die äußerste Tiefe hinabgestreckte Hand Gottes (H. Thielicke). Er ist „von oben her", wir von unten. „Am Anfang war das Wort, und das Wort war bei Gott, und Gott war das Wort ... Alle Dinge sind durch dasselbe gemacht" (Joh 1). Da kann ich nur laut rufen: Ich bin's nicht! Ich bin nicht der ewige Sohn, bin nicht Schöpfer aller Dinge, bin nicht von einer Jungfrau geboren, bin nicht für die Menschheit gestorben und auferstanden, ich sitze nicht zur Rechten Gottes. Fürwahr, ich bin's nicht! ER ist's, einzig ER! So habe ich in der Christologie zu sprechen von dem unvergleichlichen Einen, der mein Herr ist.

Aber nun ist dieser Herr Knecht geworden, das ewige Wort ward Fleisch. Nun hat dieser Eine mein Fleisch und Blut, meine Sünde und meinen Tod, ja meine Person selbst angenommen. Und nun muß ich, was meine Rettung, was die *Rechtfertigung* betrifft, weil Gott es so will, anders reden. Zugespitzt: Was in der Christologie nichts als Lästerung wäre, das ist hier mein einziger Halt und meine ganze Seligkeit. Weil Christus sich mit mir identifizierte („Du sollst Petrus sein, du sollst Siegfried Kettling sein ..."), darum wage ich es, in Gottes Namen zu sagen: *„Ich bin Christus“:*

> Durch den Glauben wirst „du so mit Christus zusammengeschweißt ..., daß aus dir und ihm gleichsam *eine Person* wird, die man von ihm nicht losreißen kann, sondern die beständig ihm anhangt und spricht: *Ich bin Christus;* und Christus wiederum spricht: *Ich bin jener Sünder,* der an mir hängt und an dem ich hänge ... Denn wir sind durch den Glauben zu einem Fleisch und Bein verbunden ... So daß dieser Glaube Christus und mich enger verbindet als Gatte und Gattin verbunden sind“ (S. 111).

Auch hier hat Luther nicht etwa eine neue Lehre entworfen, er spricht wie Paulus: „Wer dem Herrn anhangt, der ist *ein* Geist mit ihm“ (1Kor 6,17) oder „Ich lebe, doch nun nicht ich, sondern Christus lebt in mir“ (Gal 2,20). Immer wieder hat Luther das als den „fröhlichen Tausch“ beschrieben.

> „Der einzige Weg, dem Fluch zu entgehen, ist zu glauben und im gewissen Vertrauen zu sagen: Du Christe, bist meine Sünde und mein Fluch, ja vielmehr: ich bin deine Sünde, dein Fluch, dein Tod, dein Zorn Gottes, deine Hölle; du dagegen bist meine Gerechtigkeit, Segen, Leben, Gnade Gottes, mein Himmel“ (S. 174).

Das darf ich Sünde, Tod und Teufel, der anklagenden Stimme des Gesetzes und dem schlagenden Gewissen entgegenrufen: „Christus ist hier!“

Eine Anekdote erzählt, der Satan habe an Luthers Haustür geklopft: „Wohnt der Doktor Luther hier?“ Der Reformator antwortete aus dem Fenster heraus: „Nein, der ist schon lange tot!“ – „Aber wer wohnt denn jetzt hier?“ – „Der Herr Christus!“ Darauf habe der Teufel sich schleunigst davongemacht.

Halten wir fest: „Wenn du in der Sache der Rechtfertigung die Person Christi und deine Person unterscheidest, bist du vom Gesetz verdammt.“ Darum will ich sprechen:

> „Wenn ich an Christus glaube, stehe ich mit ihm auf und sterbe meinem Grab, das ist dem Gesetz, das mich gefangen hielt: ... ich bin meinem Kerker entronnen und meinem Grab, nämlich dem Gesetz. So hat es kein

> Recht mehr, mich anzuklagen und zurückzuhalten, *weil ich auferstanden bin*“ (S. 105).

4. Der Christenstand

a) Stand der Gewißheit („extra me“)

Nun ist aus meinem argen Fall ein fester Stand geworden, das „Haus auf dem Felsen“. Ich bin umgesiedelt worden, besser: bin nach Hause gebracht worden. Wir alle kennen den Spruch voller Resignation: „Niemand kann aus seiner Haut heraus.“ Luther aber sagt:

> Die Tatsache, daß Christus in mir wohnt, macht, „daß ich aus meiner Haut herauskomme und in Christus und in sein Reich versetzt werde ...“ (S. 110).

Da findet, so sagt der Reformator wörtlich, eine „Transplantation“ statt.[10] Du bist „aus dir und von dir, das ist aus deinem Verderben“ „in Christus hinein“ versetzt worden.[11] Das ist meine neue *Existenz*. Dabei will das Wort „Existenz“ ganz wörtlich genommen werden: *„Ex-sistere“* (lat.) heißt nämlich „herausstehen aus“: Ich stehe außerhalb meiner, ich stehe *„extra me“*, ich habe meinen Platz in Christus gefunden. Jetzt muß ich mir keine Position mehr schaffen oder erkämpfen, muß mich nicht mehr vor Gott und Menschen aufbauen, brauche mir keinen Namen mehr zu machen. Ich heiße ja „Christ“, stehe *„extra me“*, jenseits aller Selbstbeobachtung und Selbstbeurteilung, jenseits aller krampfhaften Tricks, mich selbst zu „verwirklichen“. Wer seine Identität außerhalb seiner selbst in Christus fand, darf lächeln über all die Versuche, hinter sich herzulaufen, um sich zu „finden“. Weil Er mich fand, mich in sich hinein „transplantierte“, stehe ich am Ort der *Gewißheit:* Mit mir bin ich fertig.

> „Das ist der Grund, warum unsere Theologie *Gewißheit* hat: Sie reißt uns von uns selber weg und stellt uns außerhalb unser *(extra nos)*, so daß wir uns nicht auf unsere Kräfte, Gewissen, Sinn, Person, auf unsere Werke stützen, sondern auf das, was außerhalb unser

ist, nämlich auf die Verheißung und Wahrheit Gottes, der nicht täuschen kann" (S. 228).

b) Stand auf dem Berge („oberhalb")

Der Philosoph Friedrich Nietzsche war überzeugt: Wenn man das Leben in seiner Vitalität an dem Maßstab der „Moral" mißt (damit meint er die unbedingte Unterscheidung von gut und böse, die rigorose und kompromißlose Forderung etwa nach selbstloser Liebe), dann bekommt vor dieser kritischen Instanz, vor diesem unbestechlichen Richter, das Leben beständig Unrecht, wird stets als böse, als unmoralisch verurteilt, kann in diesem Examen nur ausnahmslos durchfallen. Das Grundbedürfnis des Menschen aber ist: Er möchte nicht verneint, sondern bejaht werden, er verlangt nach Rechtfertigung. „Nach den Kriterien der Moral kann das Leben (jedoch) nur verurteilt werden, und ein Leben, das nur wert ist, verurteilt zu werden, ist nicht wert, gelebt zu werden."[12]

Nietzsche holt nun zu einem Gewaltstreich aus: Die Moral, das Gottesgebot, das Gewissen, vor allem aber Gott selbst, muß weg. Gepriesen sei der Antichrist, der uns das neue „moralinfreie" Leben ermöglicht, das Leben in Freiheit, das Leben *„jenseits von gut und böse"*.

Martin Luther hätte diesem Philosophen geantwortet: Das, was du suchst, das, was du unter Abschaffung Gottes erstrebst, eben das hat Gott uns in Jesus Christus geschenkt! Er hat uns einen Platz, einen festen Standort geschenkt, der nicht begründet ist durch unsere guten Werke und der nicht unterwühlt und gesprengt wird durch all unsere Bosheiten. Die Gnade gibt uns eine Position jenseits, oberhalb all unserer Taten, jenseits und oberhalb der Forderung und des vernichtenden Urteils des Gesetzes. Jesus Christus nimmt uns in Gnaden an, das ist in der Tat *„eine transmoralische Rechtfertigung des Menschen"* (Rohrmoser). Nicht wegen unserer Werke werden wir gerechtfertigt („Mein guten Werk, die galten nicht, es war mit ihn' verdorben"), sondern allein aus Gnaden, allein in Christus. Stehen wir „in Christus" außerhalb unserer selbst, dann stehen wir in der Tat oberhalb des Gesetzes und in diesem Sinn „jenseits von gut und böse". Auf dieses Hochplateau kann die Sintflut des Gerichts nicht steigen.

> „Soferne er ein Christ ist, steht er *über Gesetz und Sünde* ... Wenn ihn das Gesetz anklagt, die Sünde verwirrt, schaut er auf Christus ... So ist der Christ, richtig verstanden, frei von allen Gesetzen und keinem einzigen weder im Inwendigen noch im Äußeren unterworfen" (S. 92).

Damit wir in unserem Gewissen getröstet sind und nicht verzagen müssen, wenn unser Gewissen uns verklagt, wird Luther nicht müde, mit immer neuen Bildern diese *„Position oberhalb"*, diesen Platz, wo wir um Christi willen *Immunität* genießen, zu beschreiben: Das Gesetz, das uns Sünder verurteilt, darf nicht „in den Himmel" aufsteigen. „Sobald das Gesetz und die Sünde in den Himmel kommen, also ins Gewissen, sind sie sofort hinauszuweisen." Das Gesetz gehört in die „irdische Haushaltung", d.h. in unsere alltägliche Lebenspraxis, aber die macht uns vor Gott nicht gerecht! (S. 81). Luther benutzt Abraham als Bild, der mit Isaak den Berg hinaufstieg, während die Knechte und Esel im Tal blieben: „So bleibt das Gesetz mit dem Esel im Tal, und das Evangelium steigt mit Isaak auf den Berg" (S. 82). Oder: „Das Gewissen" (d.h. die innerste Christusbeziehung) „ist die Königin und Braut und darf nicht durch das Gesetz geschändet werden, diese Braut muß unversehrt dem einen und einzigen Bräutigam Christus behalten werden", und es soll „sein Brautgemach nicht im untersten Tal haben, sondern auf des Berges Höhe" (S. 82). „Mose darf nicht mit seinen Gesetzen in das Brautgemach hinaufsteigen, um da zu liegen, d.h. um im Gewissen zu herrschen, das doch Christus ... vom Gesetz befreit hat" (S. 230). Und noch drastischer: Das Brautbett ist zu schmal, so muß das Gesetz „aus dem Gewissen weichen und das Bett (das enger ist, als daß es zwei aufnehmen könnte, Jes. 28,20) allein Christus überlassen."

> „Er herrsche allein in Gerechtigkeit, Sorglosigkeit, Freude und Leben, so daß das Gewissen fröhlich ein-

schlafen kann in Christus ohne irgendein Gefühl des Gesetzes, der Sünde und des Todes" (S. 214).

Diese „transmoralische Rechtfertigung", diese Position oberhalb, muß – was immer noch über das neue Leben und den neuen Gehorsam des Christen zu sagen ist! – aufs strengste verteidigt werden. Hier geht es um den einzigen Trost im Leben und im Sterben, nämlich: Wir leben nicht von unseren guten Werken, wir sterben nicht an unseren Missetaten; wir sind *oberhalb* davon *in Christus* geborgen, allein aus Gnaden!

c) Stand der Hoffnung

Von diesem Aussichtspunkt oberhalb schaut Luther die Welt und die Menschheit an und gewinnt dabei eine unerhörte Perspektive. Wenn Christus die Sünden aller auf sich genommen hat, ja, wenn er „aller Sünder Person" wurde, *wo ist nun die Sünde?* Da gibt es einen lebhaften Streit zwischen der Vernunft und dem Glauben: Die Vernunft sieht, was vor Augen ist, und sagt deshalb: Die Sünde ist da, wo ich sie beobachte, konstatiere, nämlich hier bei mir, in der Welt, in der menschlichen Gesellschaft. Jede „Bildzeitung" beweist und illustriert das! Das sind brutale Fakten, wer könnte daran zweifeln. Der Glaube aber argumentiert: Wende den Blick dorthin, wohin Gott die Sünde gelegt hat. Schau auf Christus. So kommt Luther zu der ungeheuer kühnen Schau:

> „Daher sind die Sünden in Wirklichkeit nicht dort, wo sie gesehen und gefühlt werden. Nach der Theologie des Paulus ist ferner keine Sünde, kein Tod, kein Fluch mehr in der Welt, sie sind *in Christus,* der als Lamm Gottes der Welt Sünde trägt, der zum Fluch gemacht ist, daß er uns vom Fluch befreite. Aber nach der Philosophie und der Vernunft sind Sünde, Tod etc. nirgends anders als in der Welt, im Fleisch, in den Sündern ... Die wahre Theologie aber lehrt, daß ferner keine Sünde mehr in der Welt sei, weil der Vater alle Sünde auf Christus geworfen hat" (S. 17).

Das hat für Luther keineswegs etwas mit platter, pauschaler Allversöhnung zu tun. Was hier von Christus her universal gesagt wird: „Er hat die Welt versöhnt" (2Kor 5,19, d.h. die ganze Menschheit), das wird heilshaft wirksam, existentiell konkret, wo der Glaube diese frohe Botschaft ergreift. Aus diesem Wort, diesem „göttlichen Mutterleib" (S. 232) muß der Mensch neu geboren werden. Durch das Wort wird das Christusgeschehen, sein Sterben und Auferstehen, an mir vollstreckt; durch das Wort werde ich mit Christus eins. Deshalb fährt Luther sogleich fort:

> „Wo also der Glaube an Christus ist, da ist die Sünde in Wahrheit abgetan, tot und begraben, *wo dieser Glaube nicht ist, bleibt die Sünde"* (S. 172). „Sofern also Christus durch seine Gnade in den Herzen der Gläubigen regiert, ist da keine Sünde, kein Tod, kein Fluch. Wo aber Christus nicht erkannt wird, bleiben diese furchtbaren Mächte" (S. 170).

Also nicht einfach chronologisch, *„post Christum natum"*, sondern „heilsgeschichtlich" *in Christus* ist die Sünde vernichtet. Es gilt für die, die an ihm hängen. „Glaubst du, so hast du; glaubst du nicht, so hast du nicht", das betont Luther immer wieder.

Gleichwohl gilt die neue Perspektive, die neue Weltsicht, die umfassende neue Panoramaschau, dieser „Schönblick" von oben, diese „gute Aussicht" in die Weite: Es „ist ferner keine Sünde, kein Tod, kein Fluch mehr in der Welt, sie sind in Christus!" Nun darf ich jeden als Kandidaten des ewigen Lebens ansehen, muß niemand mehr abschreiben, kann in keinem mehr einen verlorenen Fall sehen. Bei dieser Perspektive ist es für niemand „aussichtslos". Jedem darf ich zurufen: „Du bist versöhnt; nun laß dich endlich versöhnen!" Um Jesu willen ist wahr, was Paulus sagt: „Die Liebe hofft alles" (1Kor 13,7).

5. Frei zu neuem Gehorsam

Position oben auf dem Berge, Christenstand oberhalb von Sünde und Gesetz, oberhalb der Normen, die den alten Äon beherrschen, Stand geradezu jenseits von gut und böse! Ob das nicht eine gefährliche Position ist? Ob das Oben nicht zum Übermut verführt? Wenn Luther das als höchste Christenkunst und Weisheit preist, „nichts wissen zu wollen von dem Gesetz, nicht kennen zu wollen die Werke", muß das nicht *„periculosissima doctrina"*, eine höchst gefährliche Lehre sein? Ob nicht aus diesem so radikalen „Die Gnade allein" sehr rasch eine „billige Gnade" (Bonhoeffer) werden kann, die Rechtfertigung der Sünde, statt des Sünders? Kann dort oben auf dem Berge nicht ein Höhenrausch entstehen, der den göttlichen Willen verachtet?

Schon Paulus muß am Anfang von Römer 6 (V. 1 f. im Kontext von 5,20 f.) solch perverse Konsequenzen geißeln. Die Logik lautet etwa so: Gottes Gnade ist eine so großartige, so gigantische Müllvernichtungsanlage, daß man durch kräftiges Sündigen ihre Kapazität voll auslasten muß, daß man ihr dadurch geradezu die Chance bietet, ihre unerschöpfliche Energie, ihre grandiose Übermacht zu demonstrieren. Also: Sündigen *ad maiorem gloriam Dei,* zur Verherrlichung der Gnade Gottes! – Diese teuflische Logik entsteht immer dann (und Luther hat das bei der Visitationspraxis schmerzhaft erfahren), wenn die Lehre von Gottes souveräner Gnade nur den Kopf erfaßt, das Herz jedoch nicht „süß gegen Christum" macht, wenn der Mensch nicht verwandelt wird und in Liebe gegen seinen Retter entbrennt. Dann nimmt der „alte Adam" das Evangelium, pervertiert es zu einer *Gnadenideologie,* zieht sich diese als Deckmantel über, um darunter um so ungestörter – gar „christlich legitimiert"! – sündigen zu können.

Wahrer *Glaube* aber ist *Gemeinschaft mit dem lebendigen Jesus Christus,* und der vergibt *und* heilt, deckt das Alte zu *und* schafft Neues. Wahrer Glaube lebt von dem schöpferischen Wort, und dieses Wort spricht den Schuldigen frei und verwandelt ihn zugleich. Wahrer Glaube wird zur eifrigen Liebe, die dem neuen Herrn mit Freuden dient. So kann es nicht anders sein: Rechtfertigung führt hinein in den neuen Gehorsam, der Glaube in die Liebe, die Liebe ins Werk:

> „Wenn wir aber durch den Glauben gerechtfertigt sind, schreiten wir hinaus in das aktive Leben" (S. 172).

Die Unterschiedenheit und Einheit von Glaube und Werk, von Rechtfertigung und Heiligung hat Luther in höchst spannungsvollen Sätzen eingeschärft:

> Satz 1: „So der Glaube nicht *ohne* Werke ist, und seien es auch die geringsten, macht er nicht gerecht, ja, ist er nicht Glaube."

Hier klingt wie ein Trompetenstoß das „Christus allein! Die Gnade allein!" auf.

> Satz 2: „Es ist unmöglich, daß der Glaube sei ohne unablässige viele und große Werke."[13]

Mit Freuden nämlich steigt der Christ nun vom Berg hinab ins Tal, unterzieht sich mit Lust dem Dienst, der Gott ehrt und dem Nächsten hilft. Die „Energie der Lage", die der Platz auf der Höhe gibt, setzt sich um in dynamisches Schaffen. Der Glaube gewinnt Fleisch und Blut, er „inkarniert" sich im Tun der Liebe:

> „So rechtfertigt der Glaube ... und dennoch bleibt er nicht allein, d.h. müßig ... er rechtfertigt ganz allein, aber der Glaube wird *leibliche Gestalt* und wird Mensch, d.h. er ist nicht und bleibt nicht müßig und ohne Liebe" (S. 166).

Es ist erregend zu sehen, wie Luther von daher gegen „seine Antinomer" kämpft, gegen jene Gruppe, die das „oberhalb des Gesetzes" aus der strengen Bindung an die Rechtfertigung lösen und zu einer allgemeinen Ideologie ausdehnen, die damit nicht nur die Freiheit von dem tötenden Gesetz, sondern auch von der guten Wegweisung Gottes, von dem zurechtbringenden Gottesgebot lehren. So wie es in unseren Tagen laut wird: „Einen Christen gehen die Gebote Gottes so viel an wie einen Spatzen die Straßenverkehrsordnung."[14]

> Hören wir Luther: „Meine Antinomer ... die predigen sehr fein und mit rechtem Ernst von der Gnade Christi, von Vergebung der Sünden und was mehr von dem Artikel der Erlösung zu reden ist. Aber *dies consequens* (= die Konsequenz) *fliehen sie wie der Teufel*, daß sie den Leuten sagen sollten vom dritten Artikel der Heiligung, das ist von dem neuen Leben in Christo; denn sie meinen, man solle die Leute nicht erschrecken noch

betrüben, sondern immer tröstlich predigen von der Gnade und Vergebung ... und beileibe ja meiden diese oder dergleichen Worte:

‚Hörest du's, du willst ein Christ sein und gleichwohl ein Ehebrecher, Hurenjäger, volle Sau, hoffährtig, geizig, Wucherer, neidisch, rachgierig, boshaft bleiben ...'

Sie sind wohl feine Osterprediger, aber schändliche Pfingstprediger, denn sie predigen nichts ... von der Heiligung des Geistes Gottes ..., so doch Christus darum Christus ist oder Erlösung von Sünden und Tod erworben hat, daß uns der Heilige Geist soll zu neuen Menschen machen aus dem alten Adam, daß wir den Tod der Sünden und das Leben der Gerechtigkeit hier auf Erden anfangen und zunehmen und dort (in der Ewigkeit) vollbringen. Denn Christus hat uns nicht allein gratiam, die *Gnade,* sondern auch donum, die *Gabe* des Heiligen Geistes verdienet, daß wir nicht allein Vergebung der Sünden, sondern auch *Aufhören von den Sünden* hätten ... Aber unsere Antinomi sehen nicht, daß sie Christum predigen ohn und wider den Heiligen Geist, weil sie die Leute wollen lassen in ihrem alten Wesen bleiben und gleichwohl seligsprechen, so doch die Konsequenz das will, daß ein Christ soll den Heiligen Geist haben und ein neu Leben führen oder wissen, daß er keinen Christum habe."[15]

Wer den lebendigen Jesus Christus hat, der wird in die Heiligung geführt – oder er hat eben Christus nicht! So gewiß die Rechtfertigung zunächst *Gerechterklärung* ist, ein Rechtsakt, ein Freispruch, der mir, dem Sünder, eine neue Geltung vor Gott schenkt, so ist sie zugleich der schöpferische Beginn einer *Gerechtmachung,* die mir ein neues Sein gibt. Gerecht*sprechung* heißt: Ich, der Aussätzige, werde mitsamt meinem Aussatz für rein erklärt (forensisch, juristisch); Gerecht*machung* heißt: Ich, der Aussätzige, werde Stück um Stück *(„magis et magis",* mehr und mehr) gesund gemacht, so daß dort und hier die neue, heile Haut sichtbar wird.

Dabei halten wir den Unterschied fest: Das Neuwerden bleibt auf Erden bruchstückhaft, ist ein hier nie abschließbarer Prozeß des Sterbens und Lebendiggemachtwerdens. Ich bleibe ein Sünder. „Im Tal", dort wo ich den Alltag meines Christseins lebe, bleibe ich der Befleckte, trage im Kampf tiefe Wunden davon. Aber – das meint Rechtfertigung als Freispruch – ich darf immer wieder auf den Berg fliehen, in jene feste Burg, die da heißt: *Christus für mich!* Luther sagt:

> „Wir haben immer den Rückgang *(„regressus")* zu diesem Artikel frei, daß unsere Sünden bedeckt sind und daß Gott sie uns nicht anrechnen will" (S. 92).

Von diesem stets neuen, von diesem bis in die Sterbestunde hinein immer wiederholten „Regressus", von dieser Zuflucht zu dem ganz und gar vollendeten, dem ewig perfekten Gnadenwerk Christi leben wir. *Heiligung kann darum immer nur von der Rechtfertigung leben:* Vom Berge steigen wir ins Tal, aus dem Tal aber fliehen wir immer wieder zu jener Gnadenfeste, die steil emporragt „jenseits von gut und böse".

Als Unannehmbarer angenommen!

Das ist Sterbetrost, und das gibt Lebensmut: Gott macht uns Gottlose gerecht! Nur dies bleibt als Frage, ob ich zu diesem Handeln Gottes Ja sage. Ob ich das Urteil annehme: Ein Gottloser bist du, ein Gottesfeind, ein Aussätziger bis zur letzten Stunde. Und gerade als dieser Gottlose wirst du gerecht, gerade als dieser Aussätzige bist du rein!
Ein Theologe unseres Jahrhunderts hat so formuliert: *„Gott nimmt den an, der unannehmbar ist."*[16] Gott akzeptiert den Inakzeptablen, einzig ihn! Glauben heißt dann:

> (1) Ich akzeptiere, daß ich unannehmbar, inakzeptabel bin und bleibe, ein „verlorener und verdammter Sünder".
>
> (2) Ich akzeptiere, daß ich als dieser Unannehmbare, als dieser Inakzeptable allein um Christi willen akzeptiert bin.

Hier steckt's: Wir alle möchten als Annehmbare angenommen werden, als ein durchaus Passabler und Akzeptabler möchte ich akzeptiert sein. Daß wir so ganz und gar verloren, sogar mit einem langen Heiligungsleben so ganz ausschließlich auf Gottes Gnade angewiesen sind, erscheint uns fast als Verunglimpfung unserer Menschenwürde, erst recht unseres engagierten Christenlebens. Aber durch dieses Nadelöhr muß das Kamel, soll es ins Reich Gottes gelangen. Luther hat sich und uns auch hier durchschaut:

> „Die menschliche Vernunft wollte Gott lieber einen erträumten und gemalten Sünder bringen und zuführen ... Einen Gesunden möchte sie zu Gott bringen, nicht einen, der den Arzt braucht“ (S. 40f).

Es erscheint uns peinlich, daß die Summe eines Christenlebens nur so lauten kann: „Da kommt ein Sünder her, der gern fürs Lösgeld selig wär.“ Und dies nicht als eine frommdemütige Phrase, sondern als die nackte Wahrheit! Aber wie könnten wir an einem anderen Platz stehen als der Glaubensvater Abraham? Gerade an ihm hat es der Apostel Paulus doch demonstriert: Er glaubte an den, der den Gottlosen gerecht macht (Röm 4,5), der da lebendig macht die Toten und ruft dem, was nicht ist, daß es sei (V. 17). Und eben dieser Glaube wurde ihm zur Gerechtigkeit gerechnet (V. 3). So soll es denn gelten, was Luther uns zuruft:

> „Lerne hier aus Paulus glauben, Christus sei nicht für erdichtete oder gemalte Sünden, sondern für wirkliche Sünden dahingegeben, nicht für kleine, sondern für die größten, nicht für die eine oder andere, sondern für alle, nicht für die schon erledigten (weil kein Mensch ... auch nur die mindeste Sünde erledigen kann), sondern für die unerledigten Sünden“ (S. 41).

Und das soll mein einziger Trost sein im Leben und im Sterben. Denn was Luther lehrt, das ist nicht seine Erfindung, ist nicht ein protestantisches Sonderfündlein, nicht eine konfessionelle Spezialität, sondern *das eine, ewige Evangelium:*

> „Wir lehren nichts Neues, sondern die alten Dinge ... Und daß wir's nur gut einschärfen und festsetzen könnten, so daß wir es nicht nur im Munde hätten, sondern im tiefsten Herzen alles wohlbedacht behalten und hauptsächlich im Todeskampf gebrauchen könnten“ (S. 43).

Gott macht den Gottlosen gerecht, das ist Sterbetrost und Lebensfreude!

ZWEITES KAPITEL

Rechtfertigung und Heiligung

I. Das Verhältnis von „Rechtfertigung" und „Heiligung"

Wir versuchen, diesen beiden Grundworten zunächst durch eine biblische Betrachtung (zu Epheser 2,8–10) auf die Spur zu kommen. Daran schließt sich eine dogmatische Überlegung an.

1. *Biblische Betrachtung: „Nicht aus Werken", aber „zu guten Werken" (Eph 2,8-10)*

Das Miteinander von Rechtfertigung und Heiligung läßt sich besonders plastisch an einem Abschnitt aus dem Epheserbrief erfassen, auch wenn die beiden Begriffe (als spezielle Fachausdrücke) dort nicht vorkommen: Wir orientieren uns an *Eph 2,8-10*.

„Einst"

Zunächst werfen wir einen Blick auf die vorangehenden Verse des Kapitels. Da wird einmal das Woher beschrieben, das elende *„Einst"* (V. 2a), das unheimliche Land, aus dem „wir alle" (V. 3a) kommen (V. 1-3). Zum anderen wird die rettende *Wende* markiert: „Aber Gott ..." (V. 4-7). – „Wer waren wir?" (vgl. GL 27, Str. 2). „Söhne des Ungehorsams" (V. 2), solche also, die ihr Wesen, ihre „Natur", ihr ganzes Sein darin hatten, gegen Gott und ihr eigenes Geschöpfsein zu rebellieren, „selbst-herrlich" sein zu wollen. „Kinder des Zorns" (V. 3) hießen wir, solche, die in den Bereich des göttlichen Gerichts gebannt waren, der Verdammnis bereits anheimgefallen. Als solche waren wir „tot durch Übertretungen und Sünden" (V. 1).

Das Todesurteil *„tot"* ist keineswegs nur „übertragen", d.h. bildhaft, uneigentlich gemeint. Nicht „im übertragenen Sinn", sondern ganz real waren wir tot. Dieses Tot-Sein ist das eigentliche; das biologische Sterben nur die Außenseite, die Konsequenz der „Sünde", der Absonderung vom wahren Leben (Röm 5,12; 6,23). „Ungehorsam" – „Zorn" – „Tod" heißen die Markenzeichen des „Einst"-Zustandes. Dabei befinden sich diese heillosen Menschen im Griff übermenschlicher Gewalten, die sie – von außen kommend – fremdsteuern: Der „Äon dieser Welt(zeit)" wird genannt, der Zeit-Geist der gefallenen Welt, dazu der „Mächtige, der in der Luft herrscht" (V. 2), der Satan als „Gott dieses Äons" (2Kor 4,4).

Diese „unsauberen Herren" stoßen von außen nach innen vor, haben einen Brückenkopf, einen Stützpunkt im Inneren des „alten" Menschen: Er wird nicht einfach brutal zum Bösen vergewaltigt; er stimmt dem Widergöttlichen mit Leidenschaft zu. Er *ist* Rebell. Der fremde dämonische Wille und das eigene Begehren sind innig verschmolzen. Vom *„Fleisch"* wird dieser Mensch bestimmt, d.h. von der Sucht (im schmutzigen oder vornehmen Gewand), selbst Herr und Gott zu sein. Diese „Selbst-Sucht" („Begierden, Willen des Fleisches", V. 3) ist sein innerster Lebenstrieb, dieses „Selbst" will er unbedingt verwirklichen.

„Man braucht bei dieser ganzen Schilderung des Vorlebens der Christen durchaus nicht an die grobe Ausschweifung und brutale Ungerechtigkeit der Durchschnittsheiden zu denken. ‚Es gibt auch hochkultiviertes, edles, sogar sehr religiöses und, wie die Pharisäer beweisen, sogar theologisch gebildetes Fleisch'."[1]

Tod – Teufel – Sünde – Fleisch (wilde Selbst-Sucht) bilden miteinander eine „unheilige Allianz"; in dieses dämonische Blendwerk ist der Mensch verstrickt wie ein Insekt im Spinnennetz und ist zugleich mit ganzem Herzen dabei, ist Opfer wie Täter, ist Vergewaltigter wie begeistert Engagierter: Er ist „dahingegeben" (Röm 1), d.h. er muß, was er will, und er will, was er muß!

Vom Römerbrief her (bes. Kap. 7) muß man hinzufügen: Wenn Gottes Gesetz, der heilige, gerechte, gute und wahrhaft geistliche Gotteswille (Röm 7,12.14), in dieses Schlangennest hineinstößt, wird diese Brut erst recht aktiv – wie das kühle Wasser den ungelöschten Kalk zum Sieden bringt und somit sein innerstes Wesen an den Tag holt. Gottes heilige Forderung, sein gebietendes „Du sollst nicht!" läßt die Sünde erst recht geil und rebellisch, läßt sie „überaus sündig" werden (Röm 7,13). Jetzt steigert sich die Bosheit zum Exzeß! Wie ist da, wo selbst Gottes gutes Gesetz nur Sünde provoziert, noch Rettung möglich?

„Jetzt aber"

„Aber Gott" (V. 4)! Gott setzt ganz neu ein, beginnt ganz aus seinem Ureigensten, ganz spontan, ganz kreativ. Die Stichworte Erbarmen, Liebe (Agape) (V. 4), Güte (V. 7), Gnade (V. 5.7.8) kennzeichnen diesen souveränen, freien Entschluß zur Rettung der Verlorenen. Auf einer ganz neuen Ebene setzt Gott ein („abgesehen vom Gesetz", Röm 3,21), nämlich indem er seinen Sohn dahingibt (Röm 8,32). Mit Karfreitag und Ostern bricht der „neue Äon", das Reich Gottes, herein. Gott offenbart seine unzerstörbare Treue zu seinem Bundesvolk Israel, zu der verlorenen Menschheit wie zu der ganzen Schöpfung; der Richter enthüllt als Retter sein Heil. Er setzt gegenüber aller dämonischen Rebellion seine Gottheit durch, und zwar seinen Geschöpfen zum Heil. Diese gnadenhafte Selbstdurchsetzung Gottes nennt Paulus *„Gerechtigkeit Gottes"* (Römer-, Galaterbrief!), ihr „Ankommen" beim Menschen „Rechtfertigung".

Im Epheserbrief wird an unserer Stelle dieses „Ankommen" der Gnade, dieses Hereingeholtwerden in den Christus Gottes ungeheuer kühn beschrieben. Die griechische Zeitform Aorist stellt als bereits geschehen fest: Wir – die Toten – *sind* (!) zusammen mit Christus auferweckt worden (V. 5f.). Wir sind also in das Geschick Jesu „eingeleibt" worden: Was er *für* uns tat (1Kor 15,3; Röm 5,7), das wird jetzt zu unserm Heil *an* uns vollstreckt: Wir starben *mit* ihm und wurden *mit* ihm auferweckt (Röm 6,4.6.8; Kol 2,12f.; vgl. 2Kor 5,14.19). Ja, sagt Eph 2,6: „Wir sind bereits (!) mit eingesetzt in den Himmel." Wir bilden für „die kommenden Zeiten"

(V. 7) die große Demonstration des „überschwenglichen Reichtums seiner Gnade", d.h. an uns zeigt Gott, wer er ist und was er kann!

Bei diesen „überschwenglichen" *Schon*-Aussagen (bereits gestorben, mitauferweckt, miterhöht) darf keinen Augenblick vergessen werden, was der Apostel präzis herausstellt: *„In Christus"* gilt das (V. 6.7)! Es gilt nicht einfach „an sich", gilt nicht platt „in uns selbst". In sich selbst sind diese „Mitinthronisierten" eben jene armseligen Leute, die der Apostel oft so scharf zurechtweisen muß (1 u. 2Kor; Gal), jene „seltsamen Heiligen", die täglich des Vaterunsers bedürfen (Brot, Vergebung, Beistand in Versuchung). Der bedeutsamen Unterscheidung *„in Christus" – „in uns selbst"* werden wir noch später nachgehen müssen.

Hier setzen nun die für uns wesentlichen Verse *Eph 2,8-10* ein, bei denen wir anklopfen wollen, um nach dem Zusammenhang von Rechtfertigung und Heiligung zu fragen.

V. 8. „Denn *aus Gnade* seid ihr selig geworden *durch Glauben*, und das nicht aus euch: Gottes Gabe ist es.

V. 9. *Nicht aus Werken*, damit sich nicht jemand rühme.

V. 10. Denn wir sind *sein Werk*, geschaffen in Christus Jesus *zu guten Werken*, die Gott zuvor bereitet hat, daß wir darin wandeln sollen."

„Aus Gnade"

Zunächst wird in strahlendem Ton das Thema *Rechtfertigung* eingeführt (6V. 8f.). *„Aus Gnaden gerettet!"* – allein aus Gnaden, *sola gratia*; denn scharf pointiert heißt es: „das nicht aus euch" und präzisierend *„nicht aus Werken"*.

Jede menschliche Eigenleistung, jede „Mischfinanzierung" (Gottes Gnade *und* unser Bemühen) ist ausgeschlossen, ist verdammt. Alle unsere „Werke" entstammen ja dem „Fleisch", auch die „frömmsten" sind Selbstbetätigung des „alten Adam", der damit an seinem Denkmal baut. „Was vom Fleisch geboren ist, das ist Fleisch" (Joh 3,6) und vermag sich aus dieser Kategorie durch nichts herauszuarbeiten. Die „Werke" – die scheußlichsten Verbrechen, die hochreligiösen Klettertouren (Luther im Kloster), das eifrigste Engagement (vermeintlich) für Gott (Saul, der im Eifer für das Gesetz die Gemeinde verfolgt) – die „Werke" in all ihren Variationen unterstehen dem Urteil: „Was nicht aus dem Glauben kommt, das ist Sünde" (Röm 14,23).

„Nicht aus Werken" – *„damit sich nicht jemand rühme"*. Wenn wir einen noch so geringen Eigenbeitrag aufzuweisen hätten, würden wir auf uns selbst zeigen und so das Kreuz Christi entwerten und Gott die Ehre rauben. „Es ist ein Grundgedanke" (in der Theologie des Paulus), „daß Gott alle Ehre bei der Erlangung des Heils gehört (Röm 4,2; 11,6)"[2].

Wir halten die von Paulus wuchtig eingerammten Eckpfeiler fest, diese Grunddaten der Rechtfertigung: Von unserer Rettung gilt ganz strikt: „Aus Gnade" – „nicht aus euch" – „nicht aus Werken" – „Gottes Gabe"!

„Durch Glauben"

Wie aber kommt dieses Heil bei uns an, wie erreicht es unser Leben, wie zeichnet es sich in unsere Biographie ein? *„Durch Glauben"*, lautete die Antwort. Daß wir es deutlich sehen: Auch dies „durch Glauben" steht unter dem herrischen Titel: *„Gottes Gabe ist es."* Wer vom *Glauben* biblisch, paulinisch, reformatorisch reden will, muß betonen: Der Glaube ist nicht unser Werk, sondern Gottes Tat; er ist nicht die von uns zu leistende Vorbedingung (Qualifikation, Eintrittskarte) für das Heil, sondern das Heil selbst – so wie es bei uns persönlich ankommt, in unseren Herzen Platz greift. Glaube ist nicht positive Leistung unsererseits, sondern der radikale Verzicht auf jede Eigenleistung, ist Leere, von Gottes Geist gefüllt. *Für Paulus gehören Glaube und Gnade so sehr zusammen* (Röm 4,18) *wie Glaube und (eigene) „Werke" auseinander gehören* (Röm 4,5).

„Gottes *Gabe* ist es"! Gottes Gabe ist 1. die Sendung des Sohnes, das Werk der Versöhnung in Jesus Christus; Gottes Gabe ist 2. die Sendung des Geistes, das „Wort von der Versöhnung" (2Kor 5,19), das heilbringende Evangelium;

Gottes Gabe ist 3. die Erweckung des Glaubens in unserem Herzen durch das Evangelium, wobei wir zum Geburtsschrei der Gotteskinder ermächtigt werden: „Abba, lieber Vater!“ (Röm 8,15; Gal 4,6). Über diesem ganzen Bogen steht: „Gottes Gabe ist es.“ Auch das 3. Glied gehört auf Gottes Seite, ist Gottes Wunder in uns, nicht unsere Produktion. Freilich ist der persönliche Glaube auch (in zweiter Linie) „unsere“ Antwort, „unser“ Echo, „unser“ Ergreifen der Verheißung. Wie gehört das zusammen?
Phil 2,12.13 kann eine entscheidende Hilfe zum Verstehen sein: „Schaffet eure Seligkeit (Errettung) mit Furcht und Zittern! (A) – *denn* Gott ist's, der in euch wirkt beides, das Wollen und das Vollbringen nach seinem Wohlgefallen (B)“. Alle logischen und theologischen Probleme fallen da über uns her. Hilflos sind zunächst unsere Orientierungsversuche: Gilt A (der Imperativ), dann sind wir (so scheint es) „gnadenlos“ auf uns selbst geworfen. Wir sollen unser eigenes Heil produzieren, während Gott in Pension scheint. Selbstbefreiung, -rettung, -erlösung ist gefordert. Wie der Riese Atlas die Weltkugel trägt, so müssen wir unser Heil selbst stemmen.
Gilt dagegen B (der Indikativ), so schafft Gott alles allein (Wollen wie Vollbringen). Wir sind dann nicht nur völlig ausgeschaltet, nicht nur pensioniert, sondern zu bloßen Objekten, zu willenlosen Marionetten degradiert.
Oder sollen wir versuchen, A und B nach einem Kooperationsmodell zusammenzureimen, etwa als eine Art „Mischfinanzierung“: Gott tut „fast alles“, er bringt die Hauptmasse ein, aber ein wenig „Eigenbeteiligung“ unsererseits (1 Prozent?) ist doch erforderlich?
Wir merken sofort: All diese Lösungsversuche scheitern an dem mächtigen *„Denn“*, das Imperativ und Indikativ wie ein Scharnier verbindet. Also: *Weil* Gott ganz und gar *alles* tut, *darum* sind wir ganz und gar gefordert.
Wäre hier von zwei menschlichen Arbeitskollegen (auf einer Ebene) die Rede, dann wäre das absolut unverständlich: (Was Herr X ganz erledigt, braucht Herr Y eben nicht zu tun). Aber hier geht es um Gottes (des Schöpfers und Neuschöpfers) Wirken. Und dieses göttliche Wirken läßt sich zu

unserem eben nicht *alternativ* verstehen (Er *oder* wir), auch nicht *additiv* (Er *und* wir: 99 Prozent zu 1 Prozent), sondern *„dimensional"*. Die „Dimension" des göttlichen Handelns umschließt, umgreift, durchdringt und durchtränkt, ja trägt und ermöglicht unser Wirken. Gott handelt nicht so, daß er sein Geschöpf annulliert, sondern wie er uns den Willen schuf, so beginnt er, unsern Willen durch seinen Geist von innen her zu bestimmen: Das erste Fragen, Sehnen, Rufen nach ihm, – *er* schafft's (das Wollen). Und jeden Schritt, jeden Griff bis zum gelungenen Werk des Gehorsams, – *er* schafft's (das Vollbringen). Gerade indem er alles in uns tut, macht er unser Innerstes ganz aktiv. Sein Wirken schaltet uns nicht aus, sein Geist schaltet vielmehr unser Denken und Fühlen, Wollen und Tun ganz ein, bestimmt unser Bewußtsein wie die Tiefen des Unbewußten. Sein göttlich-schöpferisches Schaffen schenkt seinen Kindern das geschöpflich-dankbare Nach-schaffen, das Nach-vollziehen (was Mühe und Arbeit, Furcht und Zittern nicht ausschließt). Das gilt für das Verständnis der Inspiration der Heiligen Schrift (A. Schlatter hat das unermüdlich betont) wie für alle Arbeit in der Heiligung!

Gott schafft in uns „Wollen und Vollbringen", schaltet den „alten Adam" aus, gibt ihn in den Tod, schaltet aber den „neuen Menschen" ganz ein. „Dimensional" (so sagten wir) umgreift Gottes Handeln unser Tun, durchtränkt es, ja macht es so allererst möglich. Gewiß, „ich *werde* bekehrt" („Gottes Gnade ist es"!), aber nicht unter „pneumatischer Narkose", sondern so, daß Gottes Geist bei mir den Entschluß, die Entscheidung, die Ab- und Hinkehr wirkt, aber eben nicht als Tat des „alten Adam", sondern als ersten Lebensakt des „neuen Menschen". So – „im Geist", „in Christus" – darf ich sagen: „*Ich* glaube" (nicht etwa: Es glaubt in mir!), wie ich auch sagen darf: „*Ich* bete, *ich* hoffe, *ich* liebe". Ich habe mich selbst neu empfangen, bin ein neues Subjekt, eine „neue Kreatur", aber eben: „nicht aus euch", eben: in Christus, im Geist!

Die Väter der lutherischen Orthodoxie haben klug unterschieden: Zwischen Evangelium und Glaube besteht eine doppelte Beziehung: 1. Der Glaube ist *Wirkung* (Geschöpf) des Evangeliums (das ist sachlich grundlegend!), 2. Der Glaube ist *„Empfangsorgan“*, ist die eben von Gottes Geist geschaffene Hand, die zupackt und sich die Verheißung zueigen macht („Du bist mein!“), ist der eben zum Loben befreite Mund, der nun bekennt: „Mein Herr und mein Gott!“ Der Glaube rettet, er rechtfertigt; gewiß, aber nicht aus sich selbst, weil er in sich so wertvoll wäre, sondern „kraft des ergriffenen Objekts“ (so die Väter), weil er sich an Jesus klammert. „Jesus rettet“ und „Der Glaube rettet“ – das steht nicht in Konkurrenz: *Der Glaube rettet, weil er Jesus den Retter sein läßt,* ihm den Platz frei macht. Darum ist der Glaube nicht an sich selbst interessiert, von sich fasziniert, schwätzt nicht von seiner Gläubigkeit (und ihren Empfindungen), sondern bekennt einzig dies: Christus allein!

„... zu guten Werken“

Wie Trompetenstöße erklingen in unserem Text die Parolen der Reformation: „Allein Jesus Christus, allein aus Gnaden, allein durch den Glauben.“ Das sind die entscheidenden Wahrzeichen der *Rechtfertigung.* Wir wollten aber weiterfragen nach dem Zusammenhang mit der *Heiligung.*
V. 10 beginnt: „Wir sind *sein* Werk“. Das griech. Wort „poiäma“ kommt bei Paulus noch einmal vor (Röm 1,20) und meint dort das Schöpferwerk Gottes. Hier in Eph 2 geht es um die *Neuschöpfung,* die „neue Kreatur“ (2Kor 5,17; Gal 6,15; vgl. Röm 4,5.17). Diese „neue Kreatur“ ist im Unterschied zum „toten“ Menschen (V. 1) im Vollsinn *Lebe*-wesen. Zum Leben aber gehört Bewegung, Wirken, Schaffen. Ja, diese wirksame Lebendigkeit ist für Paulus geradezu Ziel der Neuschöpfung: *„geschaffen zu guten Werken“.* Es lohnt, sich diese handliche Formel einzuprägen: *„Nicht aus* (griech.: „ex“) *Werken“, das ist Signal der Rechtfertigung, – aber „zu* (griech.: „epi“) *Werken“, das ist das Grundmotiv der Heiligung.*
Die alten Werke, die eigensüchtigen, bösen, auch die „Gesetzeswerke“ (mit denen der „alte Adam“ Gottes Gebote zur eigenen Ehre zu manipulieren suchte), diese „toten

Werke“ (Hebr 9,14), *aus* denen nichts zu machen war, sind radikal ausgeräumt. Ihr Platz aber bleibt nicht leer, ein Vakuum, ein Nichts; er wird besetzt von den „guten Werken“, *zu* denen der neue Mensch bestimmt ist.

„Geschaffen in Jesus Christus zu guten Werken.“ Das *„in Christus“* ist die entscheidende Zwischenbestimmung: *In ihm* geschah die Neuschöpfung; *in ihm* werden die guten Werke getan. Allein darum sind sie im Vollsinn „gut“ (d.h. Gott wohlgefällig). Sie sind es als „Frucht des Geistes“ (Gal 5,22), die wahrhaftig nicht „auf unserm Mist gewachsen“ ist.

Wichtig ist die Zielaussage: Wir haben unsere Bestimmung im „guten Werk“, nicht im Genießen, nicht im Schlafen, nicht in der Passivität. Mit dem „guten“ Werk verhält es sich freilich wie bei dem Glauben: Auch hier ist Gott es, der Anfangen und Vollenden setzt, Wollen und Vollbringen. Auch hier ist alles umgriffen, durchatmet von Gottes Geist, aber auch hier gilt: Wir sind ganz „eingeschaltet“; unser Überlegen, Planen, Organisieren, unsere Zurechnungsfähigkeit und Verantwortlichkeit sind von Gott gewollt und bestimmt.

Daß Gott Wollen und Vollbringen schafft (Phil 2,13), sagt Eph 2 mit einer überraschend neuen Wendung: Die Werke, die wir tun, sind von Gott „zuvor bereitet“, *„zuvor-gefertigt“*, werden von ihm schon „in Bereitschaft gehalten“ (V. 10). Sie warten gleichsam darauf, abgeholt zu werden. Gott hat sie bei sich schon vollendet und legt sie (als fertig!) in unsere Hände; wir dürfen sie „aus dem Himmel“ empfangen und auf dem irdischen Niveau ausführen.

Paulus redet also „von der Programmierung dieser Werke im Denken und Wollen Gottes“. „Was wir als die ‚in Christus Geschaffenen‘ tun, brauchen wir nicht neu zu erfinden ..., sondern das ist in Gottes Gedanken längst gedacht, in seinem Herzen längst erwogen und geplant und gewollt“ – ja, so müssen wir hinzufügen, vollendet[3]. (Wir haben hier eine Parallele zu der „überschwenglichen Aussage“: Wir sind schon mit-auferweckt und mit-inthronisiert.) Wir dürfen und sollen „in ihnen wandeln“: Gott baut seine guten Werke gleichsam um uns herum auf wie einen neuen Garten

Eden. „Wandeln" sollen wir in ihnen wie zwischen den Anlagen des Paradieses, dürfen diesen Garten „bewachen und bebauen" (1Mo 2,15), dürfen darin „wie Kinder fromm und fröhlich sein" und damit Gott ehren.
In diesem „guten Werk" ist also einerseits die Dimension des *Spiels*, wie es zu Gottes *Kindern* paßt, andererseits aber auch die der mühevollen *Arbeit*, wie sie Gottes *Mitarbeitern* (2Kor 6,1; Kol 4,11) gebührt. Paulus weiß von *„kopos"*, von Plackerei und Knochenarbeit zu reden (1Kor 15,58), weiß von Kampf, von Schweiß und Tränen. Aber von Frustration, von dem Bewußtsein des „vergeblich", weiß er nichts zu sagen: Wir dürfen ja nachvollziehen, was Gott schon bereitstellte, und alles, was im Namen Jesu geschah, ist nicht vergeblich (lat. *frustra*), denn es darf – wie es aus Gottes Welt kommt! – durch die Auferweckung eingehen in Gottes neue Welt (1Kor 15,18). Der Glaube darf durch die (scheinbaren) Frustrationen hindurchgreifen zu dieser Verheißung.

Ergebnis

Wir versuchen zu sammeln und auszuwerten: Was ergibt sich aus Eph 2 für unsere Frage nach *Rechtfertigung* und *Heiligung*?

1) Ein gegliedertes Ganzes

Zwischen *Rechtfertigung* und *Heiligung* („aus Gnaden gerettet – sein Werk – zu guten Werken") ergibt sich in unserem Text keinerlei Bruch. Es geschieht gleichsam alles in einem Atemzug, ist im Grunde ein einziges Ganzes, *ein* Gotteswerk ohne Naht und Sprung. Da werden also nicht getrennte Stücke künstlich addiert und zusammengeleimt. *Alles ist aus einem Guß!* Theologisches Nach-Denken muß also zuerst diese *Verbindung* sehen, dann ist auch Unterscheidung möglich. *Unterscheidung* freilich nur so, wie es bei einem lebendigen Organismus Glieder gibt, die durch

Gelenke verbunden sind. Als Gelenk (gleichsam als Scharnier) steht in der Mitte: Wir sind Gottes Werk, sind neue Schöpfung. *Rechtfertigung* heißt dann: *Wie diese neue Schöpfung zustande kommt* (als Erweckung aus dem Tod durch „Einleibung“ in Jesus Christus); *Heiligung: Wie diese neue Schöpfung zu Gottes Ehre lebt* (Berufung zum guten Werk).

2) ***Ein*** *Subjekt*

Vor allem ist bei Rechtfertigung und Heiligung kein Subjektwechsel zu beobachten. Gott wirkt alles in allem! Es ist also keineswegs so, daß wohl *Gott* den Anfang schafft, den Menschen auf ein neues Niveau hebt (Rechtfertigung), daß dann der *Christ* – von Dankbarkeit bewegt – seinerseits den Weg unter die Füße nimmt und weitermarschiert (Heiligung). Es ist nicht so, daß der wiedergeborene Mensch, durch einen Zauberstreich verwandelt und mit übernatürlichen Kräften ausgerüstet, mit der neuen Ausstattung (dem neuen „habitus“, sagen die Theologen) in eigener (freilich empfangener, gottgeschenkter!) Kraft unterwegs wäre! Nein, auch der neue Mensch ist nur neuer Mensch, indem er von Sekunde zu Sekunde an Christus klebt. *Rechtfertigung wie Heiligung geschehen einzig „in Christus“, sind nur in der dauernden Verbindung mit ihm real.* Wie Jesus Christus uns „zur Gerechtigkeit“ gemacht ist, so auch „zur Heiligung“ (1Kor 1,30). Die Fanfarenstöße „Christus – die Gnade – der Glaube allein“ gelten für die Heiligung nicht weniger als für die Rechtfertigung. Gott ist hier wie dort das eine Subjekt; wir sind lebendig allein in Ihm. – Die Unterschrift unter jenem Christusbild des Domenico Fetti, die den jungen Grafen Zinzendorf in der Düsseldorfer Galerie so sehr ansprach: „Ego pro te haec passus sum; tu vero, quid fecisti pro me?“ (frei übersetzt: „Das tat ich für dich; was tust du für mich?“), diese Unterschrift ist als theologische Leitfrage durchaus *irreführend*.[4]

3) ER in und durch uns

Wir sahen: Rechtfertigung und Heiligung sind ohne Unterschied Gottes eigenes Werk. Er steht da als Anfänger und Vollender durch seinen guten Geist. Aber dabei behandelt er uns nicht als Marionetten, als leblose Objekte, nicht „wie *lapis et truncus*, wie Stein und Baumstumpf" (Luther). Er schafft bei der Wendung zum Glauben wie zum guten Werk in uns „Wollen und Vollbringen" (Phil 2,13).

„Der Glaube wird nur dadurch möglich, daß in Gottes Licht nicht alles andere dunkel wird, sondern der Mensch zum Leuchten kommt und an Gottes Sprechen der Mensch nicht verstummt, sondern selbst zum Sprechen gelangt und in Gottes Dienst denken und reden lernt und aus Gottes Offenbarung ... die Versetzung des Menschen (folgt) in die Lebendigkeit und Tätigkeit, die ihm Gott verleiht" (A. Schlatter).[5]

Was die *Rechtfertigung*, den Weg zum Heil angeht, das hat C.H. Spurgeon sehr anschaulich beschrieben: Des Menschen *Bewegung* – sein Wollen und Tun – ist ein inneres *Bewegtsein* durch den Heiligen Geist:

„Der Gedanke traf mich: ‚Wie bist du Christ geworden?' (Antwort) ‚Ich habe den Herrn gesucht!' ‚Aber wie bist du darauf gekommen, den Herrn zu suchen?' In diesem einzigen Augenblick leuchtete die Wahrheit in mir auf: Ich hätte ihn nicht gesucht, wenn er nicht schon vorher meine Gedanken beeinflußt hätte, indem er mich dazu brachte, ihn zu suchen. – ‚Ich betete', so dachte ich. Aber dann fragte ich mich: ‚Wie kam ich dazu zu beten?' ‚Ich wurde durch die Heilige Schrift zum Beten ermuntert.' ‚Wie kam ich dazu, die Heilige Schrift zu lesen?' ‚Ich las sie, aber was hatte mich dazu gebracht?' – Da, in einem Augenblick, sah ich, daß Gott der Urgrund aller Dinge ist, daß er der Urheber meines Glaubens war, und so öffnete sich die ganze Lehre der Gnade vor mir ... Ich verdanke meine ganze Veränderung nur Gott."[6]

Von der *Heiligung* können wir nicht anders lehren: Die verborgensten Regungen, die innersten Impulse, die Anstöße in unserem Unbewußten, die Einfälle in unserer Phantasie, den Weg zum Entschluß und zur Tat der Liebe, – all dies „Wollen und Vollbringen" schafft Gott in uns, indem er uns von innen motiviert, uns ganz „einschaltet". All dies geschieht „in Christus", „im Geist". So – umgriffen und durchtränkt von Gottes „Ein-fluß" – wird *sein* Werk *unser* Werk (als Spiel, Arbeit, Kampf). Gott achtet es so sehr als Werk *unseres* Gehorsams, daß er dies Werk *lohnen* will, indem er es einbaut in seine ewige Welt und uns als seine Kinder und Mitarbeiter darin ehrt (Lk 6,33; 1Kor 3,8.14; Offb 22,12,14,13).

Was diese innere Struktur angeht, so können wir die Heiligung nicht von der Rechtfertigung abheben; hier wie dort haben wir es mit demselben Stil Gottes zu tun. Unterscheiden können wir so: *Rechtfertigung* als den gottgewirkten Weg *zum* Heil, *Heiligung* als den gottgewirkten Weg *im* Heil.

4) Das gute Werk

Als Bestimmung des Menschen wird genannt: „geschaffen zu guten Werken". Diese Bestimmung galt dem Menschen schon von der Schöpfung her: Lebendigsein und Wirken sind eine Einheit (erst unter dem Fluch wird das Wirken zur Mühsal; vgl. 1Mo 2,15 mit 3,16-19). In der Absonderung von Gott aber produziert der Mensch nichts als „tote Werke" (Hebr 9,14), solche, die aus dem Tod kommen und in ihn führen. Dem setzt Gott – *sola gratia* – sein *„gutes Werk"* entgegen; das eine, mit dem er in Jesus Christus die Welt versöhnt, im Heiligen Geist sie erneuert und vollendet. Mit diesem guten Werk richtet Gott seine Gottheit (wir können sagen „seine Heiligkeit" oder auch „seine Gerechtigkeit") auf mit dem Endziel, „daß Gott sein wird alles in allem" (1Kor 15,28). In dieses eine „gute Werk" hat er uns hereingeholt, indem er uns in den Glauben an Jesus Christus führte (Rechtfertigung) und in diesem Glauben zur Liebe tüchtig macht (Heiligung). Dieser Weg mit uns steht unter der festen Gewißheit: „Der in euch angefangen hat das gute Werk, der wird's auch vollführen bis an den Tag Jesu Christi" (Phil 1,7). Rechtfertigung wie Heiligung sind also Teilhabe an

dem einen guten Werk Gottes, an der großen Weltversöhnung, -erlösung, -vollendung.
„Neu-geschaffen zu guten Werken", das gibt dem Christenleben eine durchaus *positive* Zielangabe. Die guten Werke sollen den Platz der „toten" einnehmen. Geht es um diese *positive* Bestimmung, dann kann Heiligung von dem großen Heilsziel Gottes her nie nur oder primär *negativ* definiert werden! Heiligung ist nie nur oder primär Unterlassen und Vermeiden des Alten, der „Welt". Gewiß ist der Bruch mit dem Alten grundsätzlich notwendig und will täglich bewährt werden. Aber das Nein zielt auf das Ja, hat nur eine begleitende, unterstreichende Funktion. Heiligung ist unzulässig verengt, wenn sie zu einem Kapitel „Vermeidungsethik" wird, sie ist die umfassende Berufung zum Teilhaben an Gottes großem „guten Werk". Dabei muß der Horizont von den universal großen Zielen Gottes bestimmt sein, vom Reich Gottes, von seiner Kraft und seiner Herrlichkeit. Nicht nur die negative Fassung („Vermeidung"), auch die *individualistische* Fassung (Wie komme ich persönlich zur sittlichen Vollkommenheit? Wie werde ich geläutert?) karikiert die Heiligung. Trachten wir nach dem einen großen „Guten Werk" Gottes, nach seinem Reich in der Weite der Berufung zu Mission und Diakonie, so wird uns solches alles (auch das ganz Persönliche) zufallen!

5) Nachvollzug des Vorgegebenen

Noch eine Grundlinie und -struktur begegnet uns in Eph 2. Sie gilt ebenfalls für Rechtfertigung und Heiligung gleichermaßen: Es geht hier wie dort um den „Nachvollzug des Vorgegebenen". Unerhört kühn wird Jesu Weg mit dem unseren verbunden: Wir sind nicht nur „mit-begraben" (Röm 6,4), sondern auch „mit-auferstanden", ja „mit-inthronisiert". All das ist uns „vor-gegeben", ist „bei Gott" bereits perfekt. Rechtfertigung darf dieses unerhörte *„Schon"* erfassen und sich aneignen, es „nach-vollziehen". Wie sich das zu dem „Noch-Nicht" verhält, das unsere tägliche Erfahrung erlebt und erleidet, werden wir noch zu bedenken haben.

Im Blick auf die Heiligung redet unser Text nicht weniger kühn: Auch die „guten Werke“ sind bereits „vor-gefertigt“, liegen vollendet in Gottes Hand, wollen von uns in der Liebe „nach-vollzogen“ und so in die empirische Welt des Alltags eingezeichnet werden. Auch hier geht es um das „Schon“ und „Noch-Nicht“.
Jedenfalls wird für den Glauben deutlich: Ob er sich als Dank auf das „für uns“ vollzogene Werk Christi bezieht, ob er sich als Hoffnung auf die Endvollendung hin erstreckt, ob er sich in der Liebe dem Jetzt (der Welt, den Mitmenschen, den eigenen Aufgaben) zuwendet, stets ist Glaube – wie die Väter sagten – *„reditus ad perfectum“*, Rück-gang, Rück-griff auf das, was für Gott und bei Gott schon vollendet liegt und zugleich für uns immer noch aus-steht. Daraus entspringt für uns bei aller Anfechtung, in die uns die Spannung von „Schon und Noch-Nicht“ versetzt, die Gewißheit: So gewiß Gott schon am Ziel ist, wird er mit uns ganz gewiß ans Ziel kommen und fraglos mit seinem großen guten Werk der Weltverwandlung, des neuen Himmels und der neuen Erde.

2. Dogmatische Überlegungen

Wir haben bereits (etwa an Eph 2) beobachtet, daß im Neuen Testament Rechtfertigung und Heiligung keineswegs beständig als Zwillingsbrüder zusammen- oder einander gegenübergestellt werden. Wie kam es zu dem uns so vertrauten Duo?
Wir zeigen zunächst in einem *theologiegeschichtlichen Exkurs* (A.), wie *Luther* (in seiner Erklärung zum 3. Glaubensartikel) noch *vor* dieser Zweiteilung steht und alles unter Heiligung zusammenfaßt. Wir sehen dann, wie die *Orthodoxie* durch ihre Lehre von der *„Heilsordnung“* der Unterscheidung Rechtfertigung – Heiligung immer mehr Gewicht verschafft. Es geht also in der Tat – auch wenn die Sache völlig biblisch ist – um „kirchliche Sprache“ (Schlatter).
Im folgenden Abschnitt (B.) versuchen wir zu umschreiben, was *Rechtfertigung* bedeutet, in C. bemühen wir uns

um das Wort *Heiligung*. D. soll dann das Verhältnis beider bündeln.

A. Theologiegeschichtlicher Exkurs:

a) Luthers Erklärung zum 3. Glaubensartikel

In Luthers Kleinem Katechismus (2. Hauptstück) ist das ganze Werk des Heiligen Geistes unter dem Stichwort *„Von der Heiligung"* zusammengefaßt. Heiligung ist also der Leitbegriff für die ganze Fülle des sog. 3. Glaubensartikels.[7]

Der dritte Artikel. Von der Heiligung (Erklärung)

> „Ich glaube, daß ich nicht aus eigener Vernunft noch Kraft an Jesus Christus, meinen Herrn, glauben oder zu ihm kommen kann; sondern der Heilige Geist hat mich durch das Evangelium berufen, mit seinen Gaben erleuchtet, im rechten Glauben geheiligt und erhalten; gleichwie er die ganze Christenheit auf Erden beruft, sammelt, erleuchtet, heiliget und bei Jesus Christus erhält im rechten, einigen Glauben; in welcher Christenheit er mir und allen Gläubigen täglich alle Sünden reichlich vergibt und am Jüngsten Tag mich und alle Toten auferwecken wird und mir samt allen Gläubigen in Christus ein ewiges Leben geben wird. Das ist gewißlich wahr."

Was tut der Heilige Geist? Seinem Namen und Wesen gemäß *„heiligt"* er, d.h. er ergreift Menschen, belegt sie für Gott mit Beschlag, führt sie zu Jesus, und so schafft er *„Heilige"*. „Heilige" sind nicht (im römisch-katholischen Sinn) Elitechristen, die sich durch überpflichtige, überschüssige gute Werke (*opera supererogatoria*) vor anderen und dann auch für andere qualifizieren. Heilige sind ausnahmslos alle, die „zu Jesus Christus gekommen" sind und an ihn glauben. Diese Heiligkeit ist streng *„sanctitas passiva"*, als Geschenk empfangene (nicht selbst „geleistete") Heiligkeit. Darum ist es nicht Hochmut, wenn ein Christ sich einen „Heiligen" nennt. Im Gegenteil! Hier gilt, daß wir „nicht können hoffärtig genug sein“, nicht hoch genug greifen: Die Gemeinde der begnadigten Sünder besteht aus „eitel Heiligen“. Luther kann von daher auch sagen, der Heilige Geist mache unsern Geist in Christus zu einem *„spiritus sanctus“*, einem „heiligen Geist“. Das ist nur die Konsequenz des „seligen Tausches“: Was sein ist, wird unser!

Erregend ist, wie Luther bei seiner Erklärung in die Weite und Tiefe des 3. Artikels durch eine sehr enge Pforte hindurchführt: „Ich glaube, daß ich nicht ... glauben kann“, nämlich „nicht aus eigener Vernunft noch Kraft“. Luther sagt ganz einfältig: Ich kann von mir aus nicht „zu Jesus Christus“ (bzw. zum Glauben) „kommen“ (hier ist Luthers schwergewichtige Lehre vom unfreien Willen ganz schlicht gesagt). Nein, ich kann's nicht. Das Werk des Heiligen Geistes ist schlechterdings heilsnotwendig. Der Heilige Geist muß mich so zu Jesus tragen, wie die Freunde den Gelähmten brachten. So, als Getragener, Geführter (*sola gratia!*) komme ich zum Glauben.

Was den *Aufbau* der Erklärung Luthers angeht, so könnte man bei einer formalen Beobachtung einsteigen: Viermal verbindet Luther das, was der Heilige Geist am einzelnen Christen tut, mit dem, was geschieht bei „der ganzen Christenheit auf Erden“, bzw. „allen Gläubigen“, bzw. „allen“ (in Christus gestorbenen) „Toten“. Sehr schön wird so der Zusammenhang deutlich zwischen dem einzelnen und dem ganzen „Leib Christi“, dessen Glied er ist. Bei der Heiligung entsteht die eine wahrhaft heilige, wahrhaft „katholische“ (d.h. umfassende), die wahrhaft „evangelische“ Gemeinde, die quer durch alle Konfessionen geht. Der Geist „sammelt“ sie zum Fest der Freude an der wahren Einheit der Kirche Christi.

Sinnvoller aber dürfte es sein, (mit J. Meyer) bei der Gliederung den vier inhaltlichen Schwerpunkten zu folgen. Was ist also das Werk des Heiligen Geistes, *was meint Heiligung*?

1) Der Geist *„beruft“*. Dabei denkt Luther an das „leiblich äußerliche Wort“, an das gepredigte, zugesprochene Evangelium, bei dem die Melodie gilt: „Horch, was kommt von

draußen rein!“ Wort und Sakrament drängen – von außen kommend – an mein Ohr und in mein Gehirn, in meinen Mund und meinen Magen, auf meine Haut. Sie wollen aber das „Herz“ erreichen.

2) So verbindet Luther mit dem „beruft“ das *„erleuchtet“*. Der Geist schafft ein inneres Hellwerden durch sein „heimlich Einraunen“ („ihr werdet eine Stimme *in euren Herzen* hören, daß Jesus Christus für euch gestorben ist“). So, durch das innere Wirken des Geistes, kommt es um Inne-Werden des Wortes, zum persönlichen, existentiellen Glauben.

Luther unterscheidet also ein „äußerliches“ (Predigt) und ein „innerliches“ (heimliches Einraunen im Herzen) Wirken des Geistes; er verbindet beide so, daß das von außen kommende Wort gleichsam das „Fenster“ (auch „Kanal, Brücke, Pfad, Tür“ kann Luther sagen) ist, durch das es innen hell wird. Durch dieses Miteinander von „praedicatio“ (Predigt) und „illuminatio“ (Erleuchtung) kann der Mensch von Herzen glauben. Bei dieser „Erleuchtung“ (auch vom „Entflammen“ – *incendere* – ist die Rede) wird es hell und warm: „Intellektuelle“ Gaben (Erkennen im Glauben, Einsicht, Gewißheit) wie „affektive“ (Freude, Freimut, Zuversicht) sind beieinander. Wesentlich ist: Bei den „Gaben“ geht es nicht um isolierbare, sächliche „Heilsgüter“, sondern darum, daß Menschen „zu Jesus kommen“, also um personale Begegnung.

3) Der Geist eignet die *Sündenvergebung* zu. Sie erstreckt sich über ausnahmslos „alle Sünden“ (die Lästerung des Heiligen Geistes ist nur deswegen unvergebbar, weil sie gerade im beharrlichen Nein gegen den Sünderheiland und seine Vergebung besteht). Diese Sündenvergebung erfolgt *„täglich“*. Im Unterschied zu den hochfliegenden Schwärmern, die „schon“ und „noch nicht“ vertauschen und das, was in Ihm gilt („Ich bin ganz rein“), in sich selbst (empirisch konstatierbar) suchen, die als schon „perfekte“ vom „reinen Herzen“ und der beständigen Abwesenheit des „alten Adam“ schwätzen, die meinen, das Vaterunser schon hinter sich zu lassen (welche Hoffart!), weiß Luther: Wir brauchen „täglich“ Vergebung bis zum ewigen Richterthron, wir beten „täglich“: „Vergib uns unsere Schuld!“ und werden er-

hört. „Gerade der gereifte Christ erlebt die tiefste Sündenerkenntnis“ (J. Meyer, S. 372). Als Sünder wie auch als von innen und außen immer wieder Angefochtene leben wir davon, daß der Heilige Geist uns „bei Jesus Christus *erhält* im rechten einigen Glauben“.

„Reichlich“ wird uns die Sündenvergebung zuteil, d.h. auf vielerlei Weise: im persönlichen Bußgebet, durch ein gedrucktes Gotteswort, durch den brüderlichen Zuspruch, beim Abendmahl, unter dem ausdrücklichen Freispruch in der Beichte ... Gott ist nicht arm, handelt nicht ärmlich, weiß viele Weisen, uns getrost zu machen.

Es ist deutlich, daß die Punkte 1) bis 3) *ein und dieselbe Gabe* meinen, man kann sie weder sachlich noch zeitlich wie die Sprossen einer Leiter hinter- und übereinander ordnen. Es geht um verschiedene Aspekte, nicht um Stufen oder Grade. Was bei Gott eine lebendige Ganzheit ist, wird hier theologisch unter verschiedenen Begriffen entfaltet.

4) Bei der Heiligung geht es – so sagten wir gerade – um *das Ganze*. Das zeigt sich auch darin, daß das Werk des Geistes, der Menschen mit Jesus verbindet, eine futurische, eine eschatologische Dimension hat. So gewiß wir (nach Kol 2,12; Eph 2,6) geistlich mit Christus auferstanden sind und (nach Joh 5,24) das ewige Leben haben (beides Präsens), so gewiß haben wir das alles „in Ihm“, „im Glauben“, noch nicht im Schauen (2Kor 5,7). So ist der Heilige Geist selbst „Angeld“ („erste Rate“ 2Kor 1,22; 5,5; Röm 8,23); dem „Unterpfand“ läßt Gott die ganze, runde Verwirklichung folgen: *Auferweckung und ewiges Leben*. So meint nach dem Kleinen Katechismus *Heiligung das gesamte Heilswerk Gottes in uns – vom ersten zagenden Gebet bis zum Jubel der Vollendung*.

Fragen wir bei Luthers Erklärung nach der uns beschäftigenden Frage nach dem Verhältnis von Rechtfertigung und Heiligung, so stellen wir überrascht fest: Fehlanzeige! Scheinbar kommt die Rechtfertigung gar nicht vor. Schauen wir genauer hin, dann bemerken wir, daß das Herzstück der Rechtfertigung, die Vergebung der Sünden, sehr nachdrücklich entfaltet wird („täglich alle Sünden reichlich vergibt“), daß aber diese entscheidende Rechtfer-

tigungsaussage unter dem den ganzen 3. Artikel übergreifenden Titel Heiligung steht.
Wir konstatieren: Es ist in den Anfängen der Reformation nicht anders als bei Paulus: Beide Begriffe vermögen jeweils *das Ganze* auszusagen, sie werden nicht wie A und B hintereinander geordnet und bilden keineswegs erst miteinander und als Summe die Einheit des göttlichen Gnadenwerks ab. Johannes Meyer formuliert von Luthers Erklärung zum 2. und 3. Artikel so: „Die justificatio (Rechtfertigung) gehört dem Gedankenkreise des 2. Artikels an, da Jesus seine justitia (Gerechtigkeit) auf die Seinen überträgt" (vgl. „unter ihm lebe und ihm diene in ewiger Gerechtigkeit ..."). „Die Sanctificatio (Heiligung) gehört zum Gedankenkreise des 3. Art., weil der spiritus sanctus sanctificat (der Heilige Geist heiligt). Derselbe Tatbestand heißt also, von Christus her angeschaut, justificatio, vom Geiste her angeschaut, sanctificatio. *Sachlich ist beides gleich"* (S. 365).

b) Die Lehre von der „Heilsordnung"

Wir haben – vielleicht mit Überraschung oder auch Befremden – festgestellt, daß für Luther (nach seinem Kleinen Katechismus) Rechtfertigung und Heiligung nicht das uns so vertraute Zwillingspaar darstellen (jedenfalls nicht unter diesen Vokabeln). – Die altprotestantischen Väter („Orthodoxie"; 17. Jahrhundert) liebten das Nach-Denken und dabei das Miteinander von Unterscheiden und Verbinden. Sie wollten so den unendlichen Reichtum der Güte Gottes zu seinem Ruhme nachzeichnen. So entwickelten sie die Lehre von der *„Heilsordnung"* (dem „ordo salutis"). Möglichst umfassend sollte entfaltet werden, was alles die Gnade Gottes dem Menschen zuwendet (ihm „appliziert"), was sie in seinem Denken, Wollen, Tun, in seiner ganzen Existenz bewirkt. Man unterschied (teilweise in Anknüpfung an die Stichworte aus Luthers Katechismus: „berufen, erleuchten, heiligen, erhalten ...") folgende Gesichtspunkte: *Berufung* (vocatio), *Erleuchtung* (illuminatio), *Bekehrung* (conversio), *Wiedergeburt* (regeneratio), *Rechtfertigung* (justificatio),

„mystische" (Herzens-)*Gemeinschaft* mit dem dreieinigen Gott (unio mystica), *Erneuerung* oder *Heiligung* (renovatio/ sanctificatio), *Bewahrung* des Glaubens und der Heiligkeit (conservatio), *Verherrlichung* (glorificatio) – so David Hollaz.[8]
Das ist nicht als zeitliche Folge oder gar als sachliche Rangordnung gemeint. Alle diese Akte hängen – wie Johann Andreas Quenstedt betont – „enger als ein mathematischer Punkt" zusammen[9], d.h. sie fallen sachlich in eins, sind nur verschiedene Aspekte, nur Ausstrahlung der einen göttlichen Gnade. Jedes Wort meint das Ganze, jedes will nur eine der vielen Facetten am farbensprühenden Diamanten besonders betrachten. Etwa: Gott erfaßt unser Denken (er „erleuchtet"), unser Wollen und Tun (er „erneuert", bzw. „heiligt"); Gott hält uns trotz Versagens bei sich fest (er „bewahrt, konserviert"). Bei alldem geht es nicht um *Etwas*, um Heilswege, Heilsgüter, es geht um *Ihn*, um die Lebensgemeinschaft, die „Union" mit Jesus Christus, dem gegenwärtigen Herrn. Im Bild gesagt: Die einzelnen Gnadenwirkungen Gottes sind wie die *Speichen eines Rades*, die vom Zentrum, von der Nabe, ausstrahlen; dreht man das Rad, so bewegen sich alle Speichen gleichzeitig.
Sachlich falsch, ja verderblich wird die Lehre von der „Heilsordnung", wenn man die verschiedenen Aspekte der einen Gottestat wie die Stufen einer *Treppe* oder die Sprossen einer *Leiter* hinter- und übereinander ordnet, so daß nun der Christ in seiner geistlichen Biographie eine Sprosse nach der anderen, sich dabei im Glauben immer höher entwikkelnd, zu erklimmen hat. Dann könnte man fragen: „Stehst du noch bei der ‚Erleuchtung' oder schon bei der ‚Wiedergeburt'?" Man könnte meinen, bei der „Heiligung" habe man die „Rechtfertigung" als überholte Stufe grundsätzlich hinter und unter sich gelassen. Man könnte jetzt eine „Gnade" Gottes gegen die andere isolieren (jemand wäre wohl schon „bekehrt", aber noch nicht „gerechtfertigt"). Man könnte die „Heilsordnung" in ihrem Nacheinander gesetzlich vorschreiben wollen – als „eine Normierung ..., wie sich der chronologische Ablauf im Glaubensvollzug zu gestalten hat". „Das wäre eine verhängnisvolle Vergewalti-

gung gegenüber der Freiheit, in der Gott auf seinen Wegen mit dem Menschen handelt" (Köberle). Dabei ließe sich über die rechte Reihenfolge der Stufen trefflich streiten …
Wir halten als Ergebnis fest: 1) Von der sog. „Heilsordnung" läßt sich nur dann sinnvoll reden, wenn man nach dem Modell „*ein* Rad – *viele* Speichen" die Weite und den Reichtum des einen Gotteshandelns am und im Menschen bedenken möchte; das Modell „Leiter – Sprossen" ist völlig zu verwerfen. – 2) *Innerhalb der so verstandenen „Heilsordnung" empfangen die Begriffe Rechtfertigung (justificatio) und Heiligung (renovatio/sanctificatio) besonderes Gewicht.*
Wir fragen im folgenden: Was meinen diese beiden Begriffe? Welchen besonderen Aspekt des einen Gotteswerks heben sie jeweils auf den Leuchter? Wie ist das Verhältnis beider zueinander zu bestimmen?

B. Rechtfertigung

Will man versuchen, kompakt und komprimiert zu umreißen, was Rechtfertigung meint, so kann man etwa so formulieren:
1) Rechtfertigung meint jene fundamentale, unser Leben grundstürzend und grundlegend erneuernde *Gottestat*, in der Gott uns, die „Sünder", die unannehmbaren Rebellen („Feinde", „Gottlose", Röm 5,6.10), *allein aus Gnaden* annimmt und uns in den Stand der adoptierten Gotteskinder versetzt, die „Abba" rufen dürfen (Gal 4,6; Röm 8,15). „Aus Gnaden", das meint: allein aus seiner freien Liebe (Agape) heraus, ganz von sich her, ganz „um seinetwillen" (Jes 43,25), ganz spontan und kreativ, – „ohn all mein Verdienst und Würdigkeit" (Luther).
2) Der dreieinige Gott tut das *allein in Christus*, tut es aufgrund und kraft des umfassenden, allgültigen Sühnetodes seines Sohnes Jesus Christus (Röm 3,24-26), der für alle Sünden aller Menschen aller Zeiten und Regionen „ein-für-allemal" die gültige Versöhnung schuf und so die Schuldfrage grundsätzlich und umfassend löste („Es ist vollbracht", Joh 19,30).

3) Gott vollzieht die Rechtfertigung, indem er durch seinen *Geist* uns das „geistvolle" *Evangelium* („Wort vom Kreuz", 1Kor 1,18: „Wort von der Versöhnung", 2Kor 5,19 / „promissio" – Verheißung, so Luther / Wort und Sakrament) zuspricht und durch dies schöpferische Wort den *Glauben* in uns weckt. Mit diesem Ruf in den Glauben befreit er uns von allen finsteren Gewalten, reißt uns heraus aus der Tyrannei von Sünde, Tod und Teufel und versetzt uns in die Lebensgemeinschaft mit dem gekreuzigten, auferweckten und kommenden Kyrios Jesus. Dieser Glaube ist die *Versetzung in Christus hinein*, d.h. ein Akt des Herrschaftswechsels: Wir werden dem neuen Herrn zu eigen mit allem, was wir sind und haben (als Geschöpfe und Sünder; mit Vergangenheit, Gegenwart, Zukunft; nach Leib, Seele und Geist). „Dafür" wird dieser Herr uns zu eigen mit allem, was er ist und hat (als Gott und Mensch; als Herr und Bruder; mit seiner Gerechtigkeit, Heiligkeit, seinem Leben ...). Diesen Wechsel in der gleichsam „ehelichen Gemeinschaft" nannte Luther den „fröhlichen Tausch". *Allein in diesem Glauben*, in dem durch Gottes Geist geweckten und unser Inneres bestimmenden Ja, in der gehorsamen, staunenden, anbetenden Einwilligung dazu, daß Gott allein in Christus, allein aus Gnaden uns „verlorenen und verdammten Sünder" seine geliebten Kinder sein läßt, – allein in diesem Glauben sind wir „gerecht", d.h. Gott recht, vor ihm richtig und gut. Glauben heißt: „Gott recht geben" (Luther).

4) Die Rechtfertigungsaussage: „Gott nimmt den Unannehmbaren an" (P. Tillich) steht unablösbar in dem Horizont a) des *Sühnetodes Jesu* („Christi Blut machet allen Schaden gut") und b) des *„Jüngsten"* (des letzten, eschatologischen) *Gerichts*: Gottes Urteil über uns: „Du bist mir recht!" hat die Qualität eines letztinstanzlichen und letztgültigen Spruchs. Es ist die Vorwegnahme des Jüngsten Gerichts und seiner letzten Entscheidung (Joh 5,24). *Mit dem Rechtfertigungsurteil ist meine Ewigkeit definitiv heilshaft entschieden.* Auf das grundlegende „Fürchte dich nicht, du bist mein!" (Jes 43,1) darf ich mich bis zum Sterben, ja bis ins letzte Gericht zurückbeziehen und dessen getrösten.

5) Dieses Rechtfertigungsurteil umschließt beides: Es ist

Gericht und Heil, Verdammnis und Seligkeit, Hinrichtung und Aufrichtung, *Gesetz* und *Evangelium*. (a) Es ist das verdammende Urteil: „Sünder bist du – und als Sünder verloren!" Der darauf antwortende, das Todesurteil akzeptierende Glaube (!) hat die Form der *Buße* („Ich bin's, ich sollte büßen ..."). (b) Es ist zugleich – Wunder der Gnade! – das diesen Sünder rettende, freisprechende Urteil: „Dir sind deine Sünden vergeben! Du Verlorener, in Christus (in *Ihm*!) bist du für ewig gerettet!" Der auf dies Lebensurteil antwortende, den Freispruch bejahende Glaube hat die Form des *Christusbekenntnisses*: „Mein Herr und mein Gott!" So wird im Rechtfertigungsurteil das Geschick Jesu (*Für mich* – um meiner Sünden willen gekreuzigt, verflucht! – *Für mich* – um meiner Gerechtigkeit willen auferweckt, Gal 3,13f.; Röm 4,25) über uns ausgerufen und proklamiert. Aber nicht nur das: Es wird in der Kraft des Geistes *an uns vollzogen und vollstreckt*. Wir werden in die Schicksalsgemeinschaft mit Jesus Christus hineingezogen: Das *Für* (1Kor 15,3f.) wird zum *Mit*: Wir sind *mit* Ihm gestorben, *mit* Ihm zu neuem Leben erweckt (Röm 6; Kol 2,12; beachte 3,3).

6) Das Rechtfertigungsurteil hat eine doppelte Dimension: Es ist (a) *„forensisches"* (rechtlich erklärendes) und (b) *effektives* (Neues bewirkendes) Urteil. Beides ist sachlich unscheidbar eins: Gottes „erklärendes" Wort ist stets schöpferisches Wort! Begrifflich aber (im Vollzug des Nach-Denkens) ist beides zu unterscheiden:

(a) Gottes Urteil versetzt mich Sünder *in Christus* hinein, d.h. Gott sieht mich nun von allen Seiten von seinem Sohn umschlossen: „Christi Blut und Gerechtigkeit, das ist mein Schmuck und Ehrenkleid." So komme ich zu einem neuen *Stand* (der meinen bösen Sünden-Fall aufhebt), ich empfange eine neue *Geltung*: Ich, der durch und durch Aussätzige, werde – in Christus! – für durch und durch rein erklärt. Ich, der verfluchte Sünder, werde – in Christus! – zu Gottes Kind erklärt. Und das, wofür Gott mich erklärt, das *bin ich* wahrhaftig und in Ewigkeit. Also: *Als (in mir selbst!) durch und durch Aussätziger bin ich (in Ihm!) ganz rein*. In Ihm bin ich wahrhaft „neue Kreatur" (2Kor 5,17). Die neue Geltung bedeutet zugleich ein *neues Sein (effektive* Dimension).

Anmerkung: In philosophischer Begrifflichkeit hat man unterschieden zwischen *„analytischen"* und *„synthetischen"* Urteilen (Urteilssätzen). Ein analytisches Urteil erhebt durch das Prädikat nur, was im Subjekt schon vorhanden ist. Etwa: Das Quadrat ist viereckig. Der Kreis ist rund. – Ein synthetisches Urteil fügt Neues hinzu. Das Quadrat ist riesig. Der Ball ist rot. – In diesem Sinn ist das *Rechtfertigungsurteil* keineswegs analytisch: Es wird nicht erhoben, was wir in uns immer schon sind. Dann käme nur heraus: verlorener Sünder. Nein, Gott *setzt* im synthetischen Urteil *wunderbar Neues*: In Jesus sind wir rein, sind Gottes Kind, sind neue Kreatur!

(b) Als Gottes schöpferisches Wort hat das rechtfertigende Urteil zugleich verwandelnde Kraft. Das mir zunächst als Aussage der Geltung zugesprochene neue Sein, das in Christus ewig gültig ist, beginnt sich nun auch – in Ihm, in der Kraft Jesu – auf der irdischen, der horizontalen Ebene (sozusagen empirisch) *auszuwirken*. Ich, der in mir selbst ganz Aussätzige, werde von dem großen barmherzigen Samariter und dem guten Arzt Jesus in sein Spital gebracht und in einen anhebenden *Prozeß der Heilung* genommen. Hier wiederholt sich, was Paulus mit dem für ihn so kennzeichnenden Verhältnis von Indikativ und Imperativ sagt: Als der Rein-*Gewordene* darf ich nun rein werden: *„Du bist rein, laß dich reinigen!"* – Hier setzt der Begriff *Heiligung* ein: Bei ihm geht es darum, *daß und wie sich das Heil in die empirische Welt einzeichnet.*

C. Heiligung

Wir wollen versuchen, mit knappen Strichen anzudeuten, was *Heiligkeit* und *Heiligung* im biblischen Denken meinen.[10]

1) Gott – der für uns Heilige

Luther hat von Gottes *Gerechtigkeit* erkannt, daß sie nicht eine „ruhende Eigenschaft" ist, die Gott bei sich selbst hat und für sich selbst behält, sondern daß Gottes Gerechtigkeit die ausstrahlende Macht seiner heilschaffenden Treue ist, sein zu uns drängendes Erbarmen. Gott ist so gerecht, daß er es *für uns* ist! Entsprechendes gilt auch von *Gottes Heiligkeit.* Sie ist gewiß Bezeichnung für Gottes Gottheit selbst, für seine Unnahbarkeit (Gott – der „ganz andere“, Barth) und Unzugänglichkeit (in einem Licht wohnend, zu dem niemand kommen kann). Aber seine Heiligkeit ist „nicht bloß Gottes Erhabenheit, sondern zugleich auch seine Kraftgeladenheit“ (Gaugler, 12). Das bedeutet: Sie ist ausstrahlende, um sich greifende Heiligkeit, die schlechthin alles erfassen und durchdringen will. Ihre verzehrende Gewalt überwindet alles „Unreine“ (Im Moselied, das Gottes Triumph über Ägypten besingt, entsprechen der Heiligkeit Gottes seine Ruhmestaten und Wunder, 2Mo 15,11). Zu dem dreifachen „Heilig!“, mit dem die Serafim Gott ehren (seinen Namen „heiligen“), tritt sofort die Aussage: „Fülle der ganzen Welt ist seine Herrlichkeit“ (Jes 6,3). Bengel und Oetinger betonten: Seine Herrlichkeit ist seine aufgedeckte (nach außen strahlende) Heiligkeit. Diese *universale „Tendenz“* der Heiligkeit Gottes muß stets im Auge behalten werden: Der heilige Gott will, daß *alles* heilig (d.h. ihm konform, ihm gemäß) sei. Und – welch Wunder – das will er nicht *gegen* uns Unreine, sondern *für* uns!

2) Das heilige Volk

Gott erweist sich als der Heilige, indem er „heiligt“, d.h. Menschen in seine Herrschaft, in seine Gemeinschaft zieht, sie sich (zu ihrem Heil) zu eigen macht. Grundmuster dafür ist sein Bundesschluß mit Israel. Er macht es zu seinem „heiligen Volk“, indem er es liebt, erwählt, loskauft (5Mo 7,6-11). Gott wird „der Heilige Israels“ (Jes 1,4; 12,6; 29,19). Darin liegt beides: Er gibt sich seinem Volk ganz zu eigen und ist doch der erhabene Herr. „Gott bin ich und nicht ein Mensch, der Heilige in deiner Mitte“ (Hos 11,9). Das Volk, das Gott ergreift, heißt das „heilige Volk“ (2Mo 19,6; 5Mo 7,6; 14,2), der Teil des schuldigen Volks (das „unrein“

wurde), den Gott durch das Gericht hindurch bewahrt, ist der „heilige Rest“ (Jes 4,3). Alle „Gläubigen“ in Israel können „die Heiligen“ genannt werden (Ps 34,10).

3) „Heilig“ in Christus

Der Neue Bund, den Gott in Jesu Sterben und Auferwekkung stiftet, ist Erweis der Heiligkeit Gottes: So heiligt Gott sich selbst (erweist sich als der Heilige, der seine Gottheit durchsetzt) und seine Geschöpfe! Die Menschen haben seinen Namen entheiligt (Gottes Gottheit für nichts geachtet, 3Mo 22,32; Ps 55,21; Jer 34,16; Röm 2,23f.). Jetzt heiligt Gott seinen Namen, bringt ihn zu Ehren (Jes 29,23). Er tut das in seinen Gerichten (3Mo 10,3), überschwenglich aber in der einen Rettungstat, im Sterben seines Sohnes. Jesus Christus ist in Person der „Heilige“ (Apg 3,14; 4,27; Offb 3,7). Indem er sich Gottes rettendem Gericht als Opfer darbietet, sagt er: „Ich heilige mich selbst für sie, daß auch sie wahrhaft geheiligt seien“ (Joh 17,19). Dieser Jesus – der *eine* „Heilige Gottes“ (Mk 1,24; Joh 6,69) – ist unsere Heiligkeit, unsere Heiligung, d.h. er macht uns zu Heiligen (1Kor 1,30). „Nicht: Er *spendet* uns die Heiligung. Er *ist* der Heilige Gottes, und wir sind „in ihm“ geheiligt (1Kor 1,2). In Christi Opfertat ist die Gemeinde heilig, rein und unsträflich, keine Anklage kann sie treffen“ (Schniewind, 109). Wir sind „geheiligt“, weil Gott uns ergreift. „Ihr seid reingewaschen, ihr seid geheiligt, seid gerecht geworden durch den Namen des Herrn Jesus Christus“ (1Kor 6,11). Über 60mal lautet der Name der Christen im Neuen Testament *„die Heiligen“* (zuerst wohl Selbstbezeichnung der Gemeinde in Jerusalem). Die Korinther, die Paulus schwerer Sünden zeihen muß, sind gleichwohl Heilige (abgesehen von ihrer sehr mangelhaften sittlichen Qualifikation)! Sie sind Heilige, wie sie Gerechte sind – niemals in und aus sich selbst, sondern exklusiv in Christus, der ihnen „von Gott gemacht ist zur Gerechtigkeit und zur Heiligung“ (1Kor 1,30, vgl. 1,2). Grundlegend ist also diese geschenkte, gnadenhaft zugewandte Heiligkeit, diese „fremde (uns in Christus beigelegte) Würde". Wir halten fest, daß hier „gerecht" (= gerechtfertigt) und „heilig" (= geheiligt) geradezu dasselbe bedeuten!

4) „Intensive" Heiligung (ganz und gar – durch und durch)

Zu Gottes Heiligkeit gehört seine „Willenhaftigkeit (H.P. Müller, 598), d.h. Gott will etwas, sein Bund hat verpflichtenden Charakter. Im Alten wie im Neuen Testament klingt es unisono: „Ihr sollt heilig sein, denn ich bin heilig" (3Mo 11,44; 1Petr 1,15f.). Gott will also, daß seine „Heiligen" in allen Dimensionen ihrer Existenz, mit ihrem ganzen „Leibe" (d.h. mit Denken, Fühlen, Wollen, Tun ...) „geheiligt", mit Gottes Willen konform, zu seiner Art passend werden. Dazu sollen sie sich als lebendiges Ganzopfer, das „heilig" ist, darbringen (Röm 12,1). Aus dem Indikativ „Ihr seid heilig!" springt der Imperativ heraus: „Seid heilig!". Es gilt, der Heiligung nachzujagen, ohne die man den Herrn nicht sehen, also das Ziel des Christenlebens verfehlen wird (Hebr 12,14). Gottes Wille ist unsere Heiligung, zur Heiligung hat er uns berufen (1Thes 4,3-7). In der Heiligung gilt es fortzufahren (sie zu „vollenden" 2Kor 7,1). *„Paraklese"* sind diese Imperative (Röm 12,1); das Wort *„para-kalein"* heißt ebenso: freundlich bitten, ermutigend zusprechen, gut zureden – wie mit letztem Ernst zur Sache rufen, feierlich beschwören. Es geht um Leben und Seligkeit! Große Freude ist es, heilig leben zu dürfen (Gott entsprechend, ihm wohlgefällig); und letzter „heiliger" Ewigkeitsernst liegt in diesem Anspruch. – Wir halten fest: Die *geschenkte Heiligkeit* ist der Ausgangspunkt und die bleibende Grundlage (= Rechtfertigung!) – die *zu praktizierende Heiligung* ist der beharrlich zu beschreitende Weg – die *vollendete Heiligkeit* ist das Ziel des Christseins. Gott aber ist überall das Subjekt, Start und Ziel liegen gleichermaßen „in Christus"! „Er selbst, der Gott des Friedens, heilige euch durch und durch ... (nach) Geist samt Seele und Leib" (1Thes 5,23).

5) „Extensive" Heiligung (alles und jedes – überall und jederzeit)

Es ist ein deutliches Zeichen der „extensiv" um sich greifenden Heiligkeit Gottes, wenn auch Gegenstände, Orte, Zeiten (besonders im Alten Testament) heilig heißen. *Alles, was Gott berührt*, für sich aussondert, exklusiv sich reserviert, *ist heilig*: der Tempel (das Allerheiligste darin!), der Berg, die Priestergewänder, die Räucherpfannen wie die Tempelgewichte. Den Sabbat gilt es zu heiligen (2Mo 20,8) wie die Feste Israels; heilig ist die Kriegsbeute, die man sich nicht privat aneignen darf, heilig ist Jerusalem. Heilig ist Gottes Weg (Ps 77,14), heilig (d.h. der menschlichen Erotik entzogen) der Kuß, mit dem sich Christen grüßen (Röm 16,19). Im Neuen Testament vollzieht sich eine große *Konzentration* auf Christus hin (er ist allein der wahrhaft Heilige!), die Christen sind damit in große Freiheit (von kultisch-rituellen Geboten) gestellt. Andererseits erfährt das Wort „heilig" eine gewaltige *Ausweitung*: Schlechthin alles, was Christen tun (ihr Wachen und Schlafen wie ihr Geschlechtsverkehr), steht unter der Losung „Heilig dem Herrn". Die Unterscheidung „sakral" und „profan" (= außerhalb des heiligen Bereichs) ist gefallen. Nun heißt's: „*Alles*, was ihr tut mit Worten oder mit Werken, das tut alles im Namen des Herrn Jesus" (Kol 3,17). „Die Heiligkeit Gottes will unser ganzes Leben umspannen" (Schniewind, 105).

6) Heiligung in eschatologischer Dimension

Die Vaterunser-Bitte „Geheiligt werde dein Name!" steht parallel zu der „eschatologischen" (auf die Endvollendung bezogenen) Bitte: „Dein Reich komme!" Diese 1. Bitte ist also kein versteckter Hinweis auf das, was wir leisten sollen (also ein heimlicher Imperativ), sondern eine heimliche Verheißung dessen, was Gott tun will und wird: Er wird selbst seinen Namen allumfassend und endgültig heiligen, er wird seine Gottheit so unbestreitbar durchsetzen, daß alle Knie sich beugen müssen. Vollendete Heiligung des Gottesnamens bedeutet: „Gott wird sein alles in allem" (1Kor

15,28). Gemeint ist: Nur noch Gottes Wille geschieht – wie jetzt schon im Himmel (bei den Engeln!), so dann umfassend in der ganzen neuen Schöpfung. Mit dem einen „Heiligen Gottes“ bricht diese umfassende Gottesherrschaft bereits an; sie ist „nah“ und „da“ in ihm. Diese heilsgeschichtliche, diese *Reichs-Perspektive* darf nie vergessen werden, wenn von Heiligung die Rede ist. Heiligung darf nie eingeschrumpft werden auf die persönliche Glaubens- und Lebensgeschichte der einzelnen Christen. (Das war manchmal die Verengung im „pietistischen“ Verständnis: „Durchheiligung“ des einzelnen.) Heiligung ist auch mehr als die Vollendung der ganzen Kirche, der einen Christenheit. Heiligung geht wahrhaft „aufs Ganze“. Ein neuer Himmel und eine neue Erde, die voll sind vom Jubel der Serafim: „Heilig, heilig ist Jahwe Zebaoth, der Vater Jesu Christi“ – das ist Ziel der „Heiligungsarbeit“ Gottes.
Anmerkung: Diesen Aspekt hat besonders E. Gaugler herausgearbeitet: „In der Heiligung, die Gottes Herrschaft in Seiner Schöpfung bedeutet, ist beides gleich stark betont: Daß Gott zu Seinem Ziele kommt *und* daß eben in der Welt der neuen Schöpfung ... auch der Mensch zu seinem Ursprung zurückgeführt wird, wirklich wieder Geschöpf Gottes und damit auch erst wahrhaft Mensch wird“ S. 57. „Es geht nicht bloß um den einzelnen ‚Heiligen‘. Die individualistische Fragestellung wird dem Problem nicht gerecht ... Es geht in der Heiligung um die Schaffung des Gottesvolkes, Seiner Gemeinde. Ja, es geht sogar über eine im bloß soziologischen Sinne kirchliche Fragestellung hinaus um Gottes Werk selbst, um die neue Schöpfung, um die ‚Heimholung der Welt‘“ (74).

D. Das Verhältnis von Rechtfertigung und Heiligung

Adolf Köberle hat das rechte Verbinden und Unterscheiden von Rechtfertigung und Heiligung eine „theologische Meisterfrage“ genannt.[11] Hier kann alles, was wir sagen, nur Versuch sein, vorläufig und unzulänglich.

1) Die Begriffe Rechtfertigung und Heiligung meinen *das eine und selbe Werk des Gottes*, der unser Erretter und unser Herr ist. Sie erfassen dies eine Werk aber jeweils unter verschiedenen Gesichtspunkten. Es geht um den Versuch, im Nachdenken des Glaubens begrifflich zu unterscheiden und zu verbinden.

Darin spiegelt sich, daß wir Christenmenschen als Geschöpfe in Raum und Zeit, zumal an unserem heilsgeschichtlichen Ort das eine Ganze stets nur stückweise und das „Ewige" immer nur im zeitlichen Nacheinander erfahren, denken, aussagen können.

2) *Rechtfertigung* sieht das Werk Gottes in der Dimension des „Oben", des „eschatisch (= end- und letztgültig) Vollendeten" („schon"), des „Ewigen" an. Hier haben die „hochgemuten" Aussagen des Neuen Testaments ihren Ort: Gott hat uns in Christus bereits für vollkommen rein erklärt (neue Geltung), hat uns in den Stand der „Heiligen", der „Kinder Gottes" versetzt (neues Sein), hat uns alle Sünde ein-für-allemal vergeben, uns in die Gerechtigkeit Christi ein-für-allemal eingehüllt. Wir sind „schon" mitgestorben, mit-auferweckt, mit-inthronisiert, mit-verherrlicht!

Rechtfertigung sieht den Christen von dem in Gott („oben", „ewig") verbürgten Ziel an!

3) *Heiligung* will zeigen: Dies im „Oben" schon Vollendete drängt ins „Unten". Es will in der Welt von Raum und Zeit, in der Welt des Empirischen (der Alltagserfahrung), in der persönlichen Biographie, in der konkreten Gemeinde (dem jeweiligen Kirchentum, bzw. der Gemeinschaft) *leibhaft* werden. Dabei schlüpft das Vollendete und Ganze in die Gestalt des Anbruchhaften, der verschiedenen Stufen und Grade; das Vollkommene erscheint gebrochen im Stückwerk. Das „Ewige" zeichnet sich ein in Raum und Zeit. Von dem Einen und Ganzen gilt jetzt „mehr und mehr", „nach und nach": „Mehr und mehr", d.h. zeitlich im Christenleben ein Wachsen von Tag zu Tag, d.h. räumlich – etwa in der Mission – ein Vordringen von Ort zu Ort. An die Stelle des *„statim"* („alles mit einem Mal") tritt das *„paulatim"* („allmählich"), so formuliert Luther. – Hier haben alle die

ermahnenden Aussagen des Neuen Testaments (die „Paränese", die Imperative) ihren Platz.
Heiligung sieht das Christenleben als *Unterwegssein* an!
4) „Oben" schon vollendet – „unten" noch im Gange; – sieht man dies Miteinander in einem mathematischen Bild als die beiden Brennpunkte einer Ellipse an, dann bedeutet *Christenleben eine beständige Bewegung von dem einen Pol zum andern.*
In aller Heiligung wohnt Erfahrung des nur teilweisen Gelingens der Siege wie der Niederlagen (wo ernsthaft Heiligung geschieht, wächst konkrete Sündenerkenntnis). Diese Erfahrung des Halben und schuldhaft Unfertigen läßt uns immer wieder Zuflucht nehmen zu dem Vollendeten und Ganzen, das über und vor uns steht. Aus dem täglich nur teilweisen Sauber- und immer wieder Beschmutzt-Sein eilen wir ins Bad der vollkommenen Vergebung („ganz rein!"). Begrifflich gesagt: Von der Heiligung laufen wir zur Rechtfertigung, eine beständige Rückkehr in den Ursprung!
Die Rechtfertigung, dies Umfangensein vom ganzen Heil, treibt ständig neu wieder auf den Weg, ermutigt, „inspiriert" (sozusagen mit dem verbürgten Ziel im Rücken!) zu unverzagten Schritten nach vorn. So entspringt täglich aus der Rechtfertigung neu die Beauftragung und Befähigung zur Heiligung. Diese *Bewegung* von dem einen Pol zum anderen und wieder zurück beschreibt die innere Dynamik des Christenlebens; sie ist in dieser Zeit *unabschließbar*, ist beständiger Prozeß!
Es wäre eine schwärmerische Illusion, wenn jemand meinen wollte, die Rechtfertigung als überwundene Stufe, als überstiegene Sprosse *hinter* sich zu haben, der 5. Vaterunserbitte („Vergib uns!") nicht mehr zu bedürfen. – Heiligung hat Rechtfertigung niemals als überholt hinter sich, sondern stets als Fundament unter sich: Alle Heiligung geschieht auf der stets neu zu erfassenden Basis der Rechtfertigung (vgl. unten Teil II 2: Perfektionismus?).
5) Das Christenleben, so sagten wir, ist wesentlich Bewegung von dem einen Pol zum anderen, wobei der Zielpunkt sich immer wieder in den Startpunkt verwandelt. Erstar-

rung tritt ein, wo man an einem Pol verharrt, ihn isoliert, ihn zum „Standpunkt" macht. So sind *zwei Formen der Erstarrung und Entstellung* möglich: Man kann die Rechtfertigung wie die Heiligung einseitig zum Zentrum machen[12]:

(a) *Rechtfertigung ohne Heiligung:* Ein einseitiges Verharren bei der (isolierten) Rechtfertigung führt in eine schlimme Ideologie der Ruhe, in den *Quietismus.* Hier meint man, Gottes Gnade habe uns nur „zur Ruhe" (zum „Seelenfrieden") gebracht, statt auch zu kräftiger Bewegung berufen. Man wähnt, Gottes Wort sei nur Zuspruch und Trost, nicht auch Anspruch und Dienstanweisung.

Solcher Quietismus, solche „Ideologie der Ruhe" (aus isoliertem Rechtfertigungsdenken) erscheint in *zwei Krankheitstypen:*

Auf der einen Seite herrscht ein Sich-Berauschen am bloßen Gnadenwort, wobei man die Gnade als „billige" mißversteht (Bonhoeffer). Diese „billige Gnade", die keinen Anspruch bei sich hat, rechtfertigt (so meint man) nicht nur den Sünder, sondern auch die Sünde! Die (so mißverstandene) Gnade erlaubt nicht nur das Sündigen (durch Verharmlosung), sie fordert geradezu das Sündigen heraus: Die Gnade – so die frivole Meinung – sei eine so gigantische „Müllvernichtungsanlage", deren herrliche Kapazität man nur voll ausschöpfen und so erst recht zum Glänzen bringen könne, indem man kräftig sündige: Damit würde die Gnade (zu ihrer Verherrlichung!) spielend fertig (vgl. Röm 50,20b; 6,1f.).

Diesem ersten Krankheitstyp *„Quietismus der billigen Gnade"* steht der zweite gegenüber: *„Quietismus aus Arm-Sünder-Mentalität".* Hier kommt man ebenfalls nicht zum „guten Werk"; aber nicht aus Verachtung des Tuns, sondern aus einem Minderwertigkeitsbewußtsein heraus: „Ich armer Sünder habe, weiß, kann … nichts!" Das ist ebenfalls Mißachtung der Gnade. Hier wird nur die eigene Verlorenheit meditiert, aber der Retter wird nicht angeschaut. Hier werden immer nur die gebrochenen eigenen Glieder befühlt; aber der Schöpferruf „Steh auf und geh!" wird verachtet.

So bewegt sich der Quietismus zwischen *hochmütiger Sicher-*

heit und *depressivem Kümmerchristentum*, ist *Quietismus der Faulheit oder der Angst.*

(b) *Heiligung ohne Rechtfertigung:* Hier haben wir es mit einem falschen, weil „bodenlosen" Aktivismus zu tun. Ohne Rechtfertigung (ohne die Macht der Gnade) will der fromme Mensch selbst aktiv werden. Dieses neue „Pharisäertum" begegnet uns ebenfalls in zwei Varianten.

Auf der einen Seite haben wir es mit dem *falschen* (nicht in Christus „hochgemuten", sondern in sich selbst übermütigen) *„Kraftgefühl"* (Köberle) zu tun, mit dem selbstgefälligen „Sich-Rühmen", mit dem selbstgefällig anmaßenden Protzen mit den eigenen Siegen und der eigenen Vollkommenheit (jenseits von allem Sündenbewußtsein). Letzte Übersteigerung ist der Wahn von der hohen Verdienstlichkeit der eigenen Leistung („Wie stolz muß Gott auf mich sein!").

Dieser strahlende „Pharisäismus" hat ebenfalls sein dunkles Gegenstück: die *„falsche Verzagtheit"* (Köberle). Hier geht es um den selbstkritischen „Pharisäer", der die gewaltige Aufgabe vor sich sieht und damit seine geringen Kräfte mißt. Das führt zu einer selbstquälerischen, skrupulösen (= von Gewissensnöten erfüllten), kasuistisch unsicheren (in jedem „Fall" wird nach der Anweisung des göttlichen Gesetzes gefragt), insgesamt zu einer gesetzlich unfreien, verklemmten und verkrampften Haltung.

Isolierte Heiligung, das bedeutet *falschen Aktivismus – in der Variation des eigenen Erfolgs* („Es gibt viel zu tun, aber das bißchen mache ich schon!") *oder des eigenen Scheiterns* („Es gibt viel zu tun, aber wie könnte ich nur ein Zehntel richtig bewältigen?"). Dem selbstsicheren Übermut steht die zitternde Verkrampftheit gegenüber.

6) Kurz seien zur Abgrenzung zwei *Modelle* genannt, die das Verhältnis von Rechtfertigung und Heiligung *falsch* bestimmen:

(a) *die römisch-katholische Sicht:* Hier ist das Fundamentale die Heiligung, das gelungene Leben im guten Werk. Das Rechtfertigungsurteil wird erst am Ende (im Jüngsten Gericht) als Gesamtbilanz über das abgeschlossene Leben ausgestellt: „Dieser ist gerecht, denn das von der Gnade begleitete Heiligungswerk ist im ganzen gelungen (dabei noch Fehlendes ersetzt Christi und der Heiligen Verdienst)." – Es ist deutlich, daß hier wahre Heilsgewißheit nicht möglich ist, denn diese kann nur ruhen auf dem ewig Vollkommenen des allgenugsamen Werkes Christi, das mir *schon* gilt!

(b) die in manchen Gruppierungen (fälschlicherweise gelegentlich dem Calvinismus oder auch dem Pietismus zugeschriebene) Aufteilung: *Rechtfertigung* ist *Gottes Werk* an uns. Wir werden gerechtfertigt (passivisch). *Heiligung* ist jetzt *des Christen Antwort*, seine dankbare Reaktion auf Gottes Tat. Ich wurde gerechtfertigt, nun (freilich in der Kraft der „neuen Kreatur") heilige ich mich. – Hier zerbricht Gottes Werk; das Eine und Ganze wird dabei von Christus abgelöst und selbständig gemacht, wird auf seine eigenen „frommen Beine" gestellt (vgl. dazu Teil II, 5)[13].

Wir halten fest: Rechtfertigung und Heiligung sind zwei Aspekte des einen Werkes Gottes. Das erste Wort will sagen, was Gott *an* uns tut, das zweite, was er dabei *in* und *durch* uns wirkt.

Was die Heilsgewißheit betrifft: Selig und getröstet sterben kann ich nur mit dem Blick auf das Ganze, daß das „oben" schon fest verbürgt, ja bei Gott bereits vollendet ist („wir sind schon herrlich gemacht", Röm 8,30); selig sterben kann ich niemals im Blick auf den bruchstückhaften Anfang des neuen Lebens in meiner Biographie. „In Ihm" habe ich alles; er ist mir gemacht zur Gerechtigkeit und zur Heiligung!

II. Konsequenzen

Im abschließenden Teil II. sollen – in lockerer Reihung – einige Konsequenzen des bisher Bedachten gezogen werden. Am Ende steht eine Art Allegorie, die noch einmal versuchen will, Einheit und Unterschiedenheit von Rechtfertigung und Heiligung auszusagen.

1. „Gerechter und Sünder zugleich"

Luther hat den Christen (!) mit der ebenso einprägsamen wie inhaltlich provozierenden Formel gekennzeichnet: *„Gerechter und Sünder zugleich" (simul justus et peccator).*
E.G. Woltersdorf hat ganz entsprechend formuliert in seinem Lied „Wer ist der Braut des Lammes gleich?" (GL 355, Str. 4 u. 5a): „Wer bin ich, wenn es mich betrifft? Ein Abgrund voller Sündengift. – Wer bin ich, Lamm, in deiner Pracht? Ein Mensch, der Engel weichen macht; so rein, so weiß, so schön, so auserwählt, daß mir's an Worten zur Beschreibung fehlt. – O Sündenschuld, wie beugst du mich! O Glaube, wie erhebst du mich."
Was bedeutet das seltsame „Gerechter und Sünder zugleich"?
1) Beide Aussagen zielen auf denselben Menschen: *„Ich"*, der Christ, bin gemeint. Beide Feststellungen meinen denselben Zeitpunkt: Sie gelten *jetzt*. Beide wollen Ganzheitsurteile, Totalitätsaussagen sein: Ich bin das eine wie das andere *ganz* (nicht 50:50).
2) Beide Aussagen erfassen den Menschen unter zwei ganz gegensätzlichen Blickwinkeln: *Gerecht* – und zwar ganz gerecht, nichts als gerecht („so rein, so weiß, so schön") – bin ich *in Christus*. In Ihm bin ich – in diesem Augenblick! – ganz vollkommen. (Alles, was Ihm gehört, ist ja – nach der Regel vom „seligen Tausch" – ganz mein). – *Sünder* vom Scheitel bis zur Sohle, Sünder bis in die Tiefen meiner Träume und meines Unbewußten („ein Abgrund voller Sündengift") bin ich – in diesem Augenblick – *in mir selbst*.
3) Beide Aussagen werden vor Gott ausgesprochen, sind gehorsame Antwort auf sein Wort in Gesetz und Evangelium: Die eine ist *Bußbekenntnis* („O Sündenschuld, wie beugst du mich!"), sie sagt, warum ich ganz und gar und für und für von Jesus, meinem Erretter, abhänge. – Die andere ist *Glaubensbekenntnis* („O Glaube, wie erhebst du mich!"), sie spricht jubelnd aus, was Jesus mir bedeutet: „meine Rechtfertigung und meine Heiligung".[14]
4) Beide Aussagen haben eindeutig *nicht denselben Rang*: Das „ganz Sünder" meint das *Noch des „alten Adams" und des alten*

Äons; beide aber sind grundsätzlich gestorben und überwunden, wenn auch ihre endgültige (offensichtliche) Vernichtung „noch nicht" am Tage liegt und deshalb erfleht wird („Dein Reich komme!"). – Das „ganz gerecht" meint das *Schon der „neuen Kreatur" und des neuen Äons*, die in Christus Realität aller Realitäten sind, aber eben *noch* „verborgen in Gott"; deshalb wird ihre endgültige Offenbarung erfleht („Dein Reich komme!"). – Beide Aussagen beschreiben den Spannungszustand in der „Schnittmenge" der beiden Äonen. Aber die erste ist Gegenwart mit Vergangenheitscharakter, die zweite Gegenwart voller Zukunftsverheißung.

5) Beide Aussagen (beide damit bezeichneten Wirklichkeiten) können nie schiedlich-friedlich (gar harmonisch) nebeneinander stehen. Sie signalisieren eine *Kampfsituation*, eine *Konfrontation* von letztem Lebens- und Todesernst. Die eine Größe muß täglich sterben, die andere täglich auferstehen. Beide kennzeichnen miteinander eine *Anfechtungssituation*, aus der der Schrei bricht: „Maranatha! Komm, Herr Jesus!"

6) An dieser Front geschieht *Heiligung* als der *Kampf vom Sieg her auf den Sieg zu*. Luther hat diese Kampfposition „zwischen den Zeiten" mit dem Morgengrauen verglichen: Man kann diskutieren, ob das noch Nacht oder schon Tag sei. Aber da ertönt der Jubelruf: „Magis autem dies"! „Es ist doch mehr Tag!" Denn die Morgenröte wird nicht zur Mitternacht zurückkehren, sondern nur dem hellen Sonnenglanz das Feld räumen.

7) Aber wird das schmerzliche Nebeneinander von „ganz Sünder" und „ganz Gerechter" nicht durch die Heiligung (durch ein „Siegesleben"!) allmählich zugunsten eines progressiven „mehr und mehr gerecht" (im Sinne eines täglichen Fortschritts) gemildert und zuletzt ganz aufgehoben? Hier wird man zwischen *„extensiv"* (flächenhaftem Landgewinn) und *„intensiv"* (der Tiefendimension) sorgfältig unterscheiden müssen. Einerseits: Extensiv, expansiv erobert die Heiligung ganze Lebensgebiete für den Schöpfer zurück. Der Alkoholiker wird nicht nur (auf einen Schlag oder nach und nach) „trocken", der Drogensüchtige nicht nur

„sauber"; beide empfangen ein neues Leben, Sinn und Ziel. Der Dieb wird ehrlich, der Lügner wahrhaftig, der Jähzornige sanft. All das (und viele ähnliche Erfahrungen) sind Siege der Gnade. Diese expandierende Gnade, diese „extensive" Heiligung, legt ganze Sumpfgebiete trocken und schafft sie zu fruchtbarem Land um.
Andererseits: Wenn der so „erneuerte" Mensch nur *einen* neidischen Gedanken denkt, nur *einen* Zweifel an Gottes Wort und Treue in sich spürt, so zeigt sich darin nicht nur ein noch verbliebener kleiner „Rest" des Alten. Vielmehr hat der *ganze* „alte Adam" dabei sein Haupt erhoben: „Sieh, ich bin auch noch da!" Der „Abgrund voller Sündengift" hat (vielleicht lange unsichtbar geblieben) eine Giftblase aufsteigen lassen, hat seine Anwesenheit bekundet. Hier kann man zutiefst nicht quantitativ (extensiv), sondern nur qualitativ reden. *Wir bleiben „Sünder und Gerechte zugleich", bis Jesus uns vollendet.* Mit vollem Recht sagt W. Joest: „Darin behält Luthers Bekenntnis ‚totus peccator' (= ganz Sünder) recht; es ist nicht extensiv zu verstehen als die Behauptung, daß im ganzen Christenleben nichts als Sünde geschieht, so gilt es aber in einem intensiven Sinn: In jeder Sünde steht immer der ganze Mensch als Sünder vor Gott. Nicht nur etwas ist fehlgegangen, sondern er selbst hat Gott den Rükken gekehrt."[15]
Das bleibende Sündersein bei aller „Heiligungsarbeit" hat Zinzendorf einprägsam herausgestellt: „Und würd ich durch des Herrn Verdienst/ auch noch so treu in seinem Dienst,/ gewönn den Sieg dem Bösen ab/ und sündigte nicht bis ins Grab:/ So will ich,/ wenn ich zu Ihm komm,/ nicht denken mehr an gut und fromm,/ sondern: da kommt ein Sünder her,/ der gern fürs Lösgeld selig wär."
Sieg über konkrete Sünden hebt also das tiefe Sünder-Sein und dabei das völlige Angewiesensein auf das „Lösgeld" niemals auf!

2. Perfektionismus?

„Perfektionismus" bedeutet die Überzeugung, hier auf Erden schon ohne Sünden leben zu können, „perfekt", voll-

kommen zu werden. Zwei Arten sind zu unterscheiden: Die *erste* ist der *idealistisch-humanistische Perfektionismus.* Er meint, durch Mobilmachung aller geistlichen und sittlichen Kräfte, durch beständiges „Streben" („edel sei der Mensch, hilfreich und gut ...") sich zur Vollkommenheit emporarbeiten zu können. Ist dieser Humanismus religiös geprägt (wie bei den Pharisäern), so benutzt er für seine Aufstiegsarbeit als Leitersprossen die göttlichen Gebote. Das (vielleicht unbewußt) erstrebte Ziel ist die eigene Selbstvervollkommnung, das Sich-Rühmen vor Gott und den Menschen. Hier erfolgt „Selbst-Heiligung". – Solcher Humanismus kennt oder akzeptiert nicht die biblischen Grundaussagen über die Verlorenheit des Menschen, der in seinem Dichten und Trachten *nur böse ist von Jugend auf.*
Mit dieser ersten Fassung, die auf den *„großen Menschen"* zielt, sind wir rasch fertig. Viel schwieriger und wichtiger ist für uns die zweite Gestalt des Perfektionismus: Hier scheint nämlich alles auf die *Ehre Jesu*, des Erlösers und Befreiers, gerichtet! Hier wird dem göttlichen Gerichtsurteil über den Menschen voll zugestimmt: Von sich aus vermag er nichts Gutes! Deshalb gilt es, einzig auf Jesus zu schauen, von ihm aber nun auch wirklich alles – auch den vollkommenen Sieg – zu erhoffen. So fragte Pastor Jonathan Paul sich, was er Jesus zutraue, ob er von diesem Herrn und seiner Allmacht hier und jetzt die „völlige Erlösung" erwarte, also das Ganze, oder nur kleingläubig ein paar Bruchstücke. „Und dann ertönte in meinem Innern die Stimme des Glaubens: ‚Jesus wird!'" Und J. Paul findet seinen Glauben empirisch bestätigt: Seither „hat keine Befleckung weder durch Gedanken noch durch Hinreißung des Temperaments ... stattgefunden; es ist weder bei Tag noch bei Nacht etwas Störendes zwischen den Herrn und mich getreten".[16] (Nach J. Paul blieb zwar die Möglichkeit zu sündigen bestehen, aber faktisch fand kein Sündigen mehr statt.) G.H.C. Mac Gregor verstand die Heiligung als „eine augenblickliche Heilung", ein Geschenk Jesu als Antwort auf die „völlige Hingabe an den Herrn", eine Art zweite Bekehrung.[17] An der subjektiven Redlichkeit dieser „Perfektionisten" braucht man nicht zu zweifeln. *Sachlich* aber sind ihre Aussagen, so sympathisch sie berühren, *unhaltbar*:

1) Hier dominiert eine *Erfahrungstheologie*, die sich von Schrift und Bekenntnis her nicht korrigieren läßt. Hier regieren Sehnsüchte und *Postulate*, nicht klare Verheißungen. 1904 (Gnadauer Konferenz) stimmte P. Regehly J. Paul zu, und zwar mit folgenden typischen Sätzen: „Die Sehnsucht hat er (= Gott) hineingelegt (in unser Herz), aber die Erfüllung nicht? ... Danach dürstete auch mein Herz und dürstet noch. Derselbe Herr, der das Dürsten in unsere Herzen gegeben hat, hat auch die Erquickung dafür." Mit Recht urteilt H. v. Sauberzweig: „Man sieht, daß bei diesen Brüdern nicht Schriftgründe ausschlaggebend sind, sondern vielmehr das Sehnen und Dürsten des Herzens, woraus dann *Postulate* (Forderungen: So muß es sein!) gefolgert werden."[18] – (In der wahren Heiligung müssen gerade die Postulate – „So *muß* er mich führen, so mir helfen" etc. – sterben!).

2) Hier wird die tiefe Wurzel*sünde* (im *Singular*, das: Ich *bin* Sünder!) mit ihren Äußerungen und Konsequenzen, den moralisch faßbaren, den auflistbaren und einzeln bekennbaren *Sünden (Plural)* verwechselt! Wo die greifbaren „Fehlleistungen" (Gedanken-, Wort-, Temperamentsünden) nicht konstatierbar sind (bei sich selbst oder anderen), da erklärt man schlicht den „alten Adam" für nicht mehr existent. – Im übrigen ist J. Pauls Position nicht schlüssig: Solange das Sündigen noch *möglich* ist, ist der „alte Adam" noch ansprechbar, also noch da. Also bin ich „ganz Sünder"! (vgl. II, 1.).

3) Hier wird der heilsgeschichtliche Ort, die Spannung von *schon* und *noch nicht* aufgelöst, was *Schwärmerei* bedeutet. Freilich wird Gott alles Dürsten nach „perfekter" Sündlosigkeit stillen, aber eben zu *seiner* Stunde!

4) Hilfreich ist eine Unterscheidung, die wir Augustin verdanken. Von den Menschen vor dem Fall sagt er: *„Sie konnten sündigen"* (es aber auch vermeiden – *„posse peccare")*. Von den sündigen Menschen gilt: *„Sie können nicht nicht-sündigen" („non posse non peccare")*. Von den Wiedergeborenen heißt es: *„Sie können nicht-sündigen"* (aber eben auch sündigen – *„posse non peccare")*. Von den Seligen und Vollendeten erwarten wir: *„Sie können nicht sündigen" („non posse pec-*

care"). Hier ist die heilsgeschichtliche Ökonomie voll zur Geltung gebracht.

Auf der Gnadauer Pfingstkonferenz 1904 widersprach Pastor Witt, Havetoft, seinem Vorredner Paul: „Je näher wir unserem Gott kommen, je mehr wir ihn erkennen, desto mehr erkennen wir auch uns in unserer Sündhaftigkeit, wenn wir auch mit heiligem Ernst kämpfen gegen die Sünde im Glauben an den Sieg in Christo ..."[19]

Die Aussage aus dem 1. Johannesbrief bleibt gültig: „Wenn wir sagen, wir haben keine Sünde, so betrügen wir uns selbst, und die Wahrheit ist nicht in uns" (1,7). Die häufig zitierte andere Stelle: „Gottes Kinder bleiben in ihm und können nicht sündigen" (3,9) besagt nicht, daß Christen bereits sündlos sind, sondern daß Sünde niemals aus der Christusgemeinschaft heraus entsteht, daß man niemals „in der Kraft Jesu" sündigen kann, daß Jesus nie „der Sünden Diener" wird (Gal 2,17).

5) Was meint Augustin, wenn er von den Christen sagt: Sie können nicht-sündigen *(„posse non peccare")?* Hier geht es um die konkreten Tat-, Wort-, Gedanken-, Unterlassungssünden, also um das Sünde-Tun (nicht das tiefe Sünder-Sein). Weil Jesus der Sieger ist, ist keine Situation denkbar, in der ein Christ faktisch sündigen *müßte*, keine Situation, in der die Versuchung größer wäre als die Macht des Blutes Jesu, keine Situation, in der die Bitte um Hilfe das göttliche Ohr nicht erreichte. *Wir müssen nicht fallen!* – Dies hat Graf Zinzendorf treffend formuliert: „Wenn nun kam eine böse Lust, so dankt ich Gott, daß ich nicht mußt; ich sprach zur Lust, zum Stolz, zum Geiz; dafür hing unser Herr am Kreuz" (GL 278, Str. 6).

6) Wir sahen: Die zweite Gruppe der Perfektionisten (J. Paul und andere) suchte *Jesus und sein Erlösungswerk großzumachen.* Aber es ist die Frage, worin wir eigentlich an unserm heilsgeschichtlichen Ort (in jener spannungsvollen „Schnittmenge") die eigentliche Herrlichkeit Jesu zu rühmen haben. Darin nämlich, daß er mit nimmermüder Geduld uns mit unsern Lasten trägt, daß er das Leiden an den Sünden der Seinen auf sich nimmt, daß er uns – trotz allem – nicht verwirft. Etwas Großes von Jesus zu sagen, bedeutet

dagegen nicht, heute etwas herbeizwingen zu wollen, was der Endvollendung und dem Jubel der Ewigkeit vorbehalten ist.

3. Passive oder aktive Heiligung?

Stimmt die Rechtfertigungsaussage? Bin ich wirklich „ein verlorener und verdammter Mensch“ (Luther), „ganz und gar untüchtig zu irgendeinem Guten“ (Heidelberger Kat., Frage 8)? Dann bin ich doch völlig auf Gottes Kommen zu mir, auf sein Wirken an und in mir angewiesen. Dann wäre doch alles „eigene“ Heiligungsbemühen von vornherein aussichtslos, ja frevelhafter Übermut. Muß ich dann nicht rein passiv abwarten, ob und bis es Gott gefällt zuzupacken, mich zu ändern? Ist nicht jede „eigene“ Aktivität vermessene Mißachtung der Rechtfertigung, des „sola gratia“? Muß das Ergebnis nicht „Quietismus“ heißen (reines Stillhalten und Ruhig-Bleiben), absolute Passivität?

1) Wer so argumentiert, hat die Hälfte des Christenbekenntnisses vergessen und es damit ganz zerstört. Zwei Aussagen, die wohl zu unterscheiden sind, gehören untrennbar zusammen: die rückwärtsgewandte der Buße („was mich betrifft, ein Abgrund voller Sündengift“) und die vorwärtsgerichtete des Glaubens an den Sieger Jesus („Ich vermag *alles* in dem, der mich mächtig macht, Christus“, Phil 4,13). Wer für die pure Passivität plädiert, übersieht, daß Glauben gerade das Wegsehen ist (Hebr 12,2) von mir und dem Status quo auf das hereingebrochene Reich Gottes.

Abrahams modellhafter Glaube besteht gerade darin, daß er wohl die empirischen Fakten, sozusagen die gynäkologischen Gutachten der Fachärzte, klar ins Auge faßte („er sah an seinen erstorbenen Leib und den erstorbenen Leib der Sara“). Aber durch diese konstatierbaren Fakten hindurch griff er nach der Zusage Gottes. Im Glauben ergriff er den verheißenen Sohn schon, ehe er noch geboren war.

Der Glaube liegt also mit der empirischen Erfahrung im Streit um das, was wahrhaft *wirklich* ist: Ist es das, was ich vor Augen sehe, oder die Zusage Gottes? Was im Blick auf mich selbst Realität ist („untüchtig zu irgendeinem Guten"!), eben das ist im Blick auf Jesus unwirklich wie ein Spuk: In Ihm vermag ich alles!

2) Was nun das „eigene" Heiligungsbemühen angeht, so ist das Wörtchen *„eigen"* präzis zu fassen. Ist das gemeint, was ich von Hause aus als „natürlicher Mensch", als „alter Adam" mitbringe, dann gilt in der Tat: Fleisch und Blut können Gottes Reich nicht ererben! Aber das Wort „eigen" hat nicht nur diesen (gleichsam „alten") Sinn! Gott schafft ja das neue Wollen und Vollbringen „in mir" (Phil 2!). Er will „in mir", aber nicht so, wie ein Autofahrer im Auto will und schaltet: mechanisch, maschinell, sondern wahrhaft göttlich, wahrhaft geistlich. Er will so in mir, daß er mich wollen macht.

„Durch die Gnade erwacht mitten in unserem verdorbenen Begehren ein gutes Wollen und dies dazu, damit wir es als das unsrige bejahen, uns mit ihm einigen und durch dasselbe unser schlechtes Begehren in uns tilgen ... Unser Wollen wird uns so gegeben, daß es *unser* Wollen ist ..., womit wir uns eins machen können, dürfen, sollen, als mit unserm Wesen und Eigentum" (A. Schlatter).[20]

So entsteht in uns ein neues, uns geschenktes, in uns gewirktes, aber als solches nun unser *„eigenes"* Wollen. Gott schafft Neues in uns; wir dürfen es (freilich niemals von ihm abgelöst!) als *unser* Neues erfassen. So ist unsere *„Heiligungsarbeit"* „dimensional" umgriffen, durchtränkt von seiner Heiligungsarbeit in uns! So darf ich nun, wenn ich entdecke: „Dies muß weg! Das muß statt dessen geschehen!" (Seinen Sieg im Rücken, Seinen Geist im Herzen) *zäh und fröhlich an mir arbeiten.* Ich darf meinen Launen, meinem Hochmut, meiner Lust, über andere zu reden, meiner Gebundenheit an etwas zäh und fröhlich (vielleicht in monate- oder jahrelangem Kämpfen, vielleicht mit einem Überraschungssieg) entgegentreten. Aber eben „in ihm" und deshalb nicht (gesetzlich) „verbissen", sondern *„gelassen"* (ich lasse mich Ihm) und *humorvoll* („Trotz dem alten Drachen ... Jesus siegt!"). Wenn *er* in uns arbeitet, macht er uns mit Bewußtsein und Willen, mit Fantasie und Aktivität zu seinen *Mitarbeitern.*

Die Frage „Heiligung aktiv oder passiv?" ist also falsch gestellt, ist in der „dimensionalen" Art Seines Wirkens in uns überholt.

3) Alles gewaltsame Postulieren: Gott *muß* mich *jetzt* und *so* befreien! muß als Ausdruck des alten „Eigenwillens" sterben: *Für den Glaubenden „muß" Gott eben gar nicht*, auch nicht, wenn wir *beten*!

A. Schlatter hat warnend auf einen gewaltsamen – geradezu mathematisch-schließenden – *Gebetsstil* hingewiesen. Man fragt 1. Will Gott, daß ich vom Rauchen loskomme? Gewiß! – 2. Ist also das Gebet um Befreiung in seinem Sinn und in seinem Namen? Gewiß! – 3. Stimmt es, daß wir jetzt sofort „haben", was wir so erbeten? Sicher doch! – Also: Wenn ich jetzt bete, dann habe ich sofort für die momentane Erfüllung zu danken: Halleluja, ich bin frei vom Nikotin!

Die seelsorgerliche Erfahrung kennt solche „Sofortlösungen", aber bei anderen auch den langen Kampf. Haben die Menschen nicht recht gebetet, zu wenig geglaubt? Zu der in der Sache selbst liegenden Not wird noch die Pression gefügt: Du mußt eben glauben!

A. Schlatter: „Berufen wir uns darauf, daß der Glaube alles empfange, was er erbitte ..., so gehört es ... zur Vollständigkeit des Glaubens, daß wir ... die keusche Unterordnung unter Gott unverletzbar bewahren und uns keine Verkehrung des Glaubens in ein gebieterisches Postulieren gestatten, das Gottes Gnade beherrschen will. In welchem Maß und in welcher Ordnung uns der Sieg über uns selbst gegeben wird, darüber verfügt Gottes Gerechtigkeit, nicht unsere Wünsche ... Wird aus der Gebetsverheißung Hoffart (!) abgeleitet und die Erhörung für erzwingbar gehalten, dann treten auch die phantastischen Ansprüche an die Leistungsfähigkeit der Christenheit ... unvermeidbar ein."[21]

4) Eine andere Dimension der „passiven Heiligung" (jetzt in einem anderen Sinn verstanden) soll nicht übergangen werden. Heiligung geschieht nicht nur im aktiven, kämpferischen Einsatz (sei es für etwas Positives im Reich Gottes, sei es gegen eine Sünde). Heiligung geschieht auch in der *Geduld*, im Darunterbleiben unter uns auferlegtes *Leiden*. Es kann sich um körperliche oder seelische Gebrechen han-

deln, um ein Leiden an Grenzen, die uns in unserer Leiblichkeit gesetzt sind (etwa Behinderungen) oder um schwere „Trauerarbeit". Heiligung besteht darin, daß Gott in solchem Leiden *die Ehre gegeben wird*, daß wir (wenn auch ohne Verstehen des Warum oder Wozu) anfangen, Gott zu loben, den Gott, der uns alle Dinge zum Besten dienen läßt (Röm 8,28). Hilfreich ist das meditierende Lesen etwa des Liedes „Endlich bricht der heiße Tiegel ..." (Gl 477, Str. 2-6); hier wird beschrieben, wie Gott Leiden in Segen transformiert.

4. Negative Heiligung?[22]

1) Zur Heiligung gehört fraglos Jesu Ruf weg von „der alten Welt". „Sündige hinfort nicht mehr!" (Joh 8,11). Zur Heiligung gehört das Wort des Paulus: „Laßt euch nicht dem ‚Schema' dieses Äons gleichschalten!" (Röm 12,2). Seid ja keine Konformisten! Gemeinde Jesu ist stets ein Stück „Anti-Gesellschaft", „Protestgemeinschaft", „Alternativgruppe" – oder sie ist „dummes Salz". Aber dieses „Weg von der Welt (= alter Äon)!" hat Sinn und Tiefe, Verheißung und Freude nur in dem Ruf Jesu *„Her zu mir!* Folge mir nach!" Bei aller Bekehrung begründet und trägt das *Positive* das Negative, das Ja das Nein, die Hinkehr die Abkehr. Das Positive gibt den Ton an: „Geschaffen zu guten Werken ..." „Verwandelt euch durch Erneuerung des Denkens" (Röm 12,2).

2) Tatsächlich wird jedoch Heiligung oft primär negativ als *Vermeidung*, als *Unterlassung* definiert. Dabei wird die „Welt" oft nicht in ihrer wahrhaft abgründigen Tiefe (die Wurzelsünde, die in mir daheim ist!) erfaßt, sondern in sehr vordergründigen Erscheinungen, die zudem oft von Jahrzehnt zu Jahrzehnt wechseln. Eine gefährliche Verharmlosung!

Aber das Nein muß dem Ja dienen. Wenn z.B. eine Blaukreuzgruppe nur die Abstinenz (den Verzicht auf den Alkohol) als Ziel hat, wird sie rasch gesetzlich und pharisäisch. Ist sie aber vom Ansatz her „Trinkerrettungsarbeit", üben in ihr auch Nichtabhängige Verzicht *aus* (nicht *auf!)* Freiheit um des Gefährdeten willen, dann hat sie Weite und Leuchtkraft. Wird das Wort „Welt“ zudem undifferenziert gebraucht, unterscheidet man nicht die Welt als Gottes gute Schöpfung (1. Glaubensartikel) von „Welt“ als gottfeindlichem Kollektiv, als „Schema“ des alten Äons, dann wird negative Heiligung muffig, kleinkariert, kultur- und bildungsfeindlich, apolitisch, oft auch nur dümmlich und altmodisch (wobei die heute „fromme“ Mode die „weltliche“ von vorgestern ist, und das nicht nur bei Textilien). Solche „geist-lose“ Heiligung ist niveau- und perspektivlos, banausenhaft und abstoßend. So gewiß Christen im Detail genau sein sollen („geheiligte Pedanten“ suchte H. Bezzel), so gewiß muß die Reich-Gottes-Dynamik, die „Freiheit eines Christenmenschen“ einladend spürbar sein. Ein Christ, der nicht sieht, wie etwa Bachs Kantaten und Oratorien Heiligung der *Töne* bedeuten, wie etwa Rembrandts biblische Gemälde Heiligung der *Farben* praktizieren, wie etwa Jeremias Gotthelfs Romane Heiligung der *Wörter* vollziehen, wie die „Systeme“ der großen Bibeltheologen (bei Paulus beginnend) Heiligung der *Gedanken* bewirken, – ein Christ, der all das nicht sieht oder sich dem bewußt verschließt, verdunkelt die Herrlichkeit (den „Lichtglanz“) seines Herrn. Die Väter des Pietismus haben jedenfalls mit ihren missionarischen, diakonischen, pädagogischen (Francke in Halle), auch literarischen (Jung-Stilling) Großtaten für die Größe des Herrn demonstriert, dem es um das Ganze geht.

3) Wahrhaft widerlich ist die gesetzlich-überhebliche, zugleich tief *unwahre „Heiligung“* beim älteren Bruder in Jesu Gleichnis (Lk 15). Was ihn im Elternhaus hielt, war nicht die Liebe zum Vater, sondern nur Angst vor dem Draußen; sein Gehorsam erschien ihm nicht als Sohnesfreude, sondern als Sklavenlast; aus dem ätzenden Bloßstellen des jüngeren Bruders spricht der geheime Neid (wenigstens in homöopathischer Verdünnung hätte er doch auch gern die „Welt“ genossen). Jesus hat die herrliche Regel aufgestellt: „Wem viel vergeben ist, der liebt viel!“ (Lk 7,47). Ob viele deshalb so hochmütig und hart sind, weil sie nicht wissen, wieviel ihnen bereits vergeben wurde und wieviel Vergebung sie noch brauchen?

5. Naturhafte oder personhafte Gottesgemeinschaft?

1) Bekehrung kommt nicht so zustande, daß ein Mensch am Abend gleichsam narkotisiert einschläft, dann während des Tiefschlafs von Gottes *Zaubermacht* angerührt wird, neue Drüsen, neue Hormone, neue Gehirnzellen, neue Charakteranlagen, ein neues Herz und Gewissen transplantiert bekommt und schließlich am Morgen als eine *naturhaft gewandelte* „neue Kreatur“ erwacht. Dann wäre „ich“ nicht mehr „ich“; ein völlig anderes Wesen läge im Bett, nicht einmal die Kontinuität meines Namens und meiner Geschichte (Erinnerung) bliebe bestehen.

Bekehrung ist von Gott gewirkter *Herrschaftswechsel:* Ich werde – mitsamt meinen Hormonen, mitsamt meinen Charakteranlagen – dem neuen Herrn Jesus unterstellt und mit allem auf seine Ziele hin orientiert. Dieser Herrschaftswechsel ist einerseits gewiß eine *Umsiedlung* (ich werde umgesiedelt, bekomme eine neue Heimat), sie ist andererseits aber auch ein bewußter *Umzug* (ich sage Ja zu der neuen Adresse). Bei diesem Herrschaftswechsel werde ich (der ich „aus eigener Vernunft und Kraft nicht glauben kann“) zum Glauben befreit und ermächtigt, aber das geht durch mein Bewußtsein, durch meinen Willen hindurch. Die gottgewirkte *Bekehrung* (Gott kehrt mich um!) wirkt sich in mir, psychologisch (empirisch) betrachtet, als bewußte und willenhafte *Entscheidung* aus.

Hier, wo die Regel von Phil 2,12f. gilt (Gott wirkt Wollen und Vollbringen), darf man nicht scheiden, was Gott zusammenfügt: Gottes Wirken umgreift das meine „dimensional“. Aber so – in Christus, im Geiste – kommt es zu einer personhaften, willenhaften, bewußten Übergabe meines Lebens.

2) Wir müssen, wenn wir von „neuer Kreatur“ sprechen, wegkommen von der Vorstellung *naturhafter* (gleichsam chemisch-physikalischer) Verwandlungsprozesse. Gott behandelt uns (die er nach seinem Bilde schuf) nicht mechanisch, nicht wie *„lapis et truncus“,* „wie einen Steinbrocken und einen Baumstumpf“ (Luther). Er begegnet uns „per-

sönlich“, gewinnt uns Herz und Gewissen ab, prägt uns durch seinen Geist in unserem Geist. Der Heilige Geist ist nicht Naturkraft (Erdbeben, Orkan, die mich wohl vernichten, aber nicht gewinnen können); er ist Gott selbst, kommt personhaft auf mich zu. Adolf Schlatter hat richtig gesehen: Die Kategorien Natur und (mechanische) Macht (Gewalt) gehören ebenso zusammen wie andererseits *Person* und *Liebe*. Das Letztere ist das Führende. Unergründlich tief ist, wie der Schöpfer Person und Liebe (dies voran) mit Natur und Macht eint.[23]

3) Warum ist diese Überlegung wichtig? Wenn die Neuschöpfung rein naturhaft zu verstehen wäre (als völlige Verwandlung, als eine Art „Transsubstantiation“), *dann brauchte der Christ als „neue Kreatur“ Jesus Christus in der Tat nicht mehr.* Am Anfang wäre der Erlöser freilich notwendig – bei dem Akt der Neuschöpfung. Aber bin ich einmal ein „kompletter Heiliger“, bin ich (freilich aus Gnaden) rundum neu, dann kann ich durchaus in der Folge selb- und eigenständig „aus mir“ (aus meinem qualitativ neuen Ich) ohne ihn weitermarschieren. Es geht dann ähnlich zu wie bei der Gottesanschauung des Deismus: Danach hat Gott am Anfang die Welt geschaffen wie ein Uhrmacher seine Uhr. Er hat alle Rädchen und Federn eingesetzt, alle Gesetze einprogrammiert: Die so geschaffene Uhr (= Welt) läuft jetzt „aus sich“ weiter, selbst wenn der Schöpfer stürbe!

Dies Modell würde aber dazu führen, daß der „neue Adam“ eine verbesserte (oder verschlimmerte?) Neuauflage des „alten“ wäre: Jesus wäre nur das willkommene Mittel, der Heilige Geist nur der Motor zur *Selbst*verwirklichung, *Selbst*findung, *Autonomie*. Das Sein-Wollen-wie-Gott (1Mo 3) wäre endlich „gelungen“!

So aber ist es eben nicht! Alle Bekehrung, alle Heiligung führt in die ständige Lebensgemeinschaft mit Jesus (Wort, Gebet, Gehorsam), in das ständige Gespräch mit ihm, in die *Abhängigkeit des Kindes vom Vater.* Ich bleibe stets Kind, werde nie mündig (im Sinn von unabhängig), bleibe stets Jünger und werde nie Meister. Und Ewigkeit wird heißen: „ewig, ewiglich mit Jesus sprechen“ (Kierkegaards Grabstein). Es gibt keine Emanzipation vom Vater im Namen des „neuen Ich". – Es ist charakteristisch, daß alle Perfektionisten (vgl. II, 2) die „neue Kreatur" im Sinne naturhafter Verwandlung verstehen!

4) Wohl gibt es im Neuen Testament *naturhafte Bilder.* Jesus nennt sich den Weinstock, uns die Reben (Joh 15,5). Aber es wird gerade nicht gesagt, daß die Trauben nun naturhaft „automatisch" wachsen. Vielmehr kommt sofort der *Imperativ*: Bleibet in mir! (15,4). Das ist eindeutig personal geredet (eine solche Aufforderung an eine wirkliche Rebe wäre ebenso sinnlos wie überflüssig). – Ganz entsprechend redet Paulus von „der Frucht des Geistes" (Gal 5,22). Auch hier heißt es nicht: Alles kommt „von selbst", sondern die Überschrift ist ein Imperativ: „Lebt im Geist!" (V. 16), „Laßt uns im Geist wandeln!" – Die naturhaften Aussagen wollen auf die Schöpfermacht Gottes weisen, von der alles (auch das geistliche) Leben kommt. Aber es wird nicht jener schlafend-passiven Heiligung das Wort geredet. Gerade in den Imperativen liegt die schöpferische Wirksamkeit Gottes. Sie sind nicht Appelle an den „alten Adam"; der ist ja „tot in Sünden". Das Besondere an Gottes Imperativen ist, daß sie nicht uns die Energie abverlangen („Du sollst, denn du kannst!"), sondern uns die Energie schenken und mitbringen („Du darfst, weil Ich kann und jetzt in dir wirke!"). Sie sind alle geformt nach dem Muster jenes Imperativs, den Jesus dem Lazarus zuruft, der bereits verwest: „Lazarus, komm heraus!" (Joh 11,43). Dieser schöpferische Imperativ „macht" dem Lazarus Beine, und mit diesen „seinen" Beinen macht er sich gehorsam auf den Weg. So behandeln uns die Imperative als personhafte Wesen, als verantwortliche Subjekte, als bewußte Täter, ja als zurechnungsfähige Partner und Mitarbeiter, – eben in jenem geheimnisvoll „dimensionalen Sinn", nach dem Gott wirkt alles in allem. Das Schlüsselwort heißt „in Christus", „im Geist". Das heißt personhafte Gottesgemeinschaft, das heißt „aktive" Heiligung.

Nachwort: Im Spital „Zum großen Arzt“

Zum Abschluß eine Art Gleichnis. Ich weiß wohl, daß das Bild hinkt und wie wenig personale und naturhafte Züge ausgewogen sind.

Da ist ein Patient, Herr Adam, dem alle Mediziner bescheinigen: *„Moribundus“,* Todeskandidat, bösartigste Bluterkrankung im letzten Stadium, im Grunde schon tot!

Da gibt es ein merkwürdiges Krankenhaus, an dessen Wand der Satz gemalt steht: „Ich bin der Herr, dein Arzt.“ Um auch das letzte zu versuchen, transportiert man den Sterbenden in dieses Spital. Seltsam ist die Begrüßung bereits am Portal. Der Arzt legt dem Todkranken die Hand auf die Schulter: „Ich sage dir: *Du bist gesund!* Achte jetzt nicht auf all die Symptome deiner Krankheit. Mein Wort ist hier die allein gültige Wirklichkeit. Glaub mir: Bei mir, in meinen Augen, bist du *vollkommen heil.* Und mein Urteil ist unfehlbar!“ –

Merkwürdig ist die Behandlung, die jetzt beginnt. Nicht mit irgendwelchen Medikamenten wird Herr Adam versorgt, *der Arzt selbst ist die Therapie.* Wohl gibt es eine Bluttransfusion. Aber es ist des Arztes eigenes Blut, das in den Patienten hinüberfließt. Und – eigenartig – der Schlauch und die Kanüle werden nie abgenommen; beständig fließt der Lebensstrom. Wohl gibt es Bestrahlung. Aber es ist der Arzt selbst, der Herrn Adam täglich in die Augen schaut. Tief geht dieser Blick. Der Patient merkt: Dieser Blick ist nicht nur diagnostisch (das auch: Ich bin durchschaut); er ist therapeutisch, er heilt mich zutiefst. Am wichtigsten aber ist für den Patienten die tägliche Gesprächstherapie. Wundersam befreiend dieser Austausch. Die verborgensten Nöte vermag der Patient ohne Scheu zu sagen. Heilend sind die liebevollen Anweisungen: „Das unterläßt du bitte jetzt! Statt dessen ist dies jetzt dran!“

Herr Adam spürt, wie er gesundet. Bald kann er aufstehen, umhergehen, Besuche empfangen (jedem empfiehlt er eif-

rig dieses Krankenhaus und seinen Arzt!). Erstaunliche Kräfte werden frei: Er bewährt sich bereits als Hilfspfleger an Mitpatienten.
Eines Tages aber meint Herr Adam, nun sei er gesund genug. Unbemerkt (so denkt er jedenfalls) entweicht er dem Krankenhaus, der beständigen Transfusion, dem Blickkontakt und Gespräch. „Ewig werde ich dem Arzt dankbar sein", murmelt er, „aber jetzt bin ich in mir selbst stark, kann hingehen, wohin es mir beliebt."
Auf der Treppe vor dem Portal findet man den Bewußtlosen. Gerade noch rechtzeitig wird er zurückgebracht. „Bleib bitte bei mir!" hört er den Arzt sagen, als er erwacht. „In dir selbst bleibst du der ‚alte Adam', ein sicherer Todeskandidat; nur bei mir, in meinem Haus, bist du gesund!"

Drittes Kapitel

Vom unfreien Willen

Einführung

„Vom unfreien Willen"[1], das ist der Titel einer Streitschrift Martin Luthers. Welchen Rang hat dieses Buch von 1525 in den über 100 Bänden der großen Weimarer Werkausgabe (WA), welcher Stellenwert gebührt ihm?

Als die Freunde Capito und Butzer 1537 „Luthers Gesammelte Werke" herausgeben wollten, da zeigte sich der Reformator sehr kritisch. Sein Wunsch war, die Bibel solle studiert werden, seine Furcht (Luther war zweifellos der Bestseller-Autor seiner Zeit!), man könne statt dessen Luther lesen. Er antwortete:

> „Ich wünschte, daß sie (meine Schriften) alle verschlungen würden. Denn ich erkenne keins als mein rechtes Werk an, außer etwa das ‚Vom unfreien Willen' und den Katechismus" (LD X, 262).

Warum gerade diese beiden? Der Katechismus (man kann hier den „Kleinen" und den „Großen" zusammennehmen) bietet die Position, das Ja, der „Unfreie Wille" die Negation, das notwendige Nein. Beide entsprechen sich wie ein Gußstück und seine Hohlform oder wie ein Foto und sein Negativ: Was beim Foto leuchtend hell erscheint, ist beim Negativ tief schwarz. Die Gnade ins Licht rücken, das heißt, den „freien Willen" ins Dunkel zu bannen. Beides ist untrennbar, beides bedingt sich. So geht es beim „unfreien Willen" um *„rem ipsam"*, den „Kern der Sache" im Unterschied zu all den „Fragen über das Papsttum, das Fegefeuer, den Ablaß ..., die mehr Lappalien als wirkliche Probleme sind" (LD 332/Cl 292). Wohlgemerkt: Wo es um die Grundfrage der Reformation geht – nämlich um die Rechtfertigung des Sünders vor Gott –, da sind Ablaß oder Papsttum nichts als „Lappalien", „unnützes Zeug" (Mü 248); die Frage nach dem unfreien Willen dagegen ist der Angelpunkt! Hier ist das Zentrum, alles andere bloß Peripherie.

H.J. Iwand formuliert zugespitzt so: „Wer diese Schrift nicht aus der Hand legt mit der *Erkenntnis, daß die evangelische Theologie mit dieser (!) Lehre vom unfreien Willen steht und fällt,* der hat sie umsonst gelesen" (Mü 253). Und ein jüngerer Lutherforscher, K. Schwarzwäller, sagt: „Keine Schrift davor oder danach hat das Evangelium in solcher Konzentration und mit derart unausweichlichem Nachdruck zur Geltung gebracht ... Denn Luther stellt hier in unüberbietbarer Schärfe die theologische Wahrheitsfrage" (S. 9).

Das ABC des Glaubens

Hat gerade diese Frage einen so alles entscheidenden Rang, dann kann es sich hier nicht (wie Luthers Gegner Erasmus meinte) um eine esoterische Speziallehre für Spezialisten handeln. Nein, hier geht es nicht um „theologische Glossolalie", sondern um das ABC des Glaubens. *„Deus voluit ea vulgari"* (Cl 123), Gott selbst hat gewollt, daß das unters Volk kommt. Warum? Luther antwortet:

> „Darauf sind wir aus, daß wir untersuchen, was der *freie Wille* vermag ..., wie er sich zur *Gnade Gottes* verhält. Wenn wir das nicht wissen, wissen wir rein gar nichts von den Angelegenheiten der Christen und werden schlimmer sein als alle Heiden. ... Denn wenn ich nicht weiß, was, wieweit und wieviel ich in bezug auf Gott kann und zu tun vermag, so wird es mir ebenso ungewiß und unbekannt sein, was, wieweit und wieviel Gott in bezug auf mich vermag, da Gott doch alles in allem wirkt. Wenn ich aber die Werke und die Wirkungsmacht Gottes nicht kenne, *so kenne ich Gott selbst nicht.* Kenne ich Gott nicht, so kann ich ihn auch nicht verehren, preisen, ihm Dank sagen und ihm dienen ..." (LD 169/Mü 22).

Geht es tatsächlich um so elementare Dinge, so müßte das doch Stoff für jeden Konfirmanden sein. Und in der Tat: Bei Luthers Erklärungen zu den drei Glaubensartikeln im Kleinen Katechismus steht das Wissen um den unfreien Willen beständig im Hintergrund.

Rumor muß sein!

Erasmus hat Sorge: Diese Lehre könnte Unruhe unters Volk bringen, da sei es klüger zu schweigen. Luther aber denkt wie Paulus: „Ich glaube, darum rede ich" (2Kor 4,13). „Friedhofsfriede" ist nicht des Christen Ziel. Im Gegenteil: Das „ist das immerwährende Los des Wortes Gottes, daß seinetwegen die Welt in Unruhe versetzt wird" (LD 183/Mü 34). Ja, „Rumor" und „Tumultus" (Cl 117) sind gerade Echtheitszeichen für die Wirkung dieses Wortes.

> „Die Welt und ihr Gott können weder noch wollen sie das Wort des wahren Gottes ertragen. Der wahre Gott aber kann weder noch will er dazu schweigen ... Und wenn ich nicht diese Unruhe sähe, würde ich sagen, das Wort Gottes sei nicht in der Welt" (LD 184/Mü 35). „Deshalb sage ich Dir und bitte Dich, Dir das ganz fest ins Herz zu schreiben, daß es mir in dieser Frage um eine *ernsthafte, notwendige und ewige Sache* geht, so groß und so wichtig, daß sie auch unter Dahingabe des Lebens behauptet und verteidigt werden muß, und wenn die ganze Welt darob nicht nur in Unfriede und Aufruhr versetzt, sondern auch ganz in ein einziges Chaos zusammengestürzt und vernichtet werden sollte" (LD 182/Mü 33).

Dieses Thema muß behandelt werden, und zwar um jeden Preis, weil es hier um die Wahrheit geht!

Sind wir evangelisch?

Rumor gehört also zur Sache! Darum will ich es provozierend sagen: Keiner von uns ist gezwungen, evangelisch zu sein, auch kein Pietist und Gemeinschaftsmann muß evangelisch sein (im 19. Jh. behauptete man ohnehin, der Pietismus sei kein Kind der Reformation, sondern ein Bastard der katholischen Mystik); wer aber *evangelisch* ist, der kann nicht anders evangelisch sein als mit dem frohen und dankbaren Ja zum unfreien Willen! Wer hier nein sagt, der sagt nein zur Reformation, und – was mehr ist – nein zum Evangelium, der sagt nein zur Gnade, nein zum Glauben, nein zur Schrift und in dem allen letztlich nein zu Jesus Christus! Luthers Schrift ist – von der Sache her! – ein so harter Brokken, daß jeder sich hier Zähne ausbeißt. Iwand sagt: „Der Leser wird immer wieder an Stellen kommen, wo er ‚nicht mitkann'" (Mü 253). Beim Lesen – das ist meine Erfahrung – geht's einem immer wieder so: Man ist zuerst fasziniert, dann provoziert, später irritiert und auch frustriert – am Ende aber neu überwunden und mit der Einsicht in den *unfreien* Willen unendlich *befreit*. Fertig wird man jedoch nie, und das Folgende kann nur der Versuch sein, einige Grundlinien auszuziehen.

Zum Aufbau

Wir stellen zunächst (I) die beiden Kontrahenten, *Luther und Erasmus von Rotterdam*, vor: Beide verkörpern in ihrer Person eine ganze Welt und Weltanschauung.
Sodann fragen wir (II), was eigentlich im Sinne Luthers unter dem Stichwort *„Unfreier Wille"* zu verstehen sei, und versuchen, Mißverständnisse auszuräumen.
Im Teil III geht es um die entscheidende Wende im Leben des Menschen, um den *„Herrschaftswechsel"*: Aus dem Sklaven Satans, dem von der Sünde „Besessenen", wird das Gotteskind. Es kommt zur „Freiheit eines Christenmenschen". Wieso kann der „freie Wille" des Menschen hier unmöglich mit im Spiele sein?
Im Teil IV wollen wir mit dem Reformator in einen *Dialog* eintreten über Fragen, die unter uns lebendig sind. Wir wollen zu erfassen versuchen, was die Aussage „Vom unfreien Willen" für folgende Bereiche bedeutet:

1. Unfreier Wille und die Imperative in der Bibel
2. Unfreier Wille und missionarische Verkündigung
3. Unfreier Wille und evangelistischer Ruf zum Glauben
4. Unfreier Wille und Bekehrung
5. Unfreier Wille und christliche Ethik
6. Unfreier Wille und befreiter Wille

Schließlich wird in Teil V – wie eine steile Felswand – die Frage vor uns aufragen: Unfreier Wille und Erwählung (Prädestination).

I. Luther und Erasmus – das Entweder-Oder

Martin Luther und Erasmus von Rotterdam, *Reformation* und *Humanismus,* stehen sich gegenüber, wenn es um den Willen des Menschen, den unfreien oder freien geht. Luthers schon im Ton sieghaft triumphierende Streitschrift „De servo arbitrio", „Vom unfreien Willen" (1525) ist ja Antwort auf des Erasmus Abhandlung „De libero arbitrio", „Über den freien Willen" (1524).

Zuerst hatte es geschienen, als ob beide Bewegungen in dieselbe Richtung unterwegs seien. Dankbar hatte Luther die Ausgabe des griechischen Neuen Testaments, die Erasmus (getreu der humanistischen Losung: Zurück zu den Quellen!) herausgegeben hatte, bei seiner Übersetzung „Das Neue Testament Deutsch" zugrunde gelegt. Und Erasmus erhoffte sich von Luther eine geistige und moralische Erneuerung, eine weitreichende Reform. Aber nun wird der unüberwindbare Graben sichtbar und markiert ein Entweder-Oder bis zum heutigen Tag.

1. Zwei Gemälde

Luther und Erasmus sind beide von bedeutenden Malern häufiger porträtiert worden. Zwei dieser Bilder können die Kluft zwischen den beiden Männern wohl anzeigen: Lukas Cranach d.Ä. hat (1547) auf dem Altar der Stadtkirche zu Wittenberg (Luthers Predigtstätte) den Reformator dargestellt – als *Prediger* auf der Kanzel. Die Linke liegt auf der geöffneten Bibel, – sie allein ist das Fundament. Die Rechte zeigt mit ausgestreckten Schwurfingern auf den Gekreuzigten, – er allein ist das Thema.

Hans Holbein d.J. malte (1523) den großen *Gelehrten* Erasmus: Geist spiegelt das hagere Gesicht, aber auch Skepsis und Ironie. Der breite Mund verzieht sich zu einem distanziert überlegenen Lächeln. Die Hände aber liegen beide auf einem geschlossenen Buch, das den Namen des großen griechischen Philosophen Heraklit trägt. Zu seiner Zeit nannte man ihn „den Dunklen", doch des Erasmus überlegener Geist wird seine Gedanken gewiß ans Licht bringen. Also: Luther, der Prediger, der nichts anderes sein will als Christuszeuge, der bei geöffneter Bibel auf den für uns Gekreuzigten weist. – Erasmus, die Leuchte der Wissenschaften, der Philologe und Philosoph, der geschlossene Bücher zu öffnen, das Geheimnis des Menschengeistes zu erhellen vermag.

2. Christus allein?!

Erasmus ist *Humanist,* d.h. es geht ihm um den Menschen und seine Würde; gewiß um den gefährdeten, den von inneren Trieben und äußeren Strukturen bedrohten, ja deformierten Menschen, aber doch eben um den im Kern guten, deshalb durch Erziehung und Moral zu befreienden Menschen. Daß der Mensch wahrhaft Mensch werde, darum geht es dem großen Menschenfreund. Entwicklungshelfer möchte er sein bei der Selbstfindung, der Emanzipation des Menschen. Erasmus – der Humanist!
Luther ist *Theologe,* d.h. ein (wie sein Doktoreid es ihm auferlegte) ganz und gar Gott und seinem Wort Verpflichteter. Um Gott geht es ihm, um die Ehre dessen, der in Jesus „mich verlornen und verdammten Menschen erlöset hat". Daß Gott bei den Menschen zu seinem Recht komme, daß Gott für den Menschen wahrhaft GOTT werde, darum geht es Luther.
Für Erasmus ist der Mensch wohl *schwer erkrankt;* er liegt am Boden, aber in seiner Substanz ist er doch so robust und vital, daß man ihm mit Hilfe guter Ärzte (zu denen sicher auch Jesus Christus gehört) und starker Medizin (wobei gewiß das Bibelwort nicht fehlen darf) wieder zu seinem aufrechten Gang, dem Zeichen seiner Würde, verhelfen kann.
Für Luther ist der Mensch „*tot* in Sünden", keine Zelle ist mehr zu reanimieren; da hilft nur noch Totenauferweckung, eben *Christus allein! Solus Christus!*

3. Die Gnade allein?!

Für Erasmus ist die Burg – Mensch genannt – wohl weitgehend vom Feind erobert, aber im Bergfried, im innersten Refugium, brennt noch das Lämplein der Freiheit. Wird von dort innen der Ausbruch gewagt und kommen von außen Hilfstruppen dazu, dann ist die Rettung gewiß. Dieser noch glühende *Funke im Personenkern,* – eben das ist der *freie Wille;* die Hilfstruppen wären die hinzukommende göttliche Gnade.

Für Luther ist gerade das innerste Zentrum („Herz", „Gewissen") längst vom Feind erobert, ja zur *Kommandozentrale des Satans* umfunktioniert. Gerade in seiner Personmitte ist der Mensch versklavt, vom „arg bösen Feind" geradezu „besessen", – eben dies meint das Stichwort *unfreier Wille* (vgl. LD 323: „Burg"/Mü 239).

Erasmus lehrt mit der mittelalterlichen Theologie das *„facere quod in se":* Der Mensch soll tun, was in seiner Kraft steht, er soll sein Möglichstes geben, dann wird die Gnade das Defizit schon begleichen, das Fehlende ergänzen. Hier verbindet sich mit dem Denken der mittelalterlichen Scholastik der Geist der Moderne: die Aufklärung, der Idealismus melden sich. Das ist doch Goethes Weise: „Wer immer strebend sich bemüht" (sich eben damit als würdig erweist!), „den können wir erlösen." Menschliche Leistung *und* Gottes Hilfe kooperieren hier, mein Bemühen *und* seine Gnade!

Luther nennt diese Koalition, diese „Mischfinanzierung", eine teuflische Irrlehre. Wenn der Mensch wirklich „das Seine" tut, das *„facere quod in se"* praktiziert, also das aktiviert, was in seinem Innersten wohnt, dann produziert er nichts als „Todsünde".[2]

Davon kann also keine Rede sein, daß der Mensch sich für die Gnade präpariert und qualifiziert. Könnte der Mensch sich der Gnade würdig erweisen, dann wäre sie eben keine Gnade mehr. Gnade und Verdienst, Gnade und Rechtsanspruch scheiden sich wie Feuer und Wasser.

In Wahrheit ist der Mensch nichts als Finsternis, Tohuwabohu, aber darüber geht „ohn all mein Verdienst und Würdigkeit“ die Sonne des göttlichen Erbarmens auf. Darum: Die *Gnade allein! Sola gratia!* Und weil wir ganz und gar Unwürdigen diese uns nie erarbeiten, sondern nur „gratis“, als Geschenk, empfangen können, heißt das in einem Atemzug: *Sola fide!* Aus *Glauben allein!*

4. Die Schrift allein?!

Luthers Hand liegt auf der geöffneten Bibel. Die Schrift sagt mit ganz eindeutigen Worten, wie es um den Menschen steht und was er zu seinem Heil braucht. Die Schrift ist völlig „klar“ (Luther preist die *„claritas“* der Schrift!); nur unsere verfinsterten Augen erkennen's nicht! Wem der Heilige Geist aber die Augen öffnet (Luther spricht hier von der „inneren Klarheit“ der Schrift), der wird durchs Wort seiner Verlorenheit inne und seiner Rettung froh. Nun ist er zu eindeutigen Bekenntnisaussagen fähig (zu *„assertiones“),* kann sagen: So ist es! So und nicht anders! Im Wort Gottes „gefangen“ (auch das ist eine Variation des unfreien Willens!), kann der Christ vor Papst und Kaiser treten: „Hier stehe ich, ich kann nicht anders.“ Weil der Heilige Geist kein „Skeptikus“ ist, ist der Christ ein Mensch der Gewißheit. Dies alles schenkt die geöffnete Bibel (vgl. LD 160/Mü 14 / LD 164/ Mü 17). Darum: *Sola scriptura! Die Schrift allein!*
Erasmus aber, der Skeptiker, hält die Schrift für dunkel und rätselhaft, für in sich selbst widersprüchlich, für aus sich selbst unverständlich. Über Gott und Menschen kann man nichts Genaues wissen, kann allenfalls Argumente, Meinungen, Vermutungen *(„collationes“)* aufstellen. Da wäre es doch höchst unklug, alles auf eine Karte zu setzen. Der Weise lehrt: Die Schrift *und* die Auslegung der Väter, die Schrift *und* die bewährte Tradition, die Schrift *und* das päpstliche Lehramt, die Schrift *und* die Philosophie, die Schrift *und* der gesunde Menschenverstand!
Luther sieht hinter all dem zu Recht die innere Distanz, in der Erasmus zum Evangelium steht: „Du leugnest, daß die Schrift klar sei, der Du aber für Christi Lehre vielleicht nicht die Tränen vergossen, nicht einen Seufzer getan hast“ (LD 224/Mü 74).

5. Allein oder „Jein"?

Das also ist der Unterschied zwischen dem gewissen Christuszeugen und dem skeptischen Denker, dem Gottesmann (Theologen) und dem „Menschenfreund" (Humanisten): Der eine glaubt an Christus allein, der andere an das Gute im Menschen dazu! *Allein!* sagt der Christ: *Christus allein,* und deshalb allein die Gnade, der Glaube, die Schrift!

„Ja aber" bemerkt der Humanist: Christus gewiß, aber doch auch der strebende Mensch; die Gnade sicher, aber doch auch unser Verdienst; der Glaube freilich, aber doch auch mein Bemühen; die Schrift natürlich, aber doch nicht so, daß wir einfach „unter der Schrift" stehen, sondern doch ein wenig auch kritisch „neben" ihr; die Schrift, aber doch auch die Vernunft.

Das viermalige *„Allein"* ist Luthers strahlend deutliches Trompetensignal; „Ja aber", „sowohl als auch", „einerseits – andererseits", so klingt die chromatisch gleitende, nirgends faßbare Weise des Erasmus.

Mit all dem haben wir immer schon vom „freien", bzw. „unfreien Willen" gesprochen. Jetzt aber ist es nötig, auf diese Begriffe und die mit ihnen gemeinte Wirklichkeit selbst zuzugehen.

II. Unfreier Wille

Auf Cranachs Bild zeigt Luther beharrlich auf den *Gekreuzigten.* Diese Blickrichtung haben wir bei jeder Überlegung streng einzuhalten. Denn hier und so offenbart sich Gott; nur hier und nur so können wir deshalb „theologische Schlüsselerkenntnisse" gewinnen. Was also „Wille" und „Freiheit", bzw. „Unfreiheit" bedeuten, das haben wir nicht aus dem alltäglichen Sprachgebrauch abzuleiten, das haben wir auch nicht von den Fachleuten auf der menschlichen Ebene, von Philosophen, Psychologen, Pädagogen, Juristen zu erfragen. Diese anthropologischen Urworte wollen vielmehr unter das Kreuz Jesu gebracht und dort neu gefüllt werden. Luthers Begriffe sind streng theologisch, christozentrisch definiert.[3] Diese strenge Offenbarungsbezogenheit im Ansatz hat weitreichende Konsequenzen.

1. Kein Determinismus

Das Wort „unfreier Wille" ist von vielen Mißverständnissen überwachsen. Deshalb muß zunächst eine Schneise geschlagen werden. Luther diskutiert nicht im Sinne der Philosophen über das unerschöpfliche Reizthema: Ja oder Nein zur Willensfreiheit, „Determinismus" oder „Indeterminismus", „Kausalgesetz und sittliche Selbstbestimmung".
Falls etwa Theologiestudenten ihre griechischen Vokabeln nicht beherrschen und sich dann darauf berufen, als echt Evangelische fehle ihnen bekanntlich die Willensfreiheit, sie seien also zum Lernen unfähig gewesen und damit völlig unschuldig an ihrer Ignoranz, dann würde Luther gleich nach Ruten rufen und jenen „Schwärmern" die Faulheit aus- und die Vokabeln einbleuen. Luther ist keineswegs ein Determinist oder Fatalist. Für den Deterministen ist alle Freiheit nur Einbildung, jede Entscheidungsfähigkeit nur subjektive Illusion. Da wird mit der Freiheit der Wille selbst für nichtig erklärt: Alles ist längst vorprogrammiert durch Erbmasse, Umwelt, Erziehung oder ein anonymes Schicksal; der Mensch ist nur eine Marionette, die wohl Bewegungen macht, die wie willentliche und bewußte Äußerungen erscheinen, in Wirklichkeit aber an Fäden hängt, rein mechanisch ferngesteuert wird.
Eine solche Ansicht hat Luther nie vertreten. Er unterscheidet – auch hier von der Gottesbeziehung her – zwei Bereiche: Da sind die *„Inferiora" („Carnalia")*, die Dinge, die niedriger sind als wir, über die wir verfügen können. In diesem „inferioren" Gelände, wo es um Geld und Besitz, Essen und Trinken, Fleiß und Faulheit, Berufswahl, Modefragen, Urlaubsziele geht, hat der Mensch durchaus Ermessens- und Handlungsspielraum, kann durchaus wählen zwischen einem gelben oder lila Sommerkleid. Luther aber

interessieren die *„Superiora"*, das, was wesenhaft höher ist als wir, nämlich die Frage nach unserem Gottesverhältnis, nach Seligkeit und Verdammnis, – da gilt streng: „Unfreier Wille"!

> „Im übrigen hat er gegenüber Gott oder in den Dingen, welche Seligkeit oder Verdammnis angehen, keinen freien Willen, sondern ist gefangen, unterworfen, verknechtet – entweder dem Willen Gottes oder dem Willen Satans" (LD 200/Mü 49f).

2. Nicht Herkules am Scheideweg

Luther denkt stets streng theologisch, also von Gott her. Er fragt deshalb, was im Licht der Offenbarung (nicht der menschlichen Vernunft!) *Freiheit* überhaupt heißen kann.
Die griechische Philosophie – mit ihr auch Erasmus – versteht Freiheit nach dem berühmten Modell „Herkules am Scheideweg": Der Jüngling wird an einer Weggabelung von zwei attraktiven Frauen angesprochen. Jede ruft „Folge mir!"; die eine verspricht Luxus und Lust, die andere unsterblichen Ruhm als Lohn für harte Strapazen. Indem Herkules den Weg der Unsterblichkeit einschlägt, hat er sich in freier Entscheidung selbst gebunden. Zuvor aber stand er im „Niemandsland", im neutralen Bereich. Besser: Zuvor gehörte er allein sich selbst, hatte volle Verfügung über sich, konnte sich nach Belieben hinwenden oder abwenden. Zuvor hatte er das *„absolutum velle"*, den ganz ungebundenen Willen.
Von der biblischen Offenbarung her ist diese Herkulessituation und Herkulesfreiheit ganz unmöglich. Und zwar nicht erst wegen der Sünde des gefallenen Menschen, sondern schon vom 1. Glaubensartikel her, weil der Mensch nämlich *Geschöpf Gottes* ist. Er hat sich ja nicht aus dem Nichts selbst hervorgezaubert, ist vielmehr mit seinem ganzen Wesen, mit jedem Blutstropfen und jeder Zelle ein Geschaffener, und zwar zum „Ebenbild" Gottes, als sein Bundespartner. Er kann also wesenhaft nur eine geschöpfliche, eine endliche, eine ihm verliehene Freiheit besitzen. Das bedeutet:

Weil er ursprunghaft, wesenhaft zu Gott gehört, ist er *frei* nur in der *Bindung* an Gott (so wie ein Fisch nur innerhalb seines Lebenselementes Wasser frei sein kann). Wer diesem Menschen dagegen ein *„absolutum velle"*, eine völlig unbegrenzte Wahlfreiheit und autonome Selbstbestimmung zuschreiben wollte, der müßte dabei seine Geschöpflichkeit bestreiten. (So tut es konsequent Karl Marx, der im Namen der menschlichen Freiheit behauptet, der Mensch habe sich durch seine Arbeit selbst über das Tier emporgeschaffen; ein Schöpfergott dagegen sei eine bloße Illusion).

Von daher ist deutlich: *Frei im absoluten Sinn ist einzig GOTT*, der Schöpfer und Herr aller Dinge. Deshalb will Luther den Ehrentitel *„freier Wille"* am liebsten für Gott reservieren, entsprechend der Allmacht, der Allwissenheit, der Ewigkeit Gottes! „Deshalb hätten die Theologen sich dieses Wortes enthalten, wenn sie vom menschlichen Vermögen sprechen wollten, und es allein Gott überlassen sollen" (LD 198/Mü 78). Dies alles lehrt jeden Einfältigen der 1. Glaubensartikel, der von Gott dem „Allmächtigen" spricht. „Allmacht" darf man biblisch ja nicht als bloße Möglichkeit verstehen (potentiell), sondern als *Allwirksamkeit* (aktuell): „Als Allmacht Gottes aber bezeichne ich nicht jene Macht, durch die er vieles nicht tut, was er wohl könnte, sondern jene handelnde Kraft, durch die er machtvoll *alles in allem wirkt*" (LD 287/Mü 153). Gott ist kein müßiger, schlafender, schnarchender Gott (LD 272/Mü 136). Er ist beständig in allen Kreaturen schaffend und regierend am Werk. Auch die Bösen (Pharao wie Kaiphas, Judas wie Pilatus, ja selbst der Satan) müssen – wenn auch schnaubend – seinen Zielen dienen. „Was er sich vorgenommen und was er haben will, das muß doch endlich kommen zu seinem Zweck und Ziel." Auch was Menschen auf dem „inferioren" Gebiet wollen, planen, tun, ist umgriffen und gesteuert von Gottes ständigem Schaffen und Lenken. Es gilt zu sehen, „wie unaufhörlich bewegend Gott in allen seinen Geschöpfen wirkt und keines untätig sein läßt" (LD 279/Mü 142 *„quam inquietus sit actor Deus …"*, Cl 205). Dieses Umfaßtsein allen menschlichen Tuns durch die Allwirksamkeit Gottes, diese unentwegte Betätigung der souveränen göttlichen Freiheit, ist für uns unendlich *tröstlich*: Was immer mir widerfährt, „es kann mir nichts geschehen, als was Gott hat ersehen ..." In seinem alles durchwirkenden Handeln bin ich geborgen; das schreckliche Wort „Zufall" ist für mich tot!

3. Der stets gerittene Mensch

Der Mensch kann als *Geschöpf* nur *endliche* Freiheit haben, und diese kann er recht betätigen nur in der Gottesgemeinschaft, also im Einklang mit Gottes Wollen und Wirken. Der *gefallene Mensch*, der *Sünder*, ist aber nun gerade dadurch gekennzeichnet, daß er „wie Gott sein wollte", also das *„absolutum velle"*, die Autonomie, die Selbst-*herr*-lichkeit für sich beanspruchte. Bei diesem wahnsinnigen Unternehmen ist er freilich „gefallen", d.h. aus der guten Herrschaft Gottes hinabgestürzt in die *Tyrannei des Satans*. Jetzt ist menschliche „Willensfreiheit" in der Tat nichts als *„inane vocabulum"* (Cl 128), ein „leeres Wort", ist *„merum mendacium"* (Cl 97), „pure Lüge", ja geradezu Sakrileg, Gotteslästerung. Der Mensch ist stets in eine Herrschaft eingefügt, ist so oder so immer schon qualifiziert; eine neutrale Zone, ein „Niemandsland" ist nirgends. Luther gebraucht dafür ein drastisches Bild:

> „So ist der menschliche Wille ... wie ein Lasttier; wenn Gott darauf sitzt, will er und geht er, wohin Gott will ... Wenn der Satan darauf sitzt, will er und geht, wohin Satan will. Und es liegt nicht in seiner freien Wahl, zu einem von den beiden Reitern zu laufen und ihn zu suchen, sondern die Reiter selbst kämpfen darum, ihn festzuhalten und in Besitz zu nehmen" (Mü 46 f/vgl. LD 196).

„Geritten" wird der Mensch also stets, mit seinem „freien Willen" ist es nichts. Freilich unterscheidet sich der Reitstil des einen Herrn von dem des anderen wie der Himmel von der Hölle: Gott führt sein „Lasttier" zur grünen Au und zum frischen Wasser, der Satan jedoch reitet es zuschanden!

4. Nicht-wollen-Können, daß Gott GOTT sei

Bedeutet dieses „Geritten-werden", der „unfreie Wille", dasselbe wie *Zwang?* Hier muß man unterscheiden und die Begriffe sorgfältig benutzen lernen. Unter *Zwang („coactio")* verstehen wir eine *Vergewaltigung* von *außen* her. Zwang bezieht sich nicht auf den Willen, sondern auf das Tun. Wer gezwungen wird, der wird durch äußere Gewalt genötigt, etwas zu tun, was er gerade nicht will, oder etwas zu unterlassen, was er heiß begehrt. Wird ein Bankdirektor von einem Gangster mit vorgehaltener Pistole gezwungen, den Safe zu öffnen, so wird er zwar zähneknirschend folgen, in seinem Innern, mit seinem Willen aber beständig nein sagen. Zwang setzt also – das steckt in der Logik des Begriffs – immer einen entgegengesetzt ausgerichteten Willen voraus; *Zwang* geschieht stets *„wider Willen"*. Gott zwingt nicht, er überwindet und überzeugt uns durch seinen Heiligen Geist von innen her *(„Non cogit, sed trahit":* Er zwingt nicht, er zieht). Auch der Satan zwingt nicht mit äußerer Gewalt; der Vater der Lüge überredet, manipuliert, belügt den Menschen in seinem Inneren.

Wenn Luther also von dem „unfreien Willen" spricht, so meint er nie *„coactio"*, Zwang von außen; er redet von der *„immutabilitas"* des Willens, d.h. *der Mensch kann die Richtung,* die innere Bestimmtheit, *die Zielstrebigkeit seines Willens von sich aus nicht ändern.* Wie ein Fluß mit all seinem Brausen und Toben, bei all seiner verheerenden Gewalt niemals sein Gefälle (die Richtung von oben nach unten) umkehren kann, so vermag der gefallene Mensch zwar in der vitalen Leidenschaft seines Wollens mächtig zu schäumen, aber sein Kurs wird immer heißen: Los von Gott! Das ist ja gerade das innerste Engagement, die ganze Leidenschaft des Sünders: Er will keinen Herrn über sich. „Wir wollen nicht, daß dieser über uns herrsche!", das ist der beständige Cantus firmus in allem menschlichen Wollen. Das fanatische Nein zu Gott ist das beherrschende Pathos. Und diese gottfeindliche Willensrichtung kann der Mensch von sich aus niemals korrigieren. *Es steht nicht in seiner Macht, sich zu* *bekehren. Diese Unfähigkeit zur Kurskorrektur, diese „immutabilitas", ist eben der „unfreie Wille".* Der Sünder kann nichts anderes wollen als sich selbst, nichts anderes begehren als den Platz Gottes: „Mein, mein sei das Reich und die Kraft und die Herrlichkeit!" Der junge Luther hat das so zusammengefaßt: *„Non potest homo naturaliter velle deum esse deum, immo vellet se esse deum et deum non esse";* „Der Mensch kann von Hause aus nicht wollen, daß Gott GOTT sei; im Gegenteil, er will lieber, daß er selbst Gott sei und daß Gott nicht sei."[4]

5. Sein und Wollen

Der Mensch, der ein Sünder *ist,* kann Gottes Ehre nicht *wollen.* Wir fragen genauer: Wie verhält sich das *Sein* des Menschen (sein „Charakter") zu seinem *Wollen*? Antwort: Nicht die Früchte machen den Baum, sondern der Baum bringt die Früchte hervor. Nicht das Wollen prägt, formt, schafft den Menschen, sondern im Wollen kommt heraus, wer der Mensch ist: *das Sein äußert sich im Wollen.* Die Frage nach dem Wollen des Menschen vertieft sich also zur Frage nach seinem *Sein:* Wer *ist* der gefallene Mensch? Er ist nichts als Rebell gegen Gott, nichts als leidenschaftlicher Gotthasser. Aus seinem Pervertiert-Sein, seinem „In-sich-selbst-Eingekrümmt-Sein" entspringt all sein Wollen, resultiert die wilde Jagd nach Autonomie, die Gier nach dem Sein-wie-Gott.

Frage ist nun: Wie kann der Mensch ein neues Wollen, eine neue Ausrichtung bekommen, wie kann er dazu gelangen zu beten: „Dein ist das Reich"?, dann lautet die Frage in Wahrheit: Wie kommt der Mensch zu einem *neuen Sein,* zu einem „neuen Herzen" und „neuen Geist"? Ein neues Wollen erfordert also nicht weniger als eine radikale Umwandlung, eine Erneuerung im Personenkern, eine „neue Kreatur".

Daß der Mensch an dieser entscheidenden Stelle, nämlich bei seiner *Neuschöpfung,* seiner Wiedergeburt, auch nur im Geringsten mitwirken könne, genau das verneint Luther aufs schärfste. Weil hier gilt: „Christus allein! Der Geist Gottes allein", darum muß bekannt werden: *„Unfreier Wille"!*

6. Der Freiheitswahn

Wir stoßen noch einmal nach! In welcher Lage befindet sich der gefallene Mensch? Paulus sagt: „Die Sünde betrog (täuschte) mich" (Röm 7,11). Satan, der Vater der Lüge, verlockte mich mit faszinierenden Bildern, gaukelte mir Glück, Leben, Freiheit vor. Durch raffinierte Manipulation, durch teuflische „Gehirnwäsche", durch höllische Drogen hat er mich in eine Welt der Träume und Illusionen versetzt, hat mich in den wahnsinnigen Rausch vermeintlicher Freiheit getrieben!

Diese Existenz in Schein und Illusion hält der vom Satan Geblendete allerdings für das einzig Reale. So trennt er sich von Gott, sägt den Ast ab, der ihn trägt, stürzt ins Bodenlose und jauchzt dabei, im Wahn befangen: „Endlich frei!"

Das ist also Hauptkennzeichen des gefallenen Menschen, daß er sich selbst für frei hält: „Die Freiheitsidee ist der Glaube des natürlichen Menschen; und daß der Mensch nicht anders kann, als an seine Freiheit glauben, das ist seine Unfreiheit." Der Mensch „muß an seine Freiheit glauben, bis es Gott gefällt, ihm diesen Glauben zu nehmen."[5] „Die Sünd' hat mich besessen." Luther hat dieses totale Verstricktsein in Lüge und Wahn, diese „Besessenheit" des Menschen, plastisch beschrieben:

> „Die Schrift ... schildert uns den Menschen als einen solchen, der nicht nur gebunden, elend, gefangen, krank und tot ist, sondern der unter dem Einfluß seines Fürsten, des Satans, zu all diesem Jammer noch den der *Blindheit* hinzufügt, indem er *sich für frei, glücklich, erlöst, mächtig, gesund und lebendig hält.* Denn Satan weiß wohl, daß er, wenn der Mensch sein Elend erkennen würde, keinen in seinem Reich behalten könnte, weil Gott sich dessen, der seinen Jammer sieht und zu ihm schreit, sofort erbarmen und ihm helfen muß" (LD 237/Mü 100).

Es kommt also alles darauf an, daß diesem verblendeten Menschen die Wirklichkeit seines Elends entdeckt wird, daß ihm der Star gestochen wird. Wie diese heilsame Ent-Täuschung, diese rettende Desillusionierung geschieht, ist jetzt zu fragen.

III. Herrschaftswechsel

Ein neues Wollen setzt einen neuen Menschen voraus, die „neue Kreatur". Wie aber kommt dieses neue Sein zustande? Hier muß die Antwort ohne Zweifel heißen: Sola gratia, allein durch Gottes Gnade!

1. Das Wort tut's

Das neue Leben schafft Gott selbst, Gott, der Schöpfer Geist; er wirkt es durch sein schöpferisches Wort. Dieses Wort begegnet dem Menschen in zweifacher Gestalt und mit doppelter Wirkung: Es deckt die Schuld auf und deckt sie zu, es richtet und rettet, erklingt als Todesurteil und als Freispruch, stellt die unerbittliche Diagnose und bringt die rettende Therapie; kurz, es widerfährt uns als *Gesetz* und *Evangelium*. So wie es in der Begegnung zwischen dem Propheten Nathan und David, dem Mörder und Ehebrecher, unnachahmlich plastisch wird (2Sam 7): „Du bist der Mann!" Das ist die „Donneraxt" des Gesetzes, die den Schrei heraustreibt: Ich habe gesündigt gegen den *Herrn!* „Der *Herr* hat deine Sünde weggenommen", so lautet der alles wendende Trost des Evangeliums.

Das Gesetz reißt den vom Satan Geblendeten aus allen Illusionen; das Evangelium führt den Todeskandidaten zu dem Mann am Kreuz.

> Hier zeigt sich, „wie viel und wie weit das Gesetz nützt, nämlich, daß der freie Wille an sich allein so blind ist, daß er nicht einmal die Sünde kennt, sondern ihm das Gesetz als Lehrer dazu nötig ist … Denn dies ist die Frucht, dies das Werk, dies das Amt des Gesetzes, daß es den Unwissenden und Blinden ein Licht ist …, welches die Krankheit, die Sünde, den Tod, die Hölle, den Zorn Gottes zeigt. Aber es hilft nicht, noch befreit es von ihnen … Ein anderes Licht ist wahrhaft nötig, welches das Heilmittel zeige. Das ist die Stimme des Evangeliums, welche auf Christus als Befreier von die-

sen (oben genannten Übeln) allen hinweist" (LD 310f/ Mü 217f).

„Wie die Stimme des Gesetzes sich nur auf diejenigen erstreckt, die ihre Sünde nicht spüren und die nicht erkennen" (damit sie nämlich zur Erkenntnis kommen), – „so findet das Wort der Gnade nur bei denen Zugang, die ihre Sünden spüren und in Betrübnis, ja sogar in Verzweiflung darüber geraten" (LD 245/Mü 106).

So zeigt das Gesetz dem Sünder das eigene Herz, das Evangelium aber läßt ihn das Herz Jesu schauen.

2. Die „bescheidene" Definition des Erasmus

Welchen Anteil an dieser Wende, dieser „Bekehrung", hat der Mensch? Genau hier liegt der Streitpunkt zwischen Luther und Erasmus, denn hier, *im Zentrum der Heilswende,* läßt Erasmus den „freien Willen" auftreten, hier, im Herzen des Wiedergeburts- und Neuschöpfungswunders, läßt er den Menschen aktiv mitwirken. Gerade hier soll die große Stunde des „freien Willens" schlagen!

Allerdings klingt alles, was Erasmus zu Ehren des „freien Willens" zu sagen weiß, höchst bescheiden. Der Humanist ist bereit, die Möglichkeiten des Menschen auf ein Minimum zurückzuschrauben. Der Spielraum des „freien Willens" geht gegen Null. Aber: *Daß* der Mensch an dieser Stelle kooperierend beteiligt sei – mit einem noch so geringen Beitrag –, dieses Daß ist das Entscheidende! Hier verdirbt ein Gramm Sauerteig alles; hier läßt ein einziger Tropfen Säure die ganze Milch des Wortes Gottes gerinnen. Hier zeigt sich für Luther der verzweifelte und zugleich gottlose Kampf aller, die an einer totalen Bankrotterklärung, an einer völlig bedingungslosen Kapitulation vorbeikommen wollen, „daß ihnen wenigstens ein klein wenig übriggelassen wird" (LD 194/Mü 43f/Cl 124: *„aliquid vel modiculum sibi relinqui volunt")*. Aber dieses Minimum, dieses „modiculum", dies „Fünklein" verdirbt alles.

Hören wir auf die *Definition des Erasmus:*

„Weiter verstehen wir an dieser Stelle unter dem freien

> Willen die Kraft des menschlichen Willens, mit der der Mensch sich zu dem hinwenden kann, was zum ewigen Heil führt, oder sich davon abwenden kann“ (Mü 76/vgl. LD 226; Cl 151: *„se possit applicare aut avertere“).*

Wie demütig klingt das doch! Wie viele Evangelische (Pietisten?) würden das ohne Zögern, ja mit Engagement unterschreiben. Erasmus behauptet doch keineswegs, daß wir das Heil (Jesus Christus) nicht nötig hätten oder daß wir selbst uns dies Heil schaffen könnten. Nein, das Heil ist da, es wird dem Menschen *angeboten,* hingehalten. Und nur darin besteht die Freiheit des Menschen, daß er sich hier *entscheiden* kann: entweder zufassen („sich hinwenden“) oder vorbeigehen („sich abwenden“). Was könnte daran falsch sein?

Doch was hier so bescheiden klingt und so einleuchtend dazu, ist für Luther eine nicht zu überbietende Vermessenheit, nichts als Gotteslästerung. In seinem lateinisch geschriebenen Buch bricht es an einer Stelle gewaltsam auf Deutsch aus ihm heraus: „Das ist zu viel“ (Mü 18/Cl 103; LD 165). Daß wir es ja im Gedächtnis behalten: An diesem Punkt lag für Luther der ganze Unterschied zwischen der römisch-katholischen Theologie und dem biblischen Evangelium. Iwands provozierende These heißt: Der moderne Protestantismus ist hier Erasmus gefolgt, nicht Luther.[6] Da wird „marktwirtschaftlich“ gedacht: Gottes Gnade sei ein bloßes „Angebot“ und der Kunde treffe die Entscheidung. Dabei sei die Gnade bloße „Möglichkeit“; *wir* müßten sie erst wirklich werden lassen. Das ist Erasmus, nicht Luther!

3. „Ich glaube, daß ich … nicht glauben kann“

Wir fragen, vielleicht etwas irritiert, was denn „zu viel“ sei bei diesem Minimum? Will Luther etwa behaupten, daß hier im Zentrum der Heilswende der Mensch mit all seinem Wollen, Wählen, Entscheiden nichts sei? Genau das meint Luther: *Der Mensch ist hier nichts, weil hier Christus alles ist.* Das „Christus *allein“* will wörtlich genommen werden!

Hier gilt das radikale Nein zum Wahn vom „freien Willen“. Unerbittlich beharrt Luther hier auf dem Wort des Paulus: „So liegt es nun nicht an jemandes Laufen oder Wollen, sondern an Gottes Erbarmen“ (Röm 9,16). „Pietismus, quo vadis?“ Wohin gehst du, Pietismus, so fragte vor Jahren Otto Rodenberg. Hier und nirgendwo sonst fällt die Antwort!
Im Detail, so sagt man, stecke der Teufel. Luther sieht ihn bei des Erasmus Definition in dem Wörtlein *„sich“*. Der Mensch könne angesichts des Heilsangebotes „sich zuwenden“ oder „sich abwenden“. Prüfen wir den Satz: „Ich wende mich zu“! Wer wendet? *Ich!* Also bin ich hier das Subjekt, der Handelnde. Wen wende ich? *Mich!* Also auch das Objekt, der Behandelte, bin ich. Das bedeutet fraglos: Ich kann über mich nach Belieben verfügen. Ich habe mich an der entscheidenden Stelle selbst ganz im Griff. Ich stehe mir selbst voll zu Gebot und zur Verfügung. Was heißt das anders als: Ich bin in ganzer Freiheit mein eigner Herr!? Ich bin „Herkules am Scheideweg“! – Da ist nichts mehr von Versklavung unter die Sünde, nichts von „die Sünd hat mich besessen“. Wer sich so selbst in der Hand hat, sich so nach Wunsch hin- und abwenden kann, der ist – die Konsequenz ist unausweichlich – *sein eigener Erlöser*. Der braucht weder Christus noch den Heiligen Geist. Angesichts des angebotenen Heils wird er zum strahlenden „Selbstversorger“. Luther hält Erasmus vor:

> „Du überlegst gar nicht, wieviel Du ihm (dem „freien Willen“) mit diesem Wörtchen ‚sich‘ oder ‚sich selbst‘ beilegst, wenn Du sagst: er kann sich hinwenden, denn damit schließt Du ja ganz und gar den Heiligen Geist mit all seiner Kraft aus, als wäre er überflüssig oder gar nicht notwendig“ (LD 232/Mü 80).

Quo vadis? Wohin gehst du?, so ist hier jeder gefragt. Wer hier mit dem Humanisten geht, muß des Reformators Erklärung zum 3. Artikel durchstreichen: „Ich glaube, daß ich nicht aus eigener Vernunft noch Kraft an Jesum Christum, meinen Herrn, *glauben* oder zu ihm kommen *kann,* sondern der Heilige Geist hat mich durch das Evangelium berufen, ... erleuchtet, ... geheiligt ... und erhalten.“ Das also ist des Christen Credo: *Ich glaube, daß ich* (von mir aus) *nicht glau-*

ben kann! Wer das bekennt, bekennt damit den „unfreien Willen" und damit das „Sola gratia".

4. „Christus selbst" – oder „Ich selbst"?

Hier muß es sich erweisen, ob wir „evangelisch" sind. Das ist keineswegs zunächst konfessionell gemeint, sondern ganz elementar: Folgen wir dem Evangelium? Folgen wir Jesus, wenn er sagt, daß die *Sünde* zuerst und zuletzt nicht ein moralisches Versagen ist, sondern der *Unglaube* (Joh. 16,9), der nicht Gott, sondern sich selbst recht gibt?
Dazu Luther: „Dazu ist die Ungläubigkeit nicht eine grobe Neigung, sondern die höchste, die da sitzt und herrscht in der Burg des Willens und der Vernunft" (LD 323/Mü 239).
Folgen wir Paulus: „Ich bin fleischlich, unter die Sünde verkauft ... Ich weiß, daß in mir, d.h. in meinem Fleisch, *nichts Gutes* wohnt" (Röm 7,14.18)? Sagen wir Ja zu Jesu radikalem Urteil: „Was vom Fleisch geboren wird, *das ist Fleisch*" (Joh 3,6)? Singen wir mit dem Reformator: „Es war kein Guts am Leben mein"? Glauben wir, was wir mit dem Munde bekennen, daß Jesus keine „gemalten Sünder" erlöst hat, sondern „mich verlorenen und verdammten Menschen", also nicht einen „reparablen", sondern einen total „irreparablen" und wertlosen?
Oder meinen wir mit Erasmus, daß „Fleisch" nicht etwa ein Ganzheitsurteil über den Menschen sei, sondern nur seine niedere Triebsphäre, sein tierisches Teil meine; daß dagegen der vernünftige und wahrhaft menschliche Teil durchaus fähig sei, nach dem Guten zu streben? Wollen wir noch irgendeinen unverdorbenen Rest festhalten, ein winziges „Fünklein"? Oder sind wir (nicht nur bildlich, sondern real) „tot in Sünden" und also zu jedem „Sich-Hinwenden" unfähig?
Jeder winzige Rest wäre „Räuber an der göttlichen Ehre" (Mü 185). Luther geht es um den Ruhm des Gekreuzigten:

> „Wollen wir etwa den Preis seines Blutes so gering achten, daß er allein das, was das Wertloseste im Menschen ist, erlöst hat, dagegen das Vortrefflichste im Men-

schen durch sich selbst kräftig ist und Christus nicht mehr nötig hätte?, so daß wir demnächst Christum als Erlöser nicht des ganzen Menschen, sondern seines wertlosesten Teiles, nämlich des Fleisches predigen, den Menschen aber selbst als den Erlöser seiner selbst in seinem vorzüglicheren Teil ... Wenn der bessere Teil des Menschen unverdorben ist, bedarf er nicht des Erlösers Christus ... So wird es durch dieses Dogma von dem vornehmsten Teil des Menschen geschehen, daß der Mensch über Christus und den Teufel erhoben wird, d.h. Gott der Götter und Herr der Herren wird" (Mü 186f).

Hier hat Luther – so Iwand[7] – die titanische Selbstvergötzung des Menschen vorausgeahnt, wie sie im 19. Jh. etwa von Friedrich Nietzsche vollzogen wurde. Und dies ist nur konsequent: Wer leugnet, daß der Mensch Geschöpf ist und sich total Gott verdankt (1Kor 4,7), wer die „Erbsünde", also die totale und universale Verfallenheit des Menschen, für einen Wahn hält, der muß den Menschen an Gottes Platz rücken und im „Antichristen" den wahren Befreier sehen. Hier steht in der Tat alles auf dem Spiel! Nicht umsonst warnt Luther den Erasmus nicht weniger als sechzehn Mal, sein „freier Wille" mache Gottes Gnade zunichte.[8] „Christus selbst" oder „Ich selbst", das ist die Alternative! Kann ein Christ da wählen, kann er da wählen wollen?

IV. Ein Stück Dialog

Luthers Schrift ist ja selbst Dialog; er antwortet Stück um Stück auf die Schrift des Erasmus. Vielleicht ist es hilfreich, wenn wir nun versuchen, in einen Dialog mit dem Reformator einzutreten. Wir stellen ihm unsere Fragen, bringen Einwände und Bedenken vor und lassen ihn entweder wörtlich oder sinngemäß antworten. (Dabei ist freilich zu bedenken, daß der Referent als Interpret des Reformators auftritt und nur versuchen kann, dessen Gedanken sachgemäß auszuziehen.)

1. Unfreier Wille und die Imperative in der Bibel

Frage: Gibt es nicht im AT wie im NT viele Imperative, viele Befehls- oder Bedingungssätze („Tue das, dann wirst du leben", bzw. „Wenn du das tust, so lebst du!")? Nun scheint mir ein Befehl doch nur dann sinnvoll, wenn der Angeredete die Fähigkeit hat, ihn zu befolgen. „Heute schreibst du deine Hausaufgaben ordentlicher", sagt die Mutter, „ich weiß ja, daß du schöner schreiben kannst." Die Logik ist doch immer: „Du kannst, *deshalb* sollst du!" „Du sollst, *denn* du kannst!"

So lehren doch alle Philosophen (etwa Kant), so argumentieren und praktizieren alle Pädagogen, so denkt doch jeder vernünftige Mensch. Das Gegenteil wäre ja absurd: Nur ein Narr würde einen Tauben ins Konzert einladen, eine Gelähmte um den nächsten Tanz bitten. Wenn also Gott sagt „Du *sollst!*", muß er doch das *Können* voraussetzen. Wie paßt das zum „unfreien Willen"?

Antwort: So – auf der Ebene menschlicher Vernunft – hat auch Erasmus argumentiert; theologisch aber hat er dabei alles durcheinander geworfen. Wir reden ja hier von *Gottes* Wort, und da muß man unterscheiden zwischen dem richtenden Gesetz und dem rettenden Evangelium.

Beide können im Indikativ reden, in Aussagesätzen, in Feststellungen. „Du bist der Mann!", so das Gesetz; „Dir sind deine Sünden vergeben", so das Evangelium. Beide können aber auch den Imperativ, die Befehlsform benutzen.

Hier geht es um den *Imperativ des Gesetzes.* Was ist sein Ziel? Es will dem verblendeten, dem von Satan besessenen, dem in der Illusion seiner Freiheit gefangenen Menschen die Augen öffnen. Gerade mit der Aufforderung „Tu das!" soll dem vermeintlichen Alleskönner der Star gestochen werden. „Tu's doch! Pack's an! Reiß dich zusammen!", so appelliert das Gesetz, um den Träumer wachzurütteln, den Trunkenen endlich zu ernüchtern: „Ich kann's nicht! Weh mir, ich bin verloren! Ich armer, elender, sündiger Mensch, wer wird mich erretten?" *Das Gesetz setzt scheinbar den „freien Willen" voraus, aber gerade um ihn ad absurdum zu führen.* Und das nicht theoretisch und abstrakt, sondern tief durch die existentielle Erfahrung des Scheiterns hindurch. Ja, das Gesetz schneidet noch tiefer: „Ich schaffe es nicht, mir fehlt das Vermögen!“, das ist die erste Einsicht, es geht um das *Nicht-Können*. Aber dann weiter: „In Wahrheit will ich es auch gar nicht; mich selbst will und suche ich mit ganzer Leidenschaft, nicht Gott und seine Ehre.“ Hinter dem Nicht-Können wird das abgrundtiefe *Nicht-Wollen,* ja das *Nicht-Wollen-Können* sichtbar (Der Mensch kann nicht wollen, daß Gott GOTT sei!).

Dahinter aber wird der Urgrund des Elends aufgedeckt: das falsche, das pervertierte *Sein,* das „Ich bin Fleisch und ganz verderbt“ (J. Klepper). So knüpft das Gesetz an die Illusion des „freien Willens“ an, gerade um die heilsame, die notwendige „Ent-Täuschung“ zu vollziehen. Das ist der Sinn dieser Imperative: Der „kernfaule“ Mensch soll „christusreif“ werden.

> „Daher, um die Menschen an sich zu fesseln, liegt dem Satan daran, daß sie ihr Elend nicht erkennen, sondern annehmen, sie könnten alles leisten, was man sagt. Mose will jedoch und dem Gesetzgeber liegt im Gegenteil daran, dem Menschen durch das Gesetz sein Elend zu enthüllen, ihn in Erkenntnis seiner selbst, zerknirscht und außer Fassung, zur Gnade vorzubereiten und zu Christus zu bringen, damit er so gerettet werde“ (LD 238/Mü 100).

2. Unfreier Wille und missionarische Verkündigung

Frage: Du betonst so stark: Was den „höheren Bereich“ (die *superiora*) angeht, da liegt nicht das Geringste in unserer Macht. Da liegt nichts „an jemandes Wollen oder Laufen“, sondern alles allein an Gottes Erbarmen. Alles kommt da auf Gottes Geist an, und der wirkt, „wo und wann es Gott gefällt“ (*„ubi et quando visum est Deo“*, CA, Art. 5). Ist dann nicht alle Wortverkündigung, alle Mission und Evangelisation, alles Ermuntern zum Bibellesen, alles Einladen zu Predigt und Bibelstunde schlicht Unsinn? Gilt es dann nicht,

die Augen zu schließen und auf den wunderbaren Gnadeneinbruch senkrecht von oben zu warten? Und wird dieses Hoffen und Harren nicht ein sinnloses „Warten auf Godot“ oder den „Sankt-Nimmerleins-Tag“?
Antwort: Mein jahrelanges Bemühen um die Bibelübersetzung, meine jahrzehntelange Predigttätigkeit beweisen doch schon, daß ich so gerade nicht denke. In der Tat: Es liegt alles an Gottes Gnade, alles ausschließlich an seinem Heiligen Geist. Aber wie wirkt dieser „Schöpfer Geist“? Sicher, er „weht, wo er will“ (Joh 3,8). Aber wo will er wehen? Das ist doch das Wunder: Gottes Geist hat sich an das *Bibelwort* gebunden, an das schlichte Zeugnis von Jesus Christus. Durch dieses Evangelium will er uns durch die Ohren hindurch ins Herz sprechen, will es unter seinem Blasen und Wehen zur *„viva vox“*, zur lebendigen, neues Leben schaffenden Stimme, werden lassen, zum allmächtigen Schöpferwort, das über das Totenfeld fährt und Auferweckung schafft.

> „So hat es Gott gefallen, daß er nicht ohne das Wort, sondern *durch das Wort uns seinen Geist schenkt.* Freilich er könnte dies auch ohne das Wort tun, aber er will es nicht“ (LD 258).

Was folgt daraus? Gerade wenn die Diagnose „unfreier Wille“ stimmt, wenn der Mensch sich weder befreien will noch kann, ja seine Verlorenheit nicht einmal wahrzunehmen vermag, dann kommt doch alles darauf an, daß dieser „Besessene“ befreit wird, daß er die Stimme des Stärkeren hört, der dem Starken die Beute entreißt. Gerade wenn die Diagnose stimmt, dann muß ernst gemacht werden mit der allein seligmachenden Therapie, mit der Proklamation des göttlichen Wortes, mit der Predigt von Gesetz und Evangelium. *Nicht obwohl es gilt „Unfreier Wille“, ist Predigt, Mission, Evangelisation „dran“, sondern gerade weil es gilt!* Gerade weil ich weiß: „Unfreier Wille“, darum rufe ich: „Land, Land, Land, höre des Herrn Wort!“ Wo die Lehre vom „unfreien Willen“ faule Leute macht, Mission hemmt, Passivität bewirkt, da ist sie völlig mißverstanden. Denn sie ist eben nicht Narkotikum, nicht ein „Quietiv“, das einschläfert, sondern ein Motiv, ist göttlicher Impuls. So spricht der

„unfreie Wille“: „Wir können's ja nicht lassen, daß wir nicht reden sollten von dem, was wir gesehen und gehört haben“ (Apg 4,20). „Wir können's nicht“, das ist es!

3. Unfreier Wille und evangelistischer Ruf zum Glauben

Frage: Ich möchte nachhaken: Wenn du die These des Erasmus „Der Mensch kann sich seinem Heil zuwenden oder sich davon abkehren“ so radikal ablehnst, ist es dann sinnvoll, wenn ein Evangelist ausruft: „Heute ist die Stunde des Heils! Komm jetzt zu Jesus! Erhebe jetzt deine Hand! Komm jetzt nach vorn!“? Steht das nicht alles auf dem ideologischen Fundament des Erasmus und muß mit ihm verneint werden?

Antwort: Über die Stilfragen der Evangelisation will ich mich nicht äußern (eine solche Art der Verkündigung gab es zu meiner Zeit nicht), zur Sachfrage aber will ich gern Stellung nehmen.

Der Satz „Komm heute zu Jesus!“ als solcher besagt noch nichts. Er kann ausgerufen werden unter den Voraussetzungen des Erasmus: Dann ist er ein Appell an das vermeintlich noch vorhandene „gute Fünklein“, dann lebt er von der Illusion, der Mensch könne und wolle von sich aus das Heil ergreifen. Man mag damit Menschen in psychische Erregung versetzen, sie gruppendynamisch aufputschen, aber das ist „Fleisch“, sind Zuckungen des alten Menschen, dem der Satan auch die „religiöse Masche“ erlaubt, als Opium, versteht sich!

Der Satz „Komm zu Jesus!“ kann aber auch auf dem Hintergrund der Erkenntnis vom „unfreien Willen“ des Menschen ausgesprochen werden; dann ist er ein *Imperativ des Evangeliums.* Weil der Schöpfer-Geist wirkt, ist das gepredigte Wort voller Kraft und Leben. Als Jesus in Grab und Verwesungsgeruch hineinrief: „Lazarus, komm heraus!“, da geschah das nicht in der Hoffnung auf Scheintod, auf einen Rest Lebensenergie, auf noch reanimierbare Zellen. Nein, dieser Ruf war nichts als *Schöpferwort an einen Toten.* Das ist das

Geheimnis des göttlichen Imperativs: Er setzt nicht bei uns die Kraft voraus, sondern trägt sie in sich, bringt sie mit. Er geschieht nicht nach der Melodie: Du sollst, weil du kannst!, sondern nach Gottes Weise: *Du darfst, weil ICH kann!* Nach diesem Modell geschieht „Erweckung“, nämlich als Auferweckung.

Ein Evangelist treibt nicht Leichenfledderei (so warnte Ludwig Hofacker: Zerrt nicht so an den Toten herum!), sondern traut der Verheißung: „Mein Wort soll nicht leer zurückkommen.“ Diese göttliche Zusage steht über dem Jetzt, dem Heute, gilt für diese Stunde (das Evangelium sagt immer: Heute!, vgl. das „Heute“ im Lukasevangelium). Recht verstanden ist also der Ruf: „Komm heute zu Jesus!“ nichts anderes als ein „Lazarus, komm heraus!“ (wobei ein rechter Verkündiger stets weiß, daß nicht er, sondern Gottes Geist allein für den Einzelnen die „Stunde“ setzt!).

Wieder gilt die Regel: Gerade *weil* wir vom „unfreien Willen“ wissen, wagen wir im Namen Jesu den schöpferischen Imperativ des Evangeliums. *Rechte Evangelisation und die Lehre vom „unfreien Willen“ bedingen einander und bleiben aneinander gesund* (resignierende Passivität wie drängerischer Aktivismus werden miteinander gebannt).

4. Unfreier Wille und Bekehrung

Frage: Da sagt einer: „Ich *habe mich* bekehrt“, „Ich bin zum Glauben *gekommen*“. Er sagt nicht: „Der Glaube kam über mich.“ Er fährt fort: *„Ich* glaube“, nicht *„Es* glaubt in mir“. Zeigt das nicht deutlich, daß Menschen ihre Bekehrung als eine Entscheidung erleben, als einen aktiven Schritt in den Glauben, bei dem sie sich mit ihrem Denken, Fühlen, Wollen ganz engagiert erfahren? Wenn die Lehre vom „unfreien Willen“ gilt, müßte dann der Christ seine Bekehrung nicht als eine Art Entrückung erfahren, könnte er nicht lediglich passivisch von „Wiedergeburt“ sprechen?

Antwort: Meine Regel, die ich der Bibel abgelauscht habe, lautet: *Gott wirkt in uns – nicht ohne uns.* Gott behandelt uns nicht wie *„lapis et truncus“*, wie Stein und Baumstumpf, also als Sachen.

Paulus sagt: „Gott schafft beides, das Wollen und das Vollbringen" (Phil 2,13). Kann man den „unfreien Willen" klarer bezeugen? Auch das Wollen ist ganz Gottes Schöpferwerk. Aber dieses Neue, dieses geistliche Wollen schafft Gottes Geist *in uns,* und so wollen wir. Er schafft in uns das Vollbringen, „macht uns Beine", und so kommen wir zum Glauben. Gott, der Heilige Geist, vernichtet das Ich, das Gott, der Vater, schuf, nicht einfach (der 3. Artikel ist nicht der Feind, sondern der Vollender des 1.!). Er erweckt es vom Tode, verwandelt es, schafft es völlig um, so daß der Mensch nun wahrhaft zum ersten Mal wirklich im Sinne Gottes *„Ich"* sagen kann: „Ich glaube, ich liebe, ich hoffe, ich bete." Es ist eben das neue Ich, das hier aktiv wird. Das Zum-Glauben-*Kommen* ist die erste Lebensäußerung des „auferweckten" Menschen; der Ruf „Abba, Vater!" ist der vitale Geburtsschrei der neuen Kreatur. Aber all das („Ich habe mich bekehrt, entschieden ...") steht unter dem Satz des Paulus: *„Ich* lebe, aber nun *nicht ich, Christus* lebt in mir" (Gal 2,20). Gottes Wollen und unser Wollen bilden keine Koalition, ergänzen sich nicht etwa zu 100 Prozent („Mischfinanzierung"); unser Wollen ist vielmehr „dimensional" (K. Heim) umgriffen, durchtränkt, „durchgeistet" von Gottes Wollen: *Gott will so in mir, daß er mich wollen macht!* Deshalb ist es sicher nützlich, die *psychische* Außenseite und die *pneumatische* Innenseite zu unterscheiden: Von außen mag ich den Vorgang als meine Bekehrung, als mein Wollen, Entscheiden, mein Kommen erleben, in der geistlichen Tiefenschicht ist dies alles ganz und gar Gottes Wirken, sein Wunder, sein Geheimnis. Manche Christen bekennen: „Ich mußte durch viel Kampf hindurch"; die zugehörige Innenseite aber sah so aus: Der Starke, der Satan wollte seine Beute nicht hergeben (sein Reittier behalten), aber der Stärkere, der Ostersieger, hat sie ihm triumphierend entrissen. Es ist wahr: *Ich* glaube; nicht ein Es (eine anonyme Macht) glaubt in mir. Aber: Ich glaube, bete, liebe, hoffe, wirke, ich tue Buße und kehre um – dies alles *„en pneumati",* in dem Gottesgeist, der allein lebendig macht. Auch hier bewährt sich die Lehre vom „unfreien Willen" als Schlüsselerkenntnis.

5. Unfreier Wille und christliche Ethik

Frage: Wie ordnet sich nun das Handeln des Christen ein? Besteht nicht die Gefahr, daß die Lehre vom „unfreien Willen" alle Ethik lahmlegt? Kann sie nicht in trostlose und feige Passivität treiben, in eine erbärmliche Kopfhänger-Mentalität: „Ich armer, elender lutherischer Mensch: Ich bin nichts, weiß nichts, hab nichts, kann nichts und tue deshalb auch nichts." Ist das deine Botschaft?

Antwort: Das war schon der Vorwurf des Erasmus! Ihm, dem Humanisten, dem Reformer und Pädagogen ging es um Aktivierung des (so muß ich scharf urteilen!) „alten Menschen". Man muß dem alten Esel gut zureden, ihn notfalls auch durchpeitschen, damit er läuft! Aber mir geht es ja um die „neue Kreatur". Auch da bin ich oft mißverstanden worden im Sinne eines traurigen „Quietismus", einer lahmen und lähmenden Passivität.[9] Aber ich habe zwei Sätze gesagt, und auf dem zweiten liegt jetzt der Ton:

> 1. „So der Glaube nicht ohne Werke ist, und seien es auch die geringsten, macht er nicht gerecht, ja, ist er nicht Glaube."
> 2. „Es ist unmöglich, daß der Glaube sei ohne unablässige, viele und große Werke."[10]

Hier geht es um den Imperativ des Evangeliums (etwa Röm 12,1f), der zum fröhlichen Gottesdienst ruft. An die „neue Kreatur" ist er adressiert: Gott schenkt ihr ein neues Wesen, damit ein neues Wollen, damit ein neues Wirken. Jetzt wächst die Frucht des Glaubens! Das von Gott „Gerittenwerden" ist *„königliche Freiheit"* (Mü 46/LD 196).

> „Wenn Gott in uns wirkt, will und handelt ... der durch den Geist Gottes gewandelte und freundlich eingeblasene Wille ... aus reiner Lust und Neigung ... Er fährt fort das Gute zu wollen, gern zu haben und zu lieben, so wie er vorher das Böse wollte, gern hatte und liebte" (LD 195/Mü 46).

Es ist also nichts „Lutherisches", will sagen Biblisches, Evangelisches an dem jämmerlichen „Ich kann, bin, hab nichts" im Munde des Christen. Freilich, aus sich selbst vermag er nichts. Aber er ist ja „in Christus", und der ist der

Auferstandene; er ist „im Geist“, und der ist der Neuschöpfer. Gott will uns als seine *Mitarbeiter* (2Kor 1,24; 6,1f; 1Kor 3,9; Kol 4,11), als „Gehilfen der Freude“. Jetzt wirkt Gott in uns und durch uns; dabei werden wir nicht „ausgeschaltet“, sondern als seine Kinder ganz „eingeschaltet“, ganz beteiligt, ganz engagiert. Jetzt ist der neue Gehorsam möglich und wirklich: Was bei unserer Errettung streng ausgeschlossen war – nämlich jedes Mitwirken, alle Kooperation – das geschieht jetzt: Wir werden Gottes *„Cooperatores“*. Und er hat gewaltige Aufgaben für uns!

> „Aber er wirkt nicht ohne uns, die er ja gerade dazu neugeschaffen hat und erhält, daß er in uns wirke und wir mit ihm zusammenwirken. So predigt er durch uns, erbarmt sich der Armen durch uns, tröstet die Betrübten durch uns“ (LD 298f/Mü 200).

Ja, ich sage es noch kühner: „Wir sind wechselseitig einer dem andern *ein Christus,* wie Christus uns getan hat“ (vgl. Mü II, S. 415: *„invicem sumus alter alterius Christus ...“).*
„Ich vermag alles“, sagt der Apostel und präzisiert sofort, „durch den, der mich mächtig macht, Christus“ (Phil 4,13). So löst sich das Rätsel: *Nichts* können wir aus uns selbst (das an die Adresse aller Erasmusleute!). *Alles* können wir in der Kraft Christi (das den falschen Kümmerchristen ins Stammbuch!).

> „So würde es auf einmal wahr werden, daß wir nichts von dem vermöchten, was vorgeschrieben wird, und zugleich alles vermöchten, indem wir jenes unseren eigenen Kräften, dieses der Gnade Gottes zuschrieben“ (Mü 117).

Dieses neue Tun, das aus dem neuen Sein entspringt (wie die Frucht dem Weinstock), hat ein neues Motiv: Gott allein die Ehre!

> „Die Kinder Gottes aber tun das Gute mit einem uneigennützigen Willen, fragen nach keinem Lohn, sondern allein nach der Ehre und dem Willen Gottes, bereit, das Gute zu tun, selbst wenn es, was unmöglich ist, weder ein Reich Gottes noch eine Hölle gäbe“ (Mü 120/LD 256).

6. Unfreier Wille und befreiter Wille

Frage: Sollte man dann nicht begrifflich unterscheiden: *„Vom unfreien Willen“,* das ist eine Aussage über den von Sünde, Tod und Teufel besessenen Menschen, über den Menschen ohne Christus. Aber: *„Vom befreiten Willen“,* das ist die passende Überschrift für ein Christenleben. Dann würde deutlich: Der „befreite Wille“ tritt an die Stelle des „unfreien Willens“: *„De liberato arbitrio“* statt *„De servo arbitrio“!?*

Antwort: Das ist in bestimmter Hinsicht gewiß richtig: Gott befreit den Willen. So habe ich ja auch die „ganze Summa eines christlichen Lebens“ unter die Überschrift zu stellen: „Von der Freiheit eines Christenmenschen“ (1520). Und doch möchte ich daran festhalten, daß *„De servo arbitrio“,* „Vom unfreien Willen“, als Überschrift über dem alten wie dem neuen Leben steht. Freilich in ganz unterschiedlichem Sinn. Paulus sagt: „Da ihr nun frei geworden seid von der Sünde, seid ihr *Knechte* (Sklaven) geworden der Gerechtigkeit“ (Röm 6,18). Oder: „Wir *dienen* (jetzt) im neuen Wesen des Geistes und nicht (mehr) im alten Wesen des Buchstabens“ (Röm 7,6). Wir sind befreit von dem alten Schinder, dem „Mörder und Lügner von Anfang“, dem Satan. Aber wir haben nun einen *neuen Herrn,* der uns „teuer erkauft hat“. Wir sind nicht „unser eigen“ (1Kor 6,19 f), sondern gehören mit Leib und Seele Jesus Christus. Weil dies gilt: *„Domini sumus“,* Herren sind wir, gerade weil wir des Herrn sind; weil es wahr ist: Christenstand heißt „neuer Gehorsam“; weil die „Freiheit eines Christenmenschen“ oft mißbraucht wurde zu libertinistischer Autonomie; vor allem aber, weil „freier Wille“ zutiefst allein ein Ehrentitel Gottes ist, darum bleibe ich dabei: Auch über dem neuen, dem Christenleben steht – freilich in leuchtenden Buchstaben – *„De servo arbitrio“*[11]. Das ist – wie der Heidelberger Katechismus sagt – „mein einziger Trost, daß ich mit Leib und Seele im Leben und im Sterben nicht mir, sondern meinem getreuen Heiland Jesus Christus gehöre“, *sein* eigen und nicht mein eigen bin.

V. Unfreier Wille und Erwählung (Prädestination)

Hier meldet sich die tiefste Frage: Wenn es mit den *„Superiora"* so bestellt ist, wenn es da schlechterdings nicht an unserem Laufen und Wollen liegt, wenn wir keine Sekunde unseres Lebens dem ungebundenen Fohlen gleichen, sondern stets „Gerittene" sind, die sich den Reiter nicht wählen können, wenn wir in keiner Situation wie Herkules am Scheideweg stehen, wenn wir uns als „natürliche Menschen" immer schon und ausnahmslos als „Besessene" im Machtbereich des Satans befinden, wenn wir uns also nie so selbst zur Verfügung stehen, daß wir uns dem Heil „zuwenden" können, wenn von unserem „freien Willen" lediglich zu sagen ist: er „haßte Gott's Gericht, er war zum Gut'n erstorben", wenn er nur eines wollen kann – und dies mit Leidenschaft –, daß Gott nicht GOTT sei, und wenn all dies keineswegs durch Zwang von außen *(coactio)*, sondern kraft der tief inneren Versklavung an unser gottwidriges Sein *(immutabilitas)* so geschieht, *dann liegt doch alles ausschließlich an Gottes freier Gnade*. Aber wenn man das *„sola gratia"* so radikal versteht, muß man dann nicht Gott fragen: Warum bewirkst Du bei dem einen den Glauben und beläßt den anderen in seinem Unglauben? Ist es dann nicht am Ende Deine Schuld, wenn einer verlorengeht?

1. Die Vernunft gehört unters Kreuz!

Der alte Drang der Vernunft, Maß aller Dinge zu sein, erhebt auch in unserem Theologisieren das Haupt. Gott soll sich selbst und sein Tun an unseren Normen ausweisen, soll sich vor unserem Forum rechtfertigen. Die Vernunft weiß, was gerecht ist, und Gott hat sich, will er sich nicht selbst disqualifizieren, nach diesem Kriterium zu richten.

„Die menschliche Vernunft wird aufgebracht, welche, obwohl sie in allen Worten und Werken Gottes blind,

> taub, töricht, gottlos und gotteslästerlich ist, an dieser Stelle als *Richterin* über die Worte und Werke Gottes herangezogen wird“ (LD 273/Mü 138).
>
> „Einer so großen Ehre hält das Fleisch Gott nicht für würdig, daß es glaubt, er sei gerecht und gut, wenn er über das hinaus etwas sagt und tut, was der Codex des Justinian oder das fünfte Buch der Ethik des Aristoteles bestimmt hat“ (Mü 167).

Der „gesunde Menschenverstand“ (Mü 153) will Gott messen; wenn das nicht vermessen ist! Gerät die Vernunft ins Theologisieren, wird sie „fromm“, so will sie (statt Gott anzugreifen) Gott *verteidigen,* gebärdet sich als sein Advokat: Nein, sagt sie, nicht Gott ist schuld; nicht an ihm liegt's, sondern am Menschen. Herr X hätte glauben sollen, aber er hat eben „nicht das Seine getan“. So unternimmt es die Vernunft, „Gott zu entschuldigen und den freien Willen zu beschuldigen“ (LD 271/Mü 135). Sie will Gottes Handeln einsichtig und plausibel machen. Wem? Sich selbst, der Vernunft! Sie will nachweisen, wie „vernünftig“, „human“, „gerecht“ Gott doch handelt, will ihn nicht nur freisprechen, sondern ihm ein „Verdienstkreuz“ verleihen. Dabei merkt die verblendete Vernunft nicht, daß eine Verteidigung Gottes nicht weniger überheblich, ja gotteslästerlich ist wie ein Angriff auf seine Ehre!

> „Dahin kommt es, wenn wir mit menschlicher Vernunft Gott messen und rechtfertigen wollen, wenn wir die Geheimnisse der Majestät nicht ehrfürchtig verehren, sondern forschend in sie eindringen, daß wir, von Scheinruhm erdrückt, statt einer Entschuldigung *tausend Gotteslästerungen* von uns geben“ (LD 272f/Mü 137).

Freilich meint sie's gut, die Vernunft. Aber mit wem? Mit sich selbst! Sie merkt in ihrer Verblendung nicht, daß es ihr nur scheinbar um Gott geht, in Wahrheit aber um ihre Selbstbehauptung, um ihr eigenes Überleben. Denn das gäbe der Vernunft den Todesstoß, wenn sie vor der Souveränität Gottes ihre Waffen strecken müßte, gerade auch ihre scheinfrommen Verteidigungswaffen! Wenn sie sich so beugen müßte, daß sie alle ihre Normen und Ansprüche aus der

Hand legte und Gott wahrhaft GOTT sein ließe: Herr Gott, was „gerecht“, was „gut“ ist, das weißt und bestimmst Du allein. Was Du tust, das ist heilig, gerecht und gut! Nicht weil ich es einsehen könnte, weil es mir plausibel wäre, sondern weil Du GOTT bist („Glaube und Geist urteilen …, daß Gott gut sei, und wenn er auch alle Menschen verdürbe“, LD 274/Mü 132).
Gerade bei der Erwählungsfrage geht es um die entscheidende Probe: Wollen wir Recht bekommen in und bei Gott? Oder soll Gott endlich bei uns zu seinem Recht kommen? Können wir uns ganz Gott ausliefern, uns Gott ganz anheimgeben – auf Gedeih und Verderb? Wenn Gnade wirklich *Gnade* ist, dann ist sie völlig frei und souverän, kann weder ergründet noch auf irgendeine Weise gefordert werden. Einen *Anspruch* auf Gnade kann es nicht geben, das wäre reiner Widersinn! Ist Gnade reines, unvorhersehbares, ja undenkbares Wunder, dann kann es ihr gegenüber weder moralische („Verdienst“) noch intellektuelle („Vernünftigkeit“) Forderungen geben. Gerade an der Erwählungsfrage kommt's heraus, ob die Vernunft sich unter das Kreuz Christi beugt, ihr Todesurteil (Kreuz) auf sich nimmt, bedingungslos kapituliert und spricht: „Wir können's (wollen's) nicht ergründen, wir können (wollen) nur vertraun.“ Da ist die Wiedergeburt geschehn: Da ist die Vernunft vom „Baum der Erkenntnis“ hin zum Kreuzesstamm geführt worden. Da gehen ihr die Augen neu auf: „Es ist nicht unsere Aufgabe, das (die Geheimnisse der göttlichen Majestät) wissen zu wollen, sondern vielmehr, diese Geheimnisse *anzubeten*“ (LD 280). Glauben heißt für Luther *„Deum justificare“*, Gott recht geben, nur ihm, ihm ganz und gar.[12]

2. Die Erwählungsanfechtung ist heilsam

Luther selbst hat die Frage tief ins Herz getroffen: Was wäre, wenn Gott mich nicht erwählt, sondern verworfen, mir nicht das ewige Heil, sondern die Verdammnis bestimmt hätte? Gewiß, ich empfinge dann nur, was ich verdient habe, und könnte keineswegs über Gottes Härte oder gar Ungerechtigkeit klagen. Und doch:

> „Ich selbst bin mehr als einmal bis zum Abgrund und zur Hölle der Verzweiflung erschüttert gewesen, so daß ich sogar wünschte, ich wäre nie als Mensch geschaffen worden, ehe denn ich wußte, wie heilsam eine solche Verzweiflung ist und wie nahe der Gnade" (LD 288/Mü 153).

Heilsam ist diese „Hölle", weil hier aller Heilsegoismus ausgeschmolzen wird, weil hier nur eines bleibt: „Dein Wille geschehe!"

Ludwig Feuerbachs These lautete, alle *Religion* sei ein egoistisches, ein gerade nicht theozentrisches, sondern *anthropozentrisches* Unternehmen: der Mensch suche sich seine Sehnsüchte (etwa das Verlangen nach einem Leben nach dem Tod) auf dem raffinierten Umweg über die „Gottesprojektion" zu erfüllen. Wohl diene er „Gott", bete, opfere, aber nur, damit dieser „Gott" ihm zu Willen sei. So sei der Mensch mit seinem Begehren, mit seinem Eudämonismus, Anfang, Mitte und Ende aller Frömmigkeit. „Gott" sage man, aber man meine sich selbst! Das ist im philosophischen Gewand die alte Frage des Satans: „Meinst du, daß Hiob *umsonst* (d.h. ohne egoistische Berechnung) Gott fürchtet? (Hiob 1,9), daß er wirklich Gott meint, wahrhaft Gott GOTT sein läßt?"

In der Erwählungsanfechtung stellt sich diese Frage in letzter Schärfe; genauer: Gott selbst stellt sie uns! Luther hat sich in seiner Römerbriefvorlesung (1515/16) dazu geäußert: Er spricht von Menschen, die Gott lieben „mit der Liebe sündlicher Begier", nämlich „um ihres Heiles und um der ewigen Ruhe willen oder um der Hölle zu entgehen, d.h. nicht um Gottes, sondern um ihrer selbst willen" (Mü E II, Römer, S. 301). Ganz anders ist es bei Menschen, die Gott mit jener wahren Liebe zugetan sind, „die nicht von Hause da ist, sondern allein vom Heiligen Geist kommt".

> „Solche schicken sich freiwillig in jeglichen Willen Gottes, auch in die Hölle und den ewigen Tod, wenn es Gott so will, daß sein Wille völlig geschehe; so sehr suchen sie nichts von dem, was das Ihre ist" (ebenda 301).

Wer aber so mit Gott und seinem Willen eins wird, der kann nur dort ewig sein, wo Gott ist: „Denn es ist unmöglich, daß außerhalb von Gott bleibt, wer sich dem Willen Gottes so völlig hingibt" (eb. 302). Die Stimme des „Fleisches" schreit beständig: „Mein, mein!" „Räume dies ‚Mein' hinweg und sag dafür: Ehre sei Dir, Herr! und du wirst selig sein" (eb. 294). So stirbt die *„concupiscentia spiritualis"* (die geistliche Begehrlichkeit), und Gott bekommt wahrhaft recht. So, nur so, ist Feuerbachs Theorie wahrhaft zu überwinden.[13]

3. Von Gottes Verborgenheit und seinem Sich-Offenbaren

Offenbarung Gottes ist in keiner Weise selbstverständlich, ist reines unableitbares (kontingentes) Wunder. Was keine Vernunft fordern, erwarten oder auch nur verstehen kann, Gott hat's getan. Er tritt aus sich heraus, bricht sein Schweigen, zeigt uns sein „Herz". Er kommt zu uns, so daß wir zu ihm kommen können.

Gott „in seinem Wesen und in seiner Majestät" *(in sua natura et majestate,* Cl 177/LD 247/Mü 108) ist uns schlechterdings unzugänglich: Er ist „wie ein verzehrend Feuer" und „wohnt in einem Licht, da niemand zukommen kann". Sein Anblick wäre unbedingt tödlich. Wie gut, daß Gott sich da vor uns verbirgt!

Aber Gott schafft einen Platz, wo er uns zugänglich wird (wie im Alten Bund das „Zelt der Begegnung"). Er, der uns in seiner *„nuda majestas"* (seiner unverhüllten Herrlichkeit) unerträglich wäre, er *verhüllt* sich gnädig für uns, wird der *„Deus indutus",* der Gott, der sich uns in gnädiger „Verhüllung", in Knechtsgestalt zeigt. Wo? Ausschließlich in Jesus Christus und in dem süßen Evangelium: da, nur da will er sich von uns finden lassen.

So unterscheidet Luther den *„Deus absconditus"* (Cl 178), den Gott, der sich – uns unzugänglich – verborgen hat, und den *„Deus revelatus",* den Gott, der sich uns offenbart, aber eben so: „In unser armes Fleisch und Blut *verkleidet* sich das ewge Gut." Was den Gott in seiner „nackten Majestät" angeht, so gilt hier die strikte Regel: *„Was über uns ist, geht uns nichts an"* (LD 247/Mü 108 *„Quae supra nos, nihil ad nos"*, Cl 177). Hier stehen alle Ampeln auf rot! Wehe jedem, der hinter die Offenbarung Gottes greifen, der Gott abgesehen von Jesus Christus, jenseits von Wort und Sakrament haben will! In Natur und Geschichte spüren wir wohl etwas vom heißen Atem Gottes, aber sein Herz sehen wir da nicht. Erst recht vergreift sich, wer in die Geheimnisse Gottes – und dazu gehört für Luther die Prädestinationsfrage! – wahnwitzig einbrechen will!

Schau auf Jesus! Da heißt Gottes lockende Stimme: „Kommt her zu mir alle!" Da schauen wir Gottes gnädiges Vatergesicht und dürfen „Abba" rufen.

„Was über uns ist, geht uns nichts an!" Immer wieder schärft Luther ein: Hier ist Anbetung gefragt, nicht vermessenes Erforschen-Wollen. Wir bekommen Gott nicht in unseren Griff. Der Vater bleibt „der ganz andere" (Barth). „Nun dürfen wir nur das Wort betrachten, jenen unerforschlichen Willen müssen wir stehen lassen" (LD 248/Mü 108 f). Es hängt unser Heil daran, daß wir hier Gottes Kinder bleiben, uns nicht als seine „Geheimräte" aufspielen. „Was über uns ist, geht uns nichts an." Hier ist *aller Theologie die absolute Grenze gezogen.* Hier muß ein deutliches *Nein* gesprochen werden zu der Spekulation Calvins von der *„doppelten Prädestination"* von Ewigkeit her (davon wissen wir nichts!) ebenso wie zu der Spekulation von einer *„Wiederbringung aller Dinge"*, einer „Allversöhnung" (davon wissen wir ebensowenig!). Jede derartige Spekulation ist nicht eine besondere, exklusive Tiefenschau, sondern schlicht „Vermessenheit".[14]

Großartig faßt Iwand zusammen: „Der Glanz und der Schrecken des ‚Deus ipse' (Gott selbst), der uns unzugänglich ist", treibt uns immer wieder zurück „dem Deus praedicatus (dem gepredigten Gott) in die Arme" (Mü 293). *Gottes „Verborgenheit gibt der Offenbarung ihre göttliche Souveränität, seine Offenbarung aber nimmt seiner Verborgenheit den Schrecken"* (Mü 294).

4. Erwählung in Jesu Wunden und Wort

Aber bleibt nicht die Frage: Wenn bei allen die Ausgangsposition dieselbe ist, nämlich: „Für alle Menschen ist der gleich definierte ‚freie Wille' angenommen worden: daß er nichts Gutes wollen könne" (LD 272), wenn das ausnahmslos für jeden gilt: Er kann nicht wollen, daß Gott GOTT sei, „warum ändert er (Gott) nicht auf einmal die bösen Willen?" (LD 280/Mü 145). Es liegt doch in Seiner Macht, einzig da! Luthers Antwort lautet immer neu:

> „Das gehört zu den Geheimnissen der göttlichen Majestät, in der seine Entscheidungen unbegreiflich sind. Und es ist nicht unsere Aufgabe, das wissen zu wollen, sondern vielmehr, diese Geheimnisse anzubeten. Wenn Fleisch und Blut hier Anstoß nimmt und murrt, so mag es ruhig murren, Gott wird sich deswegen nicht wandeln" (LD 280/Mü 145).

Aber neben dieser deutlichen Abfuhr, die Paulus ebenso scharf erteilt hat („Ja, lieber Mensch, wer bist du denn, daß du mit Gott rechten willst", Röm 9,20)[15], neben diesem Verweis steht immer wieder die Einladung: Schau auf Jesus! Sobald du den Lichtkegel der Offenbarung verläßt, stehst du vor undurchdringlichem Dunkel. Sobald du von Christus wegblickst auf Gottes Verborgenheit, versinkst du wie Petrus in der Flut!

So redet Luther seelsorgerlich mit Frau Barbara Lisskirchen, die „mit der Anfechtung von der ewigen Vorsehung hoch bekümmert" ist (Brief vom 30.4.1531/LD X Briefe, S. 226-228):

> „Unter allen Geboten Gottes ist das höchste, daß wir seinen lieben Sohn, unsern Herrn Jesus Christus, uns vor Augen stellen sollen, der soll unsers Herzens täglicher ... Spiegel sein, darin wir sehen, wie lieb uns Gott hat ... daß er auch seinen lieben Sohn für uns gegeben hat. *Hier, hier, sage ich, lernt man die rechte Kunst von der Versöhnung und sonst nirgends*. Da wird sichs finden, daß Ihr an Christus glaubet. Glaubt Ihr, so seid Ihr berufen, seid Ihr berufen, so seid Ihr auch gewißlich (zum Heil) vorherbestimmt ... Unser Herr Jesus Christus zeige

Euch seine Füße und Hände (vgl. Joh 20,27) und grüße Euch freundlich im Herzen, auf daß Ihr ihn allein ansehet und höret, bis daß Ihr fröhlich in Ihm werdet, Amen."
Das gilt: „In Christus ist der unbegreifliche, schreckliche, allmächtige, majestätische Gott mir gnädig."[16]
Es bleibt dabei: Unsere Erfahrung zeigt, daß der eine „zum Glauben kommt", der andere ihn ablehnt (wobei diese Erfahrung keine letzte Aussage sein kann, denn wir sehen nur, was vor Augen ist). Diese Erfahrung können wir nicht mit Erasmus auf den „freien Willen" des Menschen zurückführen, sondern auf das für uns undurchschaubare Handeln Gottes. So bleibt jede Bekehrung ein reines Gotteswunder und Geheimnis. Wer glaubt, kann nicht selbstgerecht auf den, der (vielleicht: noch) nicht glaubt, hinabsehen, denn: Was hast du, das du nicht empfangen hast, und zwar *sola gratia?* So sagt Iwand mit Recht: „Vom *Menschen* her den Unterschied zwischen ‚gläubig' und ‚ungläubig' begründen, führt zum Richten und macht *hoffärtig;* aber von *Gott* her den Unterschied in seiner Unbegreiflichkeit stehen lassen, *führt zum Erbarmen und macht demütig"* (Mü 300). Man darf hinzufügen: Es macht auch hoffnungsvoll, läßt niemanden aufgeben. Denn: Wenn Gott mit mir, der ich nichts als ein Feind Gottes war, „fertig wurde", wie sollte er es mit irgendeinem andern nicht schaffen?

5. Ausblick auf die Endvollendung

Unserem bangen Fragen gibt Luther noch einen weiteren Hinweis. Er heißt uns vertrauensvoll ausschauen nach der endgültigen, der eschatologischen Volloffenbarung Gottes am Jüngsten Tag. Dabei greift er auf die „verbreitete und gute Unterscheidung" von den *drei Lichtern* zurück (LD 331/Mü 246). Es gibt drei Weisen, wie Gott Licht in unsere Dunkelheiten bringt, uns erleuchtet.
Da ist zuerst das *„Licht der Natur" (lumen naturae,* Cl 291), das in dem inferioren Bereich durchaus seine Kompetenz hat. Einem Menschen, der vor dem Rätsel von Blitz und

Donner erzittert oder das „Wunder" eines vorbeirasenden Schnellzuges zum ersten Male erlebt, kann durch das „Licht der Natur", d.h. durch rationale physikalische „Aufklärung", zureichend geholfen werden.

Wer aber etwa vor dem abgründigen Geheimnis der Theodizeefrage erbebt, vor dem Glück der Gottlosen, dem Leid der Frommen, dem offensichtlichen Triumph der Ungerechtigkeit in der Welt, der muß mit dem „Licht der Vernunft" (= Natur) scheitern:

> „Sieh, Gott regiert diese körperliche Welt in den äußeren Dingen so, daß Du, wenn Du auf das Urteil der menschlichen Vernunft schaust und ihm folgst, gezwungen bist zu sagen, entweder: es gibt keinen Gott oder: Gott ist ungerecht" (LD 329/Mü 245).

Hier ist das „Licht der Natur" eitel Finsternis. Aber nun geht das *„Licht der Gnade" (lumen gratiae)* freundlich auf, es macht uns den gekreuzigten und auferstandenen Christus hell, es führt uns ins Wort, läßt uns hören und glauben: „Denen, die Gott lieben, müssen alle Dinge zum Besten dienen" (Röm 8,26). Das ist keineswegs eine rationale Erklärung: Wir durchschauen das Dunkel der Theodizeefrage nicht, aber wir vermögen es im Licht der göttlichen Verheißung zu „durchglauben".

In der *Frage der Erwählung* läßt uns auch das biblische Wort vor einem letzten Geheimnis stehen; alles Verstehen-Wollen muß hier „abdanken" und dem Anbeten Platz machen.[17] Hier gibt es weder eine logische noch eine theologische Erklärung. Hier gilt es wartend, hoffend, betend stille zu stehen – bis das *„Licht der Herrlichkeit" (lumen gloriae)* alles überstrahlen wird. Luther vollzieht hier einen Analogieschluß (bzw. er folgert vom Kleineren aufs Größere):

> „Was meinst Du, wird geschehen, wenn das Licht des Wortes und des Glaubens aufhören und die Sache selbst und die göttliche Majestät durch sich selbst offenbart werden wird? Oder meinst Du nicht, daß dann das Licht der Herrlichkeit eine (jede) Frage auf das leichteste lösen kann, die im Licht des Wortes oder der Gnade unlösbar ist, da das Licht der Gnade eine Frage so leicht gelöst hat, die im Licht der Natur unlösbar war? ... Das

Licht der Herrlichkeit ... wird alsdann zeigen, daß Gott, dessen Gericht bisher eine unbegreifliche Gerechtigkeit innewohnt, die *gerechteste und offenkundigste Gerechtigkeit* zugehört" (LD 330 f/Mü 246).

Schlußbemerkung

Macht und Seligkeit des unfreien Willens

Luther hat nicht nur den „unfreien Willen" gelehrt, sein ganzes Leben ist eine einzige Demonstration dieser Lehre, sein ganzes Wirken steht unter der Überschrift *„De servo arbitrio"*. Was er von allen Christen sagt „Sie werden nicht durch den freien Willen, sondern durch Gottes Geist getrieben" (LD 264/Mü 126), das bestimmt alle Stationen seiner Biographie: Nicht sein Wünschen und Begehren trieb ihn ins Kloster: die Hand des Herrn lag schwer auf ihm! Nicht er drängte sich zur Doktorwürde und ins Lehramt: „In einem Dusel" wurde er dorthin gezogen.[18] Gegen seinen Willen und gegen den Rat der Freunde ist er „wie ein geblendetes Pferd" gegen Tetzel vorgegangen und hat die 95 Thesen verfaßt. In Worms konnte er nicht widerrufen, weil sein Gewissen „gefangen" war „in Gottes Wort". Was Paulus bezeugt, prägte auch sein Wirken: „Ein Zwang *(ananke)* liegt auf mir; wehe mir, wenn ich nicht das Evangelium predigte" (1 Kor 9,16). Luther war gewiß: „Meine Lehre ist nicht mein", darum wollte er auch keine „Lutheraner", sondern einzig Christen.[19] Gerade so aber wurde er das auserwählte Rüstzeug Gottes. *Die Reformation lebt, weil sie eben nicht Luthers Werk war:*

> „Hier gibt man sich ... in Gott gefangen, begnügt man sich mit der Rolle, sein Werkzeug zu sein, das dem Herrn jederzeit und auf jedes Risiko zur Verfügung steht. Hier verzichtet man auf Verantwortung und Strategie ... Bei alledem erweist es sich dann, daß Gott den von ihm in Beschlag Genommenen in die ange-

stammte Seinsbestimmung des Menschen zurückbringt: Gottes machtvoller Mandatar auf Erden zu sein. Jener kleine Mönch bringt Papst und Kaiser in Verlegenheit."[20]

„Domini sumus": Weil wir des Herrn sind, darum sind wir Herren!

Wenn man deshalb Luther den freien Willen anböte, würde er ihn entsetzt zurückweisen, denn nicht nur alle *Vollmacht zum Dienst* liegt in jenem seligen „Gerittenwerden", sondern auch alle *Heilsgewißheit:* Ich bin mir selbst und all meiner Unzuverlässigkeit entnommen, bin für Zeit und Ewigkeit in Jesu Händen geborgen. Niemand – auch mein eigner Wille nicht! – kann mich aus diesen Händen reißen!

„Ich bekenne fürwahr in bezug auf mich: Wenn es irgendwie geschehen könnte, möchte ich nicht, daß mir ein freier Wille gegeben werde, oder das etwas in meiner Hand gelassen würde, womit ich nach dem Heil streben könnte ... Denn mein Gewissen würde, wenn ich auch ewig lebte und wirkte, niemals gewiß und sicher, wieviel es tun müßte, damit es Gott genug tue ... *Aber jetzt, da Gott mein Heil aus meinem Willen herausgenommen und in seinen Willen aufgenommen hat,* und nicht durch mein Werk oder Laufen, sondern durch seine Gnade und Barmherzigkeit mich zu erhalten verheißen hat, *bin ich sicher und gewiß (securus et certus),* daß er getreu ist und mir nicht lügen wird, auch mächtig und stark ist, daß keine Teufel, keine Widrigkeiten ihn werden überwältigen oder mich ihm werden entreißen können ... Das ist der Ruhm aller Heiligen in ihrem Gott" (LD 326 f/Mü 243 f, vgl. Cl 288 f).

Viertes Kapitel

Die reformatorische These „Vom unfreien Willen“ und der evangelistische Ruf zum Glauben

Mit einer Erfahrung aus einer mehr als 20jährigen Mitarbeit bei der Ausbildung junger Verkündiger in Landeskirche (Predigerseminar) und freiem Werk (Bibelschule) möchte ich hier beginnen. „Pannen“, ja „Entgleisungen“ drohen gerade an zentralen Knotenpunkten, an „Schlüsselerkenntnissen“ für Glaube und Theologie. Es ist offensichtlich schwierig für die theologische Reflexion und – in eins damit – für die theologische Existenz zu unterscheiden, ob Grunderkenntnisse *polar aufeinander bezogen* sind, sich also in spannungsreichem Miteinander wechselseitig bedingen und nacheinander rufen, oder ob es sich um Aussagen und Positionen handelt, die *Antithesen* darstellen, bei denen eine die andere unbedingt ausschließt. Im ersten Fall geht es gerade um die lebendige Ganzheit in ihrer Weite und Tiefe, auch um die „spannende“ Einheit von Lehre und Leben, die keinesfalls aufgegeben werden kann. Im zweiten Fall handelt es sich um das exklusive Verhältnis von Wahrheit und Lüge, von Christusglaube und Häresie. Falsche Antithesen sind nicht weniger gefährlich als falsche Synthesen. Zur „Kunst“ der Theologie gehört das Verbinden nicht weniger als das Scheiden.
Ich will drei Beispiele nennen, bei denen es um ein *polares Miteinander* geht, wo alles Auseinanderreißen und Gegeneinanderstellen zerstörend wirkt. Die beiden ersten berühren den evangelistischen Dienst, das dritte, bei dem ich verweilen möchte, betrifft entscheidend seine Grundlagen.

a) Es erweist sich als schwierig, *Taufe* und *Bekehrung* angemessen miteinander zu verbinden. Wem der Ruf zu persönlichem Glauben wesentlich ist, sieht oft in jeder Verkündigung, die die Taufe (zumal als Kindertaufe) preist, eine schwere Bedrohung. Auf der anderen Seite macht die Hochschätzung der Taufe (als eines wirksamen Handelns Gottes am Anfang des Lebens) manchen blind für die Einladung zu persönlichem Glauben, zu einer Lebenswende hin zu Christus. Soll der Streit zu der Alternative führen: „Objektives" wider „Persönlich-Existentielles"? Soll der Streit so ausgehen, daß „Evangelisationsfreunde" die Taufe als Thema tabuisieren oder nur polemisch behandeln, „Tauffreunde" dagegen die Bekehrungsbotschaft verdrängen? Adolf Schlatter sagt: „Darum ist die Kindertaufe ein vortreffliches Mittel, um für die ganze Kirche festzustellen, welches das *richtige Verhältnis zwischen Gnade und Glauben* ist, eben das, daß uns die Gnade zum Glauben beruft und ihn uns gewährt." Evangelistische Arbeit, die sich ihrer Grundlagen und Grundfragen bewußt ist, wird die „spannende Einheit", die mit den beiden Stichworten „Taufe" und „Bekehrung" signalisiert ist, stets im Blick haben.

b) Auch diese Beobachtung drängt sich mir auf: Wer die befreiende Botschaft von der *Rechtfertigung des Gottlosen* erfaßt und sich ihrer freut, der kann (besonders, wenn er dabei aus einer gesetzlichen Vorprägung heraustritt) diesen Akt der Befreiung so (miß-)verstehen, daß ihm *„die Gnade allein"* zur *„billigen Gnade"* wird, daß das Thema „neuer Gehorsam" als „gesetzlich" disqualifiziert wird, daß ein libertinistisches Denken, Reden, Handeln beginnt. Soll der Streit so ausgehen, daß der Glaubensgehorsam (Ethik und Ethos) Domäne der Gesetzlichen wird und die freie Gnade das Schibboleth libertinistisch Gesinnter? Evangelistische Verkündigung – als elementare Rede über Fundamentales – wird den Ruf in den Glauben immer zugleich als kräftige Einweisung in das Leben aus Glauben ausrichten, wird stets zeigen, wie aus dem Geschenk der Gnade zugleich „Sätze heiligen Rechts" (E. Käsemann) fließen, wie Jesus der Heiland und Jesus der Herr untrennbar sind.

c) Das dritte Beispiel berührt den evangelistischen Impuls selbst. Missionarisch bewegte junge Menschen zeigen sich in ihrem Eifer oft merklich „abgekühlt“, wenn ihnen die gesamt-reformatorische, die fundamental evangelische (nicht bloß lutherische) Lehre *vom unfreien Willen* nahegebracht wird und sie diese gedanklich zu begreifen suchen. Sie entdecken, wie sehr das „normal-protestantische“ Denken nicht Paulus und der Reformation, sondern Erasmus von Rotterdam und also dem humanistischen Glauben an den Menschen folgt. Was Spurgeon von sich sagt: „Wie wir es alle von Natur aus sind, wurde ich als ein Arminianer geboren“, wird als zutreffend erkannt. Von Hause aus denken wir alle synergistisch, wollen mit Gottes Gnade kooperieren. Wenn es aber nun wahr ist, was Luther gegen Erasmus lehrte, daß ich „*tot* bin *in Sünden*“ (Eph 2,1); wenn es gilt, was Klepper dichtete: „Ich war Fleisch und *ganz verderbt*“; wenn „all unser Tun umsonst“ ist „auch in dem besten Leben“; wenn es gar nichts ist mit unserer Entscheidungsfreiheit im Blick auf Gott und den Glauben, dann scheint doch der Ruf zur Bekehrung, die evangelistische Einladung „Komm zu Jesus!“, absurd zu sein. Der Ruf „Komm!“ scheint sich um das radikale Urteil „tot“ herummogeln zu wollen, scheint den noch „reanimierbaren“ Menschen vorauszusetzen. Soll die Sache so ausgehen, daß die „reformatorisch Durchgeklärten“ den Ruf in den Glauben als kryptokatholisch, als erasmisch diffamieren und daß die Synergisten sich (kraft des im alten Adam doch noch vorhandenen „guten Kerns“) zur Evangelisation motiviert fühlen?

1. Die Diagnose

Die „Diatribe“ (Abhandlung) des Erasmus „Vom freien Willen“ (1524) provoziert Luther zu einer kraftvollen Darlegung des evangelischen Grundverständnisses in seiner Schrift „Vom unfreien Willen“ *(„De servo arbitrio“,* 1525). H.J. Iwand beurteilt ihren „kritischen“ Stellenwert so: „Wer diese Schrift nicht aus der Hand legt mit der Erkenntnis, daß die evangelische Theologie mit dieser (!) Lehre vom unfreien Willen steht und fällt, der hat sie umsonst gelesen." 1537 äußert Luther, nur zwei seiner Schriften könne er „als mein rechtes Werk" anerkennen, den Katechismus (den kleinen und großen) und „Vom unfreien Willen". Beide sagen dasselbe, nur unter verschiedenem Aspekt: Katechismus und Streitschrift verhalten sich zueinander wie beim Foto Positiv und Negativ, wie das Gußstück und die Hohlform. Dem triumphierenden *„Allein!"* (Christus, Wort, Gnade, Glaube) korrespondiert die unumwundene Bankrotterklärung des Sünders: „Mit unserer Macht ist *nichts* getan."

Was Erasmus unter dem „freien Willen" verstehen will, scheint auf den ersten Blick sehr demütig. Sein Vermögen scheint gegen Null zu gehen; nur ein *„modiculum"*, nur ein „Fünklein" ist noch übrig. Der von der Sünde schwer versehrte Mensch vermag sich nicht etwa aus eigener Kraft zu erlösen. Er braucht Christus, braucht das Evangelium, die Gnade. Aber dabei soll und muß er doch betätigen und einbringen, was ihm noch geblieben ist, er soll tun, was er vermag, soll sein Möglichstes geben *(„facere, quod in se")*. Was vermag der Sünder denn? Er begegnet dem Gnadenangebot Gottes, das ihn (gut marktwirtschaftlich) nach seinem Bedarf fragt. Und – so gefragt – kann der Mensch zu diesem Angebot Ja oder Nein sprechen. So lautet die „bescheidene" Definition des Erasmus: „Wir verstehen unter dem freien Willen die Kraft des menschlichen Willens, mit der der Mensch sich zu dem hinwenden kann, was zum ewigen Heil führt, oder sich davon abwenden kann." Also: der Sünder kann zu Jesus, kann zum Evangelium Ja oder Nein sagen.

Warum bloß schreit Luther bei diesem Minimum so entsetzt auf, warum steht für ihn hier alles auf dem Spiel? Gerade an diesem *„modiculum"*, dieser „Winzigkeit", diesem „Fünklein" liegt alles, dieses Gramm Sauerteig durchsäuert den ganzen Teig! Daß es gerade am entscheidenden Punkt – bei der Rettung vom ewigen Tod – auf des Menschen aktive Mitwirkung ankommt (auf sein Sich-Zuwenden), das ist (ruft Luther mitten in der lateinischen Schrift auf Deutsch heraus) „zu viel!".

Für Erasmus ist der Mensch schwerst erkrankt, aber er vermag doch noch, den Arzt dankbar willkommen zu heißen und die Medizin willig zu nehmen. Für Luther ist der Mensch „tot in Sünden" (Eph 2,1); nicht *ein* reanimierbares Organ, nicht *eine* einzige lebensfähige Zelle findet sich in ihm. Weniger als Totenauferweckung ist hier zu wenig. – Für Erasmus gleicht der Mensch einer von der feindlichen Übermacht weithin eroberten Burg. Aber im innersten Bereich, im Bergfried, brennt noch das Lämpchen (ein „Fünklein") der Freiheit. Hier können die Hilfstruppen, die von außen kommen, „anknüpfen", hier kann sich der Eingeschlossene mit den Befreiern jubelnd verbinden. Für Luther ist gerade das innerste Zentrum (das Herz, die Vernunft, das Gewissen) längst zur Kommandozentrale des Satans umfunktioniert. So sehr ist der Mensch „kernfaul", so sehr ist er „christusbedürftig".

Verdeutlichen wir uns den Unterschied am *Willen* des Menschen. Nach Erasmus bedeutet seine Freiheit: „*Ich* kann *mich* dem Heil zu- bzw. von ihm abwenden". „Ich" bin Subjekt in diesem Satz, bin der Handelnde, habe Verfügungsgewalt. Und zwar kann ich mich zuwenden. Ich habe also Verfügungsgewalt über mich selbst. Ich kann in Freiheit nach Belieben über mich verfügen. Ich stehe mir selbst voll zu Gebot. Das klassische griechische (d.h. hier: heidnische) Modell „Herkules am Scheideweg" ist dabei voll in Kraft. Bevor Herkules sich der einen Dame freiwillig zu eigen gibt und der anderen damit absagt, gehört er ganz sich selbst. Im Akt der Entscheidung betätigt, ja verwirklicht er sich selbst. – Für Luther ist der Mensch auch im „Urzustand", also abgesehen von der Sünde, niemals in diesem Sinn frei. Er gehört sich nicht selbst, sondern ist ganz und gar durch seinen Schöpfer „definiert": Seine Freiheit ist die Lebensverbindung mit seinem Herrn und Gott. In diesem „Lebenselement" (und allein da) ist er frei. Die „Herkulesfreiheit", das *„absolutum velle"*, das autonome, nur an sich selbst gebundene Wollen ist ein Ehrenprädikat Gottes.

Der Wahn des Erasmus, sich (freilich mit Hilfe von Gott und Gnade) selbst zu etwas zu machen, sich selbst verwirklichen zu können, ist in Wahrheit das runde Nein zu Gott, ist

nichts anderes als „blanker Atheismus" (O. Bayer). („Atheismus" meint ja nicht erst die theoretische Bestreitung der Existenz Gottes, sondern den Mißbrauch Gottes als Funktion, als Satellit des Menschen. In diesem Sinn sind die neueren Veröffentlichungen von U. Schaffer, „Die Verbrennung", „Beten über Worte hinaus", in denen der Mensch seinen Eigenwert im Kontext „Gott" zur Geltung bringt, schlicht „blanker Atheismus".) Von Luthers Katechismus her ertönt also schon im Namen des 1. Artikels („Ich glaube an den allmächtigen – d.h. allwirksamen – Gott") das Nein!
– Nun ist der Mensch aber der *Sünde* verfallen, ist „Fleisch", ist „tot", hat in sich „nichts Gutes". Er ist – 2. Glaubensartikel – „verlorener und verdammter Mensch". Für Luther entspricht dem *Sein* das *Wollen* wie dem Baum die Frucht. Ist der Mensch (in der Tiefe seines Seins!) Sünder, d.h. Rebell gegen Gott, in seinem Autonomiestreben, in seiner Selbst-Behauptung Feind Gottes, dann ist das Wollen (als Ausfluß des Seins) nichts anderes als das leidenschaftliche Bestreben „Los-von-Gott". „Unfreier Wille" heißt für Luther nicht (im Sinne der Deterministen), daß der Mensch nicht wollen könne. Nein, er will mit Passion; sein Wille brodelt und zischt, kocht und schäumt stets nach der Melodie: „Ich will nicht, daß dieser Gott über mich herrsche." Unfreiheit ist hier nicht Zwang von außen *(coactio,* was stets „wider Willen" geschieht), sondern die Unumkehrbarkeit, die Unwandelbarkeit dessen, was als Wollen aus dem Sein strömt *(immutabilitas)*. Von daher gilt aus dem inneren Gefälle heraus: „Der Mensch kann nicht wollen, daß Gott (sein) Gott (und Herr) sei!"
So ist der Gott entfremdete Mensch von Selbst-Sucht, von Sünde, vom Satan „besessen". Ein *neues Wollen* wäre nur möglich, wenn zuvor ein *neues Sein* gesetzt würde. – Es ist deutlich: Dieses so ich-besessene Wesen kann und will, will und kann sich nicht dem Evangelium zuwenden. Luther sieht die Tiefe der Versklavung gerade in seiner Verblendung: Dieser versklavte, in Sünden tote Mensch lebt in der Illusion, „frei, glücklich, erlöst, mächtig, gesund und lebendig" zu sein. Hört er das Evangelium von einem Befreier und Erlöser, so muß ihm das als pure Torheit, als

Nonsens erscheinen. Er kann sich im Namen seiner Selbstbestimmung nur leidenschaftlich gegen solche Zumutung verwahren. Erasmus' „freier Wille“ scheitert damit auch am Bekenntnis des 3. Glaubensartikels, nach dem wir des Heiligen Geistes bedürfen. Luther hat deshalb prägnant formuliert: „Ich glaube, daß ich nicht ... glauben kann ...“
Spurgeon hat in seiner Autobiographie in einem Schritt für Schritt sich zurückbewegenden Gedankengang gezeigt: „Ich verdanke meine ganze Veränderung nur Gott.“ – Daß ich den Herrn suchte, daß ich betete, daß ich die heilige Schrift las, daß ich zu all dem bewegt wurde, Verlangen bekam, ist ausschließlich Werk des Heiligen Geistes.

2. Die Therapie

Wie kann diesem „besessenen“, „unter die Sünde verkauften“, in sich eingekrümmten, sich und die Welt vergötzenden Menschen geholfen werden? Nur *von außen* kann die Hilfe kommen, nur von dem dreieinigen Gott! Nur der Vater, dessen Urmotiv „Agape“ ist; nicht am Wert anknüpfende, sondern souverän wertsetzende Liebe kann erretten. Nur der Sohn, dessen Sühnetod die Schuldfrage der Welt gültig bewältigte, kann erlösen. Nur der Schöpfer Geist, der von innen her überführt und verwandelt – und zwar durch das Evangelium! – kann erneuern. Hier entspringt der reformatorische Jubelruf: „Allein!“ Solus Christus, sola gratia, sola fide, solum verbum Dei!
Dieses Werk der Befreiung und Neuschöpfung tut Gott *durch sein Wort*: Durch das *diagnostische* Wort, das mir zeigt, wer ich bin, das meine Verblendung zerreißt, mich des-illusioniert, mir den Star sticht, das mich vor mir selbst „zum Sünder“ werden läßt, mich mit meiner Sünde und der ewigen Verdammnis zusammenspricht; dieses Wort nennt die Reformation GESETZ. Und durch das *therapeutische* Wort, das mich nicht hin-, sondern aufrichtet, das mich von meiner Sünde los- und mit Christus zusammenspricht, das

mich mir (meiner „Mittelpunktshaltung", W. Elert) entreißt und mir Existenz außerhalb meiner selbst in Christus schenkt, das mir sagt „In IHM bist du ganz rein, unanklagbar in Ewigkeit"; dieses Wort nennt die Reformation EVANGELIUM. Dies diagnostische und dies therapeutische, dies tötende und lebendigmachende, dies desillusionierende und in die Wahrheit versetzende Wort in elementarer, Herz und Gewissen verwandelnder Weise zu sagen, ist *die* Aufgabe der Evangelisation. Das Wort allein aber macht dazu tüchtig.

Die Art dieses rettenden Wortes, der Charakter des Evangeliums ist nun genauer zu erfassen. Denn hier geht es um die entscheidende Entdeckung Luthers, um den eigentlichen reformatorischen Durchbruch. Ernst Bizer fragt im Vorwort seines grundlegenden Werkes „Fides ex auditu" nach dem Zeitpunkt und nach dem theologischen Gehalt des sogenannten „Turmerlebnisses" Luthers und antwortet darauf lakonisch: Der Zeitpunkt ist im Frühsommer oder Sommer 1518, der Inhalt, „daß Luther *das Wort als Gnadenmittel* entdeckt hat". Worum es bei dieser Entdeckung geht, hat Bizers Schüler Oswald Bayer in seiner Arbeit „Promissio", nun schon ein Klassiker der Lutherforschung, herausgearbeitet. *Das Evangelium ist Promissio Gottes*, so kann man bündig die reformatorische Entdeckung zusammenfassen. Luther ging das am Bußsakrament auf.

Der vorreformatorische Luther meinte: Wenn der Priester beim Beichtenden die von Gott gewirkte Reue spürt, so kann er daraus folgern: Gott hat diesem Büßenden bereits vergeben. Daraufhin spricht der Priester sein „Absolvo te". Es ist entscheidend auf den Charakter dieses Satzes zu achten. Er konstatiert nur, er stellt lediglich fest, was insgeheim bereits gilt (kraft der vorgängigen Vergebung Gottes). Er spricht das Bestehende öffentlich aus. Aber war, so fragt sich Luther als Beichtender, die Buße wirklich echt, war sie wahrhaft „Zerknirschung des Herzens" *(contritio)* und nicht nur „Anknirschung" *(attritio)*, ichbezogene „Galgenreue"? Da der Satz „Absolvo te" nur unter der Bedingung gilt, daß es mit der Reue recht stand, wird der Beichtende am Ende auf sich selbst zurückgeworfen. Heilsgewißheit ist nicht möglich. – Nun aber entdeckt Luther: Das im Namen Gottes, im ausdrücklichen Auftrag Christi (Mt 18,18) vom Priester gesprochene Wort ist kein konstatierendes, kein feststellendes, es ist ein *performatives* Wort, d.h. *es stellt* eine neue, bislang gerade nicht vorhandene Wirklichkeit allererst *her*, es ist neuschöpferisch. Wieso? Das im Namen Gottes mir vom Bruder Priester gesagte Wort ist (das reformatorische „est"!) Gottes eigenes Wort. Es wirkt, bringt, schafft, tut, was es sagt. Es ist kein „Deutelwort", das Vorhandenes interpretiert, es ist ein „Tätelwort", das Wirklichkeit setzt, ist *„verbum efficax"*.

Man kann das auch so sagen: Fragt der Mensch: „Wo ist Gott?", so muß man ihm antworten: „Schlechthin überall!" Fragt er aber: „Wo ist Gott *mir,* so daß ich ihn fassen, ergreifen, halten, seiner gewiß werden kann", so lautet die Antwort: „Gott, Jesus, der Tröster hat sich dir in das dir zugesprochene Wort hineinbegeben: Gott selbst ist dir in diesem Wort da, hier läßt er sich ‚greifen' – verbindlich für alle Ewigkeit. Höre die Promissio, höre, wie Gott sich dir zusagt: ‚Deine Sünden sind dir vergeben. Du bist mein! Glaube, so hast du!'" Hier wird durch das Wort der Glaube geschaffen, hier wird im Glauben das Wort ergriffen. Hier wird die Gewißheit fundiert, hier wird der Zweifel des Landes verwiesen, gerade auch der Prädestinationszweifel: „Du kannst Gott nicht mehr entehren, als wenn du daran zweifelst, ob du einer von der Zahl der Heiligen bist. Wenn du nicht einer von der Zahl der Heiligen wärest, hätte Gott dir nicht sein Wort und sein Sakrament dargeboten."

Weil im Evangelium Gott wirklich „mir" da ist, kann und darf ich dies mir gesagte Wort (um den Preis meiner Seligkeit!) nicht hinterfragen: *Gott lügt nicht.* Punktum und Amen! Von dieser Promissio, dieser Zusage lebt der Christ. Dieses effektive Wort Gottes im Menschenmund ist *das* Mittel zur Auferweckung des in Sünden toten Menschen. Dieses effektive Wort der Zusage nimmt außer der Gestalt des Indikativs („Du Aussätziger bist rein!") auch die einladende, die berufende Form des *Imperativs* an: „Komm, komm zu Jesus, komm ins Leben!" Aber dieser Imperativ der göttlichen Promissio hat nicht den Charakter aller menschlichen, aller pädagogisch verantwortbaren Aufforderungen. Diese unsere Imperative leben alle von der Logik: „Du sollst, *denn du kannst*!" Gottes Wort aber sagt: „Ich weiß, du kannst von dir aus nicht. Gerade deshalb stehe ich ja vor dir. Du darfst, *denn ich kann*, denn ich ergreife dich bei deiner Hand!" Dieser Imperativ göttlicher Promissio hat den protologischen Charakter des ersten Schöpfungstages, wo es ins Nichts erscholl: „Es werde Licht!"; er hat den eschatologischen Charakter des Jüngsten Tages, wo den Toten gepredigt wird: „Lazarus, komm heraus!" Hier wird der Tote wahrhaft als Toter angesehen („er stinkt schon"), aber das Wort tut's, es „macht ihm Beine", reißt ihn aus dem Grab.

Was ist *das evangelistische Wort*? Wenn alle Predigt im Kern Promissio ist, Zusage, Zuspruch, „auferweckendes Wort" (und eben nicht theologische Darlegung auf Volkshochschulniveau, nicht vernünftiger ethischer Appell, einsichtig für jeden, nicht religiös-weltanschauliche Meditation!), wenn alle Predigt so Promissio ist, dann kommt dieser Kern bei der evangelistischen Rede besonders deutlich heraus. Zuspruch ist dies Wort als das ganz persönliche (nicht individualistische!) „Für-Wort" an den einzelnen, an sein Herz und sein Gewissen. Ein Zuspruch, der beruft: „Du!", der in letzter Tiefe Individuation schafft und zugleich in das „Wir" der Heiligen hineinstellt. Zuspruch ist dieses Wort im Bewußtsein des eschatischen Kairos, der „Gottesstunde" (O. Riecker): Jetzt und hier, heute abend redet Gott, jetzt ist „Ewigkeit". Zuspruch ist dies Wort, verbunden mit der Gabe der „Pistis" (in ihr sah der frühere Präses des Gnadauer Verbandes W. Michaelis das Charisma des Evangelisten): „Heute wird Gott dies sein Wort nicht leer bleiben lassen, heute wird es Menschen auferwecken, ganz ohne Frage, ganz zweifellos."

So hat Evangelisation das Wissen um das *„servum arbitrium"* im Rücken. Gerade *weil* es gilt: „tot in Sünden", gerade darum ist nichts wichtiger als das auferweckende Wort. Wer *„De servo arbitrio"* lehrt und nicht *eben deswegen* zugleich nach Evangelisation ruft, ist ein kompletter theologischer Narr! – Evangelisation hat über sich die feste Zusage: Gott in seiner Kondeszendenz macht das Wort des Zeugen zu seinem wirkmächtigen und gültigen Wort, bei dem er sich behaften läßt in Ewigkeit. – Evangelisation hat vor sich die Verheißung des Ostergeschehens, der Totenauferweckung, und dies im Zeichen des Kairos, des eschatischen Heute, das nie zum Gestern wird.

3. Eine Problemanzeige

Der folgende Abschnitt unternimmt nicht den Versuch, eine Lösung zu bieten. Er will nicht mehr sein als eine *Problemanzeige*, eine *Problembeschreibung*, eine Einladung zum Gespräch.

a) Ich beginne beim Einfachen: Kann man bei dem Zum-Glauben-Kommen eines Menschen, bei dieser „Totenauferweckung", von einer *Entscheidung* sprechen? Habe ich mich für Jesus *entschieden?* Daß das Wort „Entscheidung" erst mit der Zeit der Aufklärung zum Blühen kam (es ist keine Vokabel der Lutherbibel!), muß nichts besagen, das gilt von vielen Begriffen. Versteht man unter Entscheidung eine anthropologisch-psychologische Kategorie, also etwas, das empirisch konstatierbar ist (für den Betroffenen, der sein Innenleben reflektiert, wie für die beobachtende Umwelt), versteht man Entscheidung so als „säkulares" Wort, dann scheint mir gegen seinen Gebrauch in unserem Zusammenhang nichts einzuwenden zu sein. Wir sagen: *Gott* schafft durch seinen Geist in uns das (neue) Wollen und Vollbringen nach seinem Wohlgefallen (Phil 2,13).
Dieses, was Gott hier wunderbar und geheimnisvoll tut, *„äußert" sich*, es *tritt nach außen in den Bereich des Empirischen.* (Nur Gnostiker und Doketen könnten das bezweifeln.) Es wird „weltlich", es zeigt sich in psychologisch beschreibbaren Phänomenen. Wer zum Glauben kommt, erlebt das häufig als einen inneren Kampf, als ein zunächst unentschiedenes Hin und Her, das zur Ruhe kommt, indem er zu Gott

„Vater", indem er „Ja" sagt. Daß hier eine „Entscheidung" gefallen ist, wird auch ein atheistischer Psychologe feststellen können; die Innenseite, die dieses Außen erst möglich machte, öffnet sich nur dem Glauben. Es scheint mir also nicht sinnvoll, den Begriff „Entscheidung" als Bezeichnung für die anthropologische Seite des pneumatischen Geschehens (!) theologisch zu diffamieren. (Man denke etwa an die empirische, religionssoziologisch und psychologisch zutreffende Beschreibung „Religion ohne Entscheidung".) Was also – von Gottes Tun her – nur *„Auferweckung"* heißen kann, verleiblicht sich welthaft als *„Entscheidung"*.

b) Es bleibt freilich fraglich, ob diese Unterscheidung von Ebenen, von Kategorien letztlich befriedigend ist. *Entscheidung* ist ja auch ein Grundbegriff moderner Philosophie und spricht ebenfalls davon, daß ich bei einem Geschehen *selber* darin bin, mit meiner Existenz, mit Kopf und Herz. Wir sagen: „*Ich* glaube" (nicht: „*Es* glaubt in mir"), „ich bete", „ich gehorche". Wie komme „ich" bei meiner geistlichen Auferweckung vor? Wenn das „Ich glaube" stets heißt: „ich im Geist Gottes" *(en pneumati)*, nicht „ich von mir aus", was meint dann dieses vom Geist Gottes „inspirierte" Ich? – Luther hat stets stark betont: *„Non cogit, sed trahit"*, Gott zwingt Menschen nicht. Wenn der Unglaube schon, wie wir sagten, keine *„coactio"* ist, kein Zwang wider Willen, wieviel weniger dann der Glaube! „Gott zwingt nicht, er zieht", er lockt, er gewinnt, er überzeugt von innen her. Schön formuliert *Martin Kähler*: „Gott hat soviel geschaffen, das bloß Werkzeug seines Willens ist. Wie wunderbar groß, daß er auch uns schafft, von denen er fordern muß und bitten muß, um an uns und in uns und durch uns zu erreichen, was er uns zugedacht hat."
Peter Brunner bietet in seinem Aufsatz „Die Freiheit des Menschen in Gottes Heilsgeschichte" den Versuch, beide Linien zusammenzudenken, eine Synthese zu bilden. Was geschieht bei der „Begegnung des in seiner Sünde gefangenen Sünders mit dem in Wort und Sakrament wirkenden Geist"? Deutlich ist zunächst, *daß* angesichts der vollmächtigen Evangeliumsverkündigung etwas geschieht: an dem,

der zum Glauben erweckt wird, wie an dem, der im Unglauben beharrt. Dies „Beharren" im Unglauben ist nicht einfach ein Bleiben an dem Ort, an dem man sich immer schon befindet. Unglaube in qualifiziertem Sinn (das bewußte dezidierte Nein zu Jesus Christus) entsteht so *am* Evangelium wie der Glaube *durchs* Evangelium wird. Das Evangelium führt in die „Krise", so gewiß es „Geruch des Lebens zum Leben" und „Geruch des Todes zum Tode" mit sich bringt (2Kor 2,16). – Deutlich ist ferner, daß in dieser „kritischen" Stunde *nicht* das geschieht, was Erasmus meinte: der Mensch „verwirklicht" sich anläßlich des göttlichen Angebots kraft seiner Wahlfreiheit (das ist „blanker Atheismus"). Es geschieht auch keine Kooperation: mein ängstliches Bemühen und Sehnen liefert ein winziges Prozent bei der göttlich-menschlichen „Mischfinanzierung"; der „alte Adam" kann keinen Beitrag leisten (alles andere wäre die Häresie des Synergismus). Es geschieht aber auch, wie P. Brunner betont, kein „Zauberschlag", keine pure Allmachtshandlung, die den Menschen schlicht überrennt, also doch zwingt. Brunner denkt in der Linie von Hamann und Bezzel von der *Kondeszendenz Gottes* her, von seiner demütigen „Herablassung". Gott der Schöpfer steigt so tief herab, daß man ihn leugnen kann; Gott der Sohn wird Mensch, geht so tief, daß er sich kreuzigen läßt; Gott der Geist entäußert sich als „Schriftsteller" ins biblische Wort, und ebenso demütigt er sich in das durch unseren Mund gepredigte Wort hinein. Gott behandelt uns nicht wie *„lapis et truncus"* (Luther), nicht wie „einen Stein oder Baumstumpf", die man mit mechanischer Kraft bewegt; Gott kommt zu uns personhaft, er spricht uns an. Diese Anrede widerfährt uns ungefragt. „Ob der Mensch will oder nicht, in der Begegnung mit dem Evangelium steht er ungefragt in der endzeitlichen Krisis" (P. Brunner). Der Mensch, der Sünder und nichts als Sünder ist, wird mit der schöpferischen Setzung des Evangeliums konfrontiert. Hier geschieht „etwas Einseitiges allein von Gott". Aber dies Einseitige geht ihn menschlich an, stellt ihn in eine völlig neue Situation. Stark betont Brunner, daß dabei nicht das Modell „Herkules am Scheideweg" herauskommt: „Gott der Hei-

lige Geist eröffnet dem Sünder nicht ein gleichgewichtiges Entweder-Oder", nicht zwei Möglichkeiten werden ihm zur Wahl gestellt, „sondern nur die eine: ‚Tut Buße und glaubt an das Evangelium!' Durch die Anwesenheit des Heiligen Geistes in dem Gefängnis des in seiner Sünde gefangenen Sünders wird diesem Sünder durch einen einseitigen schöpferischen Akt Gottes die Tür zur Buße und zum Glauben aufgestoßen." Es geht also um eine ganz exzeptionelle Stunde, um den Kairos der Gnade, um das heilshafte Heute. Jetzt aber findet kein Zwang statt. „Er, der Welten aus dem Nichts erschuf und wieder vernichten kann, er, der Tote auferweckt und vor seinen Richterstuhl zwingt, er kann dich nicht zur Buße und zum Glauben zwingen. Er kann es nicht – o Wunder der Liebe –, weil er der Gott ist, der sich zum Gott für uns bestimmt hat." Von der Kondeszendenz Gottes her gilt dann, daß Gott „gerade hier, wo er als Neuschöpfer auf dem Plan ist, sich uns gegenüber so arm und schwach macht, *daß der Sünder stärker werden kann als Gott der Heilige Geist*". So tief geht die Selbsterniedrigung Gottes, „daß der Wille des Sünders den Willen des Heiligen Geistes unter Umständen besiegen und das Werk des Geistes an ihm mit Füßen treten kann". Also weil Gott des Menschen Gott sein will und ihm personal begegnet, rufend, bittend, kann der Sünder auch bei seinem Nein beharren – und er kann „im Geist" Ja sagen, kann sich das Werk des Geistes gefallen lassen (auf dieses rein Negative des Nicht-Widerstehens reduziert sich nach Brunner das Motiv der Entscheidung).
Gott steht also in gewollter Ohnmacht vor dem nach Hause gerufenen Sünder, und es gilt, was ein Lied von diesem bittenden Gott sagt: „... dem allemal das Herze bricht, wir kommen oder kommen nicht". *„Gottes Allmacht beugt sich vor der Entscheidung des Menschen"*, das ist die Summe dieses Entwurfs.
Hier ist ein Mehrfaches gelungen:

– Die Bekehrung ist kein Zwangsakt, der wider Willen geschieht.
– Sie ist zugleich in keiner Weise begründet in den Möglich-

keiten des „alten Adam“; Gott der Geist schafft allein durch sein Wort die offene Tür. Von einem Synergismus (im Normalsinn des Wortes) kann also nicht die Rede sein. Es geht um ein pures Wunder Gottes!

– Aber dieses Wunder kann verneint werden (und Gott in seiner Allmacht beugt sich dem Nein!), und es kann in reinem Empfangen angenommen, bejaht werden als Geschenk.

– Gottes Geschichte mit dem Menschen bleibt in einem personalen Gegenüber, ist echte Begegnung. „Es gilt: Gott zwingt nicht, er zieht.“

Ist damit alles gelöst und beantwortet? Ich gestehe, daß mir Schwierigkeiten bleiben. Ist es richtig, was wir oben sagten, daß nämlich das gottwidrige *Wollen* des Menschen Ausfluß, Äußerung seines gottwidrigen *Seins* ist, daß also mein altes Wollen aus meinem alten Wesen kommt, dann muß auch das neue Wollen, das dankbare Ja zur Gnade, eine Äußerung des neu geschaffenen „Herzens“ sein. Dann ist das dankbare Ja zur Gnade bereits Äußerung des Neuen, bereits Zeugnis der Wiedergeburt, schon der erste Schritt auf dem neuen Weg. Es ist dann schon das Gotteskind, das „Ja, Vater“ spricht. Dann müßten wir dieses Ja erneut hinterfragen: Wie kam es bei dem einen zur Neuschöpfung (die sich im Ja bekundet), und wieso bleibt es bei dem anderen bei dem alten Wesen (das nicht anders kann, als im Nein zu beharren)? Hat Gott dann doch zuvor bei dem einen neuschöpferisch gehandelt, unwiderstehlich und ohne zu fragen, und bei dem anderen eben nicht?

c) Einer der großen unter den Evangelisten, *C.H. Spurgeon*, schlägt an dieser Stelle den Weg in die Gegenrichtung ein: Bei ihm findet sich nicht Zusammendenken, sondern Gegensatz, er zielt auf Diastase, nicht auf Synthese. Dabei folgt er konsequent den Spuren Calvins, der Lehre von der doppelten Prädestination. Spurgeon nennt sie „die alte Wahrheit“. Nur wer von Ewigkeit her erwählt wurde, kommt unter dem wirkmächtigen Evangelium zum Glauben (bei der Evangelisation kommt’s gleichsam heraus, wer erwählt ist zum Heil). Wem Gottes Erwählung zum ewigen Leben nicht gilt, dem wird auch das gehörte Evangelium völlig verschlossen bleiben. Spurgeon scheut sich nicht, deutlich zu reden: Christus ist eben nicht für alle gestorben (für wen er starb, der wird unfehlbar selig!), sondern allein für die Erwählten. „Wenn Christus an seinem Kreuz starb, um alle Menschen zu retten, ... wie kläglich ist er dann enttäuscht worden ... Zu denken, daß mein Erlöser für Menschen starb, die in der Hölle ... sind, scheint mir eine Vorstellung zu sein, die zu schrecklich ist, um sie aufrecht zu halten."

Man hat Spurgeon mißdeutet, wenn man ihn „auf seinen Knien" einen Calvinisten nannte und „auf seinen Füßen", wenn er also Menschen rufend nachging, einen Arminianer (überzeugt von der Entscheidungsfreiheit des Menschen). Als Evangelist wußte er nicht zuvor, wer erwählt war, mußte er es auch nicht wissen. Er predigte zu allen, aber nur die Erwählten hörten wirklich. Er konnte sagen, weil die Erwählten keine Kreidezeichen auf ihren Rücken trügen (zur Unterscheidung), so predige er, als ob alle erwählt und noch zu retten seien. – Dieses „als ob", diese bloße *Fiktion* des Heilsuniversalismus ist der Stachel.

Ich muß gestehen, daß ich Spurgeon (wie Calvin) nicht folgen kann. Ich bin überzeugt, daß einem Theologen auf Erden dieser Rückschluß aus der unterschiedlichen Wirkung der Predigt auf einen ewigen Ratschluß Gottes, der Verdammte und Selige von Ewigkeit her scheidet, nicht gebührt. Wir haben keine Leiter, in Gottes ewigen Ratschluß einzusteigen, das ist „verstiegen". Wir haben kein Maß, Gottes ewige Gedanken zu messen, das ist „vermessen". Die ungeheure Aussage, daß Gott in seiner Souveränität Menschen schaffe, deren Seligkeit, deren Gemeinschaft mit sich, dem Schöpfer, er gerade *nicht* wolle, Menschen, die er eigens für die ewige Verdammnis zubereite, diese Aussage müßte schon die explizite Botschaft der Bibel sein, wollten wir sie nachsprechen. Es geht hier nicht um Postulate! Weder darum, daß Gott das habe unmöglich tun können, er sei schließlich gerecht. Nein, Gott ist Gott und hat sich vor uns nicht zu rechtfertigen! Noch um das gegenteilige Postulat,

Gott müsse am Ende alle selig machen, sein Wesen sei schließlich Liebe! Nein, Gott ist Gott! Unsere Theologie ist nicht die der Geheimräte Gottes, sondern der Kinder, der Pilger, der Kämpfer, die noch nicht am Ziel sind. Was wir als zwangsläufig logisch folgern, muß nicht die Logik der Ewigkeit sein. Luther war überzeugt: Erst das *„lumen gloriae“,* das Licht der Herrlichkeit, wird uns hier erleuchten. Auch Spurgeon hat von unserer letzten Unfähigkeit, die Geheimnisse Gottes „zusammenzureimen“, gewußt: Er stellt neben die These der Vorherbestimmung die der *vollen Verantwortlichkeit des Menschen* (das Anliegen P. Brunners). Aber nur ein Bild vermag den Zusammenhang anzudeuten: Es seien zwei parallele Linien, die sich „irgendwo in der Ewigkeit, nahe bei dem Thron Gottes“ treffen. Ob wir das nun ein „Paradox“ nennen oder die Aussagen „komplementär“ heißen, so oder so wird deutlich: „Wir können's nicht ergründen.“

d) Noch einen Gedankengang will ich anreißen. In Philipper 2, 12f findet sich eine paulinische Aussage von hoher theologischer Kraft und Tragweite: „Schaffet eure Rettung *(soteria)* mit Furcht und Zittern, *denn* Gott ist's, der in euch wirkt beides, das Wollen und das Vollbringen, nach seinem Wohlgefallen.“ Da ist zuerst ein Imperativ, der allen Synergismus weit überbietet, geradezu „monergistisch“ lautet: Ihr Menschen, eure Seligkeit zu schaffen, ist eure Sache, da seid ihr dran! Den Abschluß bildet ein Aussagesatz, eine Feststellung, die ebenso „monergistisch“ alles – Wollen wie Vollbringen – als Gottes Werk sieht. Beides aber wird nicht als Paradox nebeneinandergestellt, sondern verknüpft durch das begründende „denn“ (das ätiologische *„gar“). Weil* Gott alles tut, so tut ihr nun das Ganze! Man kann das nur so verstehen, daß Gottes Tun unser Werk dimensional umgreift, all unser Denken, Fühlen, Tun, Wollen, Entscheiden sowie die vor- und unbewußten Wurzeln von all dem durchdringt, durchtränkt, durchpulst, – „durchgeistet“. Die Tragweite, die exemplarische Bedeutung dieses Satzes kann man schwer überschätzen. Hier ist vermittelt, was zwischen Schöpfungsglaube und Naturwissenschaft strittig erscheinen könnte: „Gott spricht“ – „Und die Erde bringe hervor!" Das (scheinbar „autonome") Hervorbringen seitens der „Natur" ist umgriffen, durchatmet von dem Schöpferwort Gottes.

Hier ist auch Hilfe für das Verständnis der Inspiration der Schrift: Das Römerbrief ist ganz Wort des Paulus, dieses aber ist in jeder Silbe durchgeistet, durchwaltet, hervorgebracht durch Gott. – Auch für unsere Frage nach Gottes alleinigem Tun und unserem Dabeisein bei der Bekehrung ist hier Hilfe. Gewiß, ich las die Schrift, aber Gott schuf das Wollen und das Vollbringen. Gewiß, ich hörte aufmerksam zu bei dem Evangelisationsvortrag, aber Gott ... Gewiß, ich bin zur Aussprache gegangen, aber Gott ... Gewiß, ich sagte Ja zu Jesus, aber Gott schuf das Wollen und Vollbringen. Von der ersten Frage, dem ersten Sehnen bis zur „Entscheidung" – überall gilt: „Das tat Gott!" So ist Gottes Wirken der umgreifende Horizont, die allwirksame Macht, aber gerade sie schaltet mich nicht aus, sondern voll ein. Nie war ich so sehr dabei wie da, als Gott durch sein Wort mein Herz für Jesus öffnete.

e) Ich möchte die „Problemanzeige" noch einmal zuspitzen, indem ich die beiden Grund-Sätze und Ansätze, den von der Allwirksamkeit des persönlichen Gottes und seiner erwählenden Gnade wie den von der Verantwortlichkeit des Menschen, den Gott selbst als sein Gegenüber ernst nimmt, jeweils für sich nehmen und zu Ende zu denken versuche. Ich nehme die *These*, die sich mir als Ergebnis aufdrängt, vorweg: Jeder dieser beiden Grund-Sätze führt, sobald er als einziger Ansatz isoliert und absolut gesetzt wird, zur *Auflösung des Christenglaubens*. Das bedeutet aber: Er führt sich damit selbst ad absurdum.

Ich gehe von der *Alleinwirksamkeit der Gnade Gottes* aus: Was mir auf der empirischen Ebene als „Entscheidung" (vielleicht nach langem „Ringen") erfahrbar wird, ist der psychische Abdruck und Ausdruck, die Erlebnisweise des göttlichen Erwählens: Ich erlebe das Erwählen (auf der anthropologischen Ebene) als Entscheidung. Sie ist die Weise, wie Gottes Wirken bei mir „ankommt", sich empirisch „äußert". Ich versuche, in dieser Konsequenz weiterzudenken: Es ist also Gottes Wollen, das sich mir (psychologisch faßbar) als mein Wollen manifestiert. Gott ist es demnach, der in mir will, in mir denkt, glaubt, liebt, – das aber so, daß ich es als mein Wollen, Denken, Glauben, Lieben erfahre. Tritt so Gottes Wollen als mein Wollen in Erscheinung, ist es dann noch *mein* Wollen? Oder *erscheint* es mir nur so? Ist mein Bewußtsein wirklich das meine, oder ist es nur eine Spiegelung (ein „speculum") des göttlichen, seine Manifestation? Ich gehe den letzten Schritt: Ist dann mein Ich-Sein, meine Individualität, letztlich eine Illusion? Erscheint mir als individuelles Ich, was nur Emanation Gottes ist? Bin ich selbst dann nur „Maya", Schein? Sind letztlich mein Geist und Sein Geist identisch, verschmelzen sie (indisch formuliert) als „atman" und „brahman"?

Es ist deutlich: Hier wurde der Weg in die Identitätsmystik der östlichen Religionen eröffnet, hinein in den pantheistischen Monismus. Eine Straße, die im Zeitalter des „New Age" wahrhaft faszinierend ist! – Aber: Hier ist der „schmale Weg" des Evangeliums eindeutig verlassen! Der Immanuel-Gott ist der Gott der *Begegnung*, der Beziehung von Ich und Du, des „Bundes" auf der Basis des unaufhebbaren Gegenübers von Schöpfer und Geschöpf. „Seligkeit" heißt hier nicht *„unio"* als Verschmelzung und Identität, sondern *„communio"*, heißt „ewig, ewiglich mit Jesus sprechen" (Kierkegaards Grabstein). Bei Paulus ist in Phil 2, 12f dieses Gegenüber durch den vorangestellten Imperativ klar festgehalten.

Es ist das berechtigte Anliegen im Entwurf Peter Brunners, daß Gott wirklich ein *Gespräch* mit mir (als dem von ihm geschaffenen „Ebenbilde") eröffnet hat, bei dem – wie Brunner zugespitzt formuliert – „auch für Gott kraft seiner Kondeszendenz überraschende Antworten, neue Antworten, eben Antworten in einer echten Geschichte", erfolgen.

Wir sahen: der isolierte, verabsolutierte Ansatz bei der These „Gott ist allein Subjekt" führt bei dieser „Konsequenzenmacherei" dazu, daß nicht nur meine Entscheidung, sondern mein Person-Sein überhaupt zur Illusion verdampft. Die Aufhebung des Menschen als Gottes „Du" führt auf der breiten Straße monistischer Identitätsmystik aus dem Christusglauben hinaus. *Der Mensch ist in Gott aufgehoben.* Ist

aber die für den Christusglauben grundlegende „ontologische Differenz" zwischen Kreator und Kreatur angetastet, ist das zugleich ein Attentat auf die Gottheit Gottes. Denn – A. Schopenhauer hat das in einem Bonmot scharf pointiert: Der Pantheismus ist letztlich ein *„höflicher Atheismus"*.
Es bleibt noch übrig, die „Gegenrechnung" aufzumachen, den zweiten Grund-Satz, der die These von der *Verantwortung des „Partners" Mensch* in den Vordergrund stellt, „durchzuspielen". Hermann Bezzel ist (auch) von Hamann her zu seiner Kondeszendenztheologie gekommen. Er betont höchst eindrucksvoll, daß Gott der Heilige Geist sich so erniedrigt, daß er sich im Evangelium bittend in unsere Hand gibt. In seiner letzten Karfreitagspredigt (Sendling, 21.4.1916) heißt es: „Der Mensch ist stärker wie Jesus". Oder aus den Bibelstunden zu Joh 17 („Das Gebet Jesu für die Seinen", München 1936): „So eindringlich Jesus ist, so wenig ist er zudringlich ... Er bindet uns, eilt uns nach, beschwört uns ... aber er macht uns nicht von der persönlichen Entscheidung frei und erspart uns nicht Annahme oder Ablehnung" (S. 57). „Wisse, o Menschenseele, dir ist eine Allmacht gegeben, die größer ist als Jesu Macht ... Und seinem Gnadenwillen widerspricht unsre Hartnäckigkeit, und er unterliegt, wenn wir nicht wollen..." „... daß er (der Mensch) mit einem einzigen entscheidenden Wort die Erlösung, an sich geschehen, zunichte machen kann..." (S. 41f).
Werden diese Spitzensätze der Kondeszendenztheologie aus ihrem werbenden Kontext isoliert, absolut gesetzt und bis zur letzten Konsequenz ausgezogen, so führen sie ebenfalls in die Absurdität. Gottes Heilswerk (es mag „an sich" noch so sehr „vollbracht" sein) ist letztlich Gott völlig entzogen und in die Verfügung des Menschen überstellt. Als Grenzfall ist möglich, daß Jesus zwar für *alle* starb, faktisch jedoch *niemand* gerettet wird, weil jeder Mensch sein „Vorrecht" benutzte und Gottes Heilswerk mit einer Handbewegung vernichtete. Damit ist – nun im Namen der Verantwortlichkeit des Partners Mensch – der Christusglaube wiederum aufgelöst. *Hier ist Gott im Menschen aufgehoben*, und (in perverser Umkehr) der Mensch mit seiner Entscheidungsallmacht zu Gott gemacht. Dem Pantheismus als dem „höf-

lichen“ Atheismus tritt der unhöflich aufdringliche zur Seite.

Was ist die Konsequenz? *Beide Grund-Sätze*, der von der Souveränität Gottes wie der von der Verantwortung des Menschen, sind *unaufgebbar*, sie sind beide *unverkürzt* zu sagen. Aber – entgegen den Bedürfnissen unserer Logik – ist zweierlei unmöglich: Weder kann die „dialektische“ Spannung zwischen beiden so gelöst werden, daß der eine Satz über den anderen triumphiert (siehe die beiden „Absurditäten“ oben!) noch können beide Sätze in einer „Hegelschen“ Synthese zu einer höheren Einheit verschmolzen werden. Der „offene“, der „Stückwerk“-Charakter einer Theologie derer, die „unterwegs“ sind, ihre nur eschatologisch zu überwindende Spannung ist hier besonders greifbar.

Vielleicht ist (als Gleichnis!) das in der Physik benutzte Verständnis von „Komplementarität“ hilfreich. Bekanntlich sind die Physiker ganz außerstande, zu sagen, *was* Licht sei. Allerdings vermögen sie zu beschreiben, *wie* Licht sich verhalte: Einmal nämlich – bei bestimmter Versuchsanordnung – so, als sei Licht körperhaft (Korpuskeltheorie), dann aber – unter anderen Versuchsbedingungen – als sei es wellenhaft. Beide Modelle aber lassen sich keineswegs zu einer Synthese zusammendenken. Sie stehen und gelten *nebeneinander* und vermögen nur *miteinander* auf das Ganze zu verweisen. Sollte nicht hier der von Paulus so oft benutzte Schluß vom Kleineren aufs Größere sich anbieten? Wenn es dem Physiker nicht einmal möglich ist zu sagen, was Licht sei, wieviel weniger kann es dem Theologen verfügbar werden, „auf den Begriff zu bringen“ und „in den Griff zu kriegen“, was doch so tief ist wie das Geheimnis GOTT und das Geheimnis MENSCH, der Gottes Ebenbild ist, sein Rebell und der von ihm mit Schmerzen gesuchte „verlorene Sohn“.

f) Eine Problemanzeige und -beschreibung habe ich versucht. Eine rational schlüssige Lösung scheint mir im Rahmen einer „theologia viatorum“ (also im Lager der Pilger) weder geboten noch möglich. Unsere Theologie bleibt jetzt und hier Stückwerk. Allenfalls „Eckdaten“, Grenzmarkierungen lassen sich nennen, negative Verbotsschilder (wie sie das Chalcedonense für die Christologie aufstellt):

– Wenn es um das Zum-Glauben-Kommen, um die Bekehrung geht, kann nicht vom „freien Willen" des alten Adam, nicht von einer noch so geringen Mitwirkung, nicht von *Synergismus* die Rede sein. Was der Mensch dazu aus dem Eignen beitragen kann, ist allein sein sündiger Widerstand.
– Es kann nicht von einem *Zwang* seitens Gottes die Rede sein, nicht von einem mechanischen Bewegtwerden wie bei Stein und Baumstumpf. Ich werde auch nicht ins Christsein hineingezaubert oder trickreich hineinmanipuliert. Gott zwingt nicht, er zieht und überzeugt.
– Ein Übergriff in Gottes Ratschluß sind die theologischen Postulate, die „verstiegen" und spekulativ entweder vom Uranfänglichen oder vom Letztendlichen her sagen, was Gott unfehlbar tun wird: Das Postulat „doppelte Prädestination" ist den Kindern, Kämpfern, Pilgern ebenso „zu hoch", wie das alternative der „Allversöhnung". Theologie darf nichts anderes sein als demütiges „Nach-Denken" (Iwand), das dem hinterdreindenkt, was Gott in Christus tat, und sich der Spekulation und ihren Postulaten verschließt.
– Alle Versuche, das *dimensionale Ineinander* von *Gottes Alleinwirksamkeit* und unserer *Verantwortlichkeit* „auszudenken", führen uns an letzte Grenzen unseres Denk- und Aussagevermögens. Hier drohen gefährliche Abstürze, etwa hinein in das monistische Denken der indischen Welt, wo der „Vater Jesu Christi", der „Immanuel-Gott", prinzipiell verlassen wird.

4. Die Einheit im Gebet

Karl Heim hat einen Aufsatz geschrieben „Zur Frage der Wunderheilungen". Dabei beginnt er ganz von außen bei natur- und geisteswissenschaftlichen Beobachtungen, entwirft als Naturphilosoph ein neues Gesamtbild der Wirklichkeit und zeigt auf, wie sinnvoll in dem so gestellten Kontext das biblische Wunderverständnis dasteht. Aber am Schluß wird der universal gelehrte Professor zum schlichten schwäbischen Stundenbruder, der bekennt: All das weiß der einfältige Beter immer schon. Er weiß: „Die rechte

Hand des Herrn kann alles ändern." Er weiß damit alles, ohne es jedoch (wie der Professor) philosophisch begründen zu können oder zu müssen. Ich denke, auch in unserer Frage liegt ein wichtiger Schlüssel im *Gebet*. Es lohnt, in einer Gruppe bewußter Christen zu fragen: „Wenn ihr vor und bei einer Evangelisation Gott darum bittet, Frau X oder Herr Y, Menschen, die Euch nahestehen, möchten zum Glauben an Jesus kommen, eine Wende, eine Bekehrung erfahren, *um was bittet ihr dann*?"
Es wird dann rasch deutlich: *Das Gebet setzt „De servo arbitrio" stillschweigend voraus*. „Gerade weil wir wissen, daß Herr Y sich keineswegs von sich aus wandeln kann, weil er tot wie ein Stein und kalt wie Eis ist, beten wir." Da wird nicht etwa darum gebetet, daß Gott den Prediger mit solchen rhetorischen und didaktischen Fähigkeiten ausstattet, daß er das „Angebot" der Gnade der Frau X so faszinierend vor Augen malen kann, daß sie als Kundin zur „Nachfrage", ja zum „Gratis-Einkauf" veranlaßt wird. Da wird darum gebetet, daß Gott, der Herr und Heiland, durch seinen Geist das „Herz" des anderen Menschen aufschließt, seine Motive und Gedanken, sein Bewußtes und Unbewußtes anrührt, sein in Sünden totes Gewissen „erweckt". Um nichts weniger als um *Totenauferweckung* wird gebetet. Und dabei zugleich darum, daß der andere „von Herzen" glauben kann, daß also in dem Wirken des Geistes das Innere des Menschen erschlossen, nicht ausgeschaltet, sondern erstmalig eingeschaltet wird, befreit zur Freiheit eines Christenmenschen. Darum wird gebetet, daß das aufgrund des Evangeliums ergehende Zeugnis des Evangelisten – mit all dem, was darin an sprachlicher, argumentativer Kraft, an zu Herzen gehender Liebe, auch an methodischer Überlegung oder an „instinktivem" Erspüren liegt – vom Geist Gottes an Herz und Hirn, an Kopf und Gewissen des Hörers verifiziert wird. So ist im Gebet für den Prediger selbst von der Wurzel her versammelt, was theologische Reflexion nur mit Mühe und nur stotternd nachzeichnen kann. Vor dem Geheimnis der Neuschöpfung stehen wir staunend, staunend auch vor dem Wunder, daß Gott Menschen als seine Boten daran beteiligt.

Fünftes Kapitel

Wie soll man heute von Gott reden?

Im Hause „Gnadenau"

Mit den Menschen heute von Gott sprechen. Breit ist unser Thema, ozeanbreit. Wollen wir uns nicht im Grenzenlosen verlieren, müssen wir uns über den Kurs verständigen. In welche Richtung soll die Fahrt gehen?

Verständigung über das Thema

Jesaja 55,1 soll uns die Richtung angeben:

„Wohlan, alle, die ihr durstig seid, kommt her zum Wasser! Und die ihr kein Geld habt, kommt her, kauft und eßt! Kommt her und kauft ohne Geld und umsonst Wein und Milch!"

Da tritt Gottes Bote auf wie der „billige Jakob" vor einem Supermarkt: „Gute Nachricht, Leute! Kommt, kauft, eßt! Was, Brot und Wasser ist unter Eurem Niveau? Ihr seid Besseres gewöhnt! Luxusgüter, Gaumenkitzler? Aber bitte sehr: Milch und Wein. Edelmilch von den glücklichsten Kühen auf der Gnadenau, euterfrisch und biologisch rein! Und Wein der allerbesten Lagen: Zionsqualität, Herrnhuter Auslese, Tabor Kabinett! Was das kostet? Dreimal dürft ihr raten! Sonderangebot? 50% Ermäßigung? Schleuderpreise? Alles Unsinn! Heute die Sensation unserer Firma: Wir verkaufen gratis! Nur her, meine Dame! Billig ist zu teuer für Sie, ich weiß, darum die absolute Nullösung! Alles zum Nulltarif! Aber mein Herr, nicht drängeln! Es ist alles im Überfluß vorrätig! Alles auf der Sola-Gratia-Basis heute. Gnadenau macht's möglich."

Mit den Menschen heute von Gott sprechen. Was erwarten Sie von mir, dem Referenten? Soll ich – um im Bild zu bleiben – Sie durch das gigantische Warenlager führen? Ihnen die unerschöpflichen Magazine von Bibel und Theologie präsentieren? Sollen wir Inventur halten? Vielleicht das Sortiment umordnen und ergänzen, die Regale neu installieren? – Ohne Bild: Sollen wir über das diskutieren, was in Sachen Gotteslehre heute theologisch „in" oder „dran" ist oder auch zu Unrecht vergessen? Sollen wir Altes und Neues aus der Literatur hervorholen und besprechen: „Die christliche Lehre von den Eigenschaften Gottes" (Hermann Cremer), „Die Sache mit Gott" (Heinz Zahrnt), „Der Gott der Philosophen" (Wilhelm Weischedel), „Gott als Geheimnis der Welt" (Eberhard Jüngel), „Der Gott der ganzen Bibel" (Horst Seebass), „Existiert Gott?" (H. Küng), „Gott existiert" (C.H. Ratschow), „Wer ist das eigentlich – Gott?" (H.J. Schultz), „Atheismus im Christentum" (Ernst Bloch), „Gottesdenker" (Horst G. Pöhlmann) ... Ich meine, das wissenschaftliche Gespräch über Fragen der Gotteslehre ist nicht Sache des Gnadauer Kongresses. Der Hauptton bei meinem Referat soll also nicht auf dem Wort „Gott" liegen.
Noch einmal: Was erwarten Sie? Ich kehre zu unserem Bild zurück: Sollen wir zunächst außerhalb des Kaufhauses Gnadenau eine *umfassende Marktanalyse* treiben, Modetrends beobachten, Bedürfnisse analysieren? Was sucht, fragt, hofft, fürchtet der moderne Mensch? Was treibt ihn um? Die Überlebensfrage? Die Sinnfrage? Haben wir es mit der skeptischen, der rebellischen, der resignierenden, der süchtigen Generation zu tun? Sollen wir dann auf diese Marktanalyse unsere Verkaufsstrategie gründen, reagieren nach den Gesetzen der freien Marktwirtschaft? Wo der Kunde König ist, muß unser Angebot der Nachfrage entsprechen. Sollen wir Marktlücken entdecken, nach einer attraktiven Verpackung suchen – etwa poppig bunt statt schwarz mit Goldschnitt? Sollen wir nach griffigen Werbespots fahnden? – Was erwarten Sie? Auch solch eine Marktanalyse, solch ein Röntgenbild des Zeitgenossen übersteigt, denke ich, unsere Möglichkeiten.

Der Hauptton soll also auch nicht auf das Stichwort „heute" gesetzt werden. Etwas sehr viel Bescheideneres möchte ich versuchen: Das Wörtchen „Wie" möchte ich hervorheben: *Wie* soll man heute von Gott reden? Als einer, der wie Sie zu den Gratisverkäufern Gottes gehört, möchte ich mich mit ihnen an einem Verkaufstisch zusammensetzten, um darüber nachzudenken, wie solch ein Nulltarif-Händler aussehen, welchen Charakter er haben, wie er mit seinen Kunden sprechen könnte, um charmant, einladend, vertrauenerweckend, gewinnend zu sein. Lassen Sie uns nach dem Berufsbild eines *Nulltarif-Verkäufers* vom Hause Gnadenau fragen, wobei ich diesen jetzt bei seinem biblischen Namen nennen möchte: *Zeuge Jesu Christi*.

A. Berufsbild des „Nulltarif-Verkäufers"

I. Der Zeuge – juristisch und geistlich

„Ihr werdet meine Zeugen sein" (Apg 1, 8). *„Zeuge"*, das ist für den Christen Berufsbezeichnung und Ehrentitel zugleich. Versuchen wir zunächst, *Gestalt und Aufgabe des Zeugen* zu umreißen!

Beim biblischen Zeugenverständnis ist wie beim juristischen zunächst ein Dreifaches festzuhalten, ein dreifacher Bezug, eine dreifache Blickrichtung:

(1) Ein Zeuge ist stets *Zeuge von etwas*. Er ist Ohrenzeuge, Augenzeuge. Er war dabei, er hat's erlebt, das ist sein Spezifikum. Nicht sein Aussehen, nicht seine Intelligenz, nicht seine Weltanschauung ist gefragt, sondern seine Beobachtung, seine Wahrnehmung. Was ihn qualifiziert, heißt Erfahrung, Erstkontakt zum Geschehen. Er ist als Zeuge *von* etwas *Tatsachenzeuge*.

(2) Ein Zeuge ist stets *Zeuge vor* und *gegenüber*, nämlich gegenüber einem Forum, vor einer öffentlichen Instanz. Das

Hauptwort „Zeuge“ kommt von dem Tatwort „ziehen“. Ein Zeuge wird vor die Schranken des Gerichts „gezogen“, geradezu eingezogen, einberufen wie ein Soldat, wird vorgeladen, in Pflicht genommen. Er hat keine Wahl: Zeugnisverweigerung ist – von Ausnahmefällen abgesehen – strafbar. Der Zeuge hat den verborgenen oder umstrittenen Tatbestand, in den er Einsicht gewann, ans Licht zu bringen. Das ist seine Bürger-, seine Christenpflicht. Der Tatsachenzeuge wird so als Zeuge *vor* zum *Öffentlichkeitszeugen*.

(3) Ein Zeuge ist zugleich immer Zeuge *für*; als Tatsachen- und Öffentlichkeitszeuge ist er stets auch *Wahrheitszeuge*. Damit ist nach seinem Charakter gefragt. Ein freies, unerschrockenes, ein (recht verstanden) „rücksichts-loses“ Bekenntnis wird erwartet. Der Be- oder Entlastungszeuge darf nicht zu manipulieren, nicht einzuschüchtern sein, nicht erpreßbar, nicht käuflich. In seinem Gewissen muß er der Wahrheit verpflichtet sein. Gegebenenfalls wird diese Bindung an die Wahrheit durch einen Eid bekräftigt, d.h. der Zeuge ruft über sich und seinem Wort die absolute Letztinstanz an, Gott als Inbegriff der Wahrheit, Gott als Zeugen und als Richter. (Der Satz „So wahr mir Gott helfe“ schließt die negative Kehrseite in sich: „So wahr mich – im Falle der Lüge – Gottes Fluch treffen soll.“) Darum ist Meineid Frevel. Auch Paulus bekräftigt seine Aussagen von der Auferweckung Jesu mit den Worten: Andernfalls würden wir als *„pseudomartyres“*, als Meineidszeugen gegen Gott, erfunden (1Kor 15,15; vgl. 1,8; 2Kor 1,23). Der Zeuge von und vor ist als Zeuge *für* stets *Wahrheitszeuge*.

(4) Das biblische Verständnis bringt im Unterschied zum juristischen einen weiteren, alles neu prägenden Aspekt hinzu: Für den Rechtsbereich gilt als selbstverständlich die Lexikondefinition: Zeuge ist „diejenige Person, die in einem *sie nicht betreffenden Verfahren aussagen soll*“. Der juristische Zeuge muß „objektiv“ sein, sich in innerer Distanz zum Geschehen befinden. Als „Befangener“ (etwa als naher Verwandter), als einer, der in den Fall persönlich verwickelt ist, persönlich engagiert ist, private Interessen vertritt, der somit „Partei ist“, gilt er als vollkommen unbrauchbar, als zeugnisunfähig. Sein Herz muß draußen bleiben, nicht die

Person ist letztlich gefragt, sondern die Funktion (das Beobachtet-Haben).

Der Christuszeuge steht dazu im deutlichen Gegensatz: Nicht nur „befangen" ist er, vielmehr geradezu ein „Gefangener", ein von seinem Herrn Beschlagnahmter. Paulus bekennt: „Ein Zwang liegt auf mir: Wehe mir, wenn ich das Evangelium nicht predigte" (1Kor 9,16). Der Christuszeuge ist wahrhaft ein „Gezogener", ein mit Haut und Haar Ergriffener, ein in den Triumphzug seines Herrn Eingereihter. Dabei ist diese Beschlagnahmung, dieser „Zwang", zugleich die große Befreiung, die große Freude, ja der Sinn seines Lebens. Er ist Zeuge *mit* Herzen, Mund und Händen, tritt *mit* seiner Person für seinen Herrn ein, steht *mit* Leib und Leben für ihn gerade – im äußersten Fall bis zum Erschießen.

Ganz konsequent hat sich aus dem griechischen Wort für Zeuge, aus *„martys"*, das Wort „Märtyrer" gebildet. Der Christuszeuge ist wesenhaft das, was im Extremfall herauskommt: *Zeuge mit Blut und Leben.* So wenig wir jene Verse Luthers mit selbstsicherem Pathos singen können, so wenig dürfen sie unter uns verstummen: „Nehmen sie den Leib, Gut, Ehr, Kind und Weib, laß fahren dahin, sie haben's kein Gewinn. Das Reich muß uns doch bleiben." Der Christuszeuge ist *Existenzzeuge.*

Wie bündeln:

(1) Zeuge *von* ist der Christ, *Tatsachenzeuge.* Er kann nicht schweigen von dem, was er gehört und gesehen hat (Apg 4,20).

(2) Zeuge *vor* ist der Christ, *Öffentlichkeitszeuge.* Er schuldet der Welt die Botschaft von ihrer Errettung; seine Zeugnispflicht reicht „bis an die Enden der Erde" (Apg 1,9).

(3) Zeuge *für* ist der Christ, *Wahrheitszeuge.* Er steht im Gefolge des Herrn, der als Ur- und Kronzeuge Gottes von sich sagt: „Ich bin dazu geboren und in die Welt gekommen, daß ich für die Wahrheit zeugen soll" (Joh 19,37).

(4) Zeuge *mit* ist der Christ, *Existenzzeuge.* Mit Herzen, Mund und Händen ist er „befangen", „gezogen", berufen von seinem Herrn.

In diesem vierfachen Sinn ist *Christenstand* stets *Zeugenstand*.
Das Wort „Zeuge" als des Christen Berufsbezeichnung und Ehrentitel scheint mir geeignet, die beiden Gnadauer Kongresse (Gunzenhausen und Essen) zu verbinden: Der Zeuge *von* muß mit seiner ganzen Existenz immer neu *„Schritte zur Mitte"* tun, sich stets neu bei seinem Herrn festmachen; der Zeuge *für* und *vor* muß – wiederum mit seiner ganzen Existenz – *„Schritte zum Menschen"* gehen. Wie tut er das? Wie begegnet der Nulltarif-Händler dem Kunden? Welche Atmosphäre, welchen Stil darf der Kunde im Kaufhaus Gnadenau billigerweise erwarten?

II. Vier Ebenen der Zeugenschaft

Vier Dimensionen, vier Ebenen der Begegnung möchte ich ansprechen. Dabei stelle ich jeweils einen Leitsatz voraus.

1. Die emotionale Ebene

Leitsatz: Der bis zur Neurose hin verunsicherte, von irrationaler Angst („namenlos") wie rationaler Furcht umgetriebene Zeitgenosse fragt nach ansteckender Zuversicht; er hat ein Recht darauf, daß wir ihm Quellen des Lebensmutes zeigen.

„In seiner Gegenwart fühlte man sich frei – nicht bedrängt, ermutigt, – nicht bedrückt, angenommen, – nicht angegriffen, ‚brutto' geliebt, – nicht kritisch taxiert." So faßte jemand seinen Eindruck von einem alten Zeugen Jesu zusammen. Was schaffte diese gute, gewinnende Atmosphäre? Der Vater in Christo lebte wie Blumhardt in dem kindlich fröhlichen Urvertrauen: „Es muß doch alles gut werden, weil Jesus auferstanden ist." Wer Jesus Christus begegnet ist, der kennt den Ersten und den Letzten, den Gott *vor*

allem und den Gott *nach* allem, den Weltschöpfer und Weltvollender. Er weiß, daß die Weltgeschichte von vorn und hinten von guten Händen umfaßt ist. Nun muß er in den Weltängsten nicht verzagen, hat Kraft und Grund genug zu getrostem Lebensmut: Gott ist treu, „darum fürchten wir uns nicht, wenngleich die Welt unterginge und die Berge mitten ins Meer sänken" (Ps 46,3). In der Tat: Zeugen sind selbst *„Über-zeugte"*: Die Wahrheit in Person ist über sie gekommen, hat ihnen das Herz abgewonnen, hat sie ihrer „Sache" gewiß gemacht.
Walter Lüthi erzählt in einer Predigt: „Ich traf vor einiger Zeit in der Eisenbahn einen Vertreter, der auf ‚garantiert echten Bohnenkaffee' reiste und sichtlich stolz darauf war, daß er nicht mit zweifelhaften Mischungen und Surrogaten handeln mußte. Etwas von solch gutem und berechtigtem *Vertreterstolz* findet sich auch bei Paulus. Er vertritt ein Geschäft, dem gegenüber die größte Weltfirma ein elendes Krämerlädeli ist. Der Artikel, mit dem Paulus reist, ist das einfältige und lautere Wort Gottes, das er mit gutem Gewissen anpreisen und an den Mann bringen darf."[1] Diese Überzeugung gibt den Vertretern aus dem Hause Gnadenau *fröhliche Gelassenheit.* Sie fühlen sich nicht wie Rettungsschwimmer, die mit letzter Kraft die schon ertrinkende Wahrheit über Wasser halten müssen. Sie wissen sich selbst von der Wahrheit getragen, ruhen so mühelos auf ihr wie ein Nichtschwimmer auf dem stark salzhaltigen Wasser des Toten Meeres. Zeugen Jesu Christi schwimmen oben, sind als Getragene „Überlegene", haben Energie der Lage. In einer Zeit voll engagierter Verzweiflung und verzweifeltem Engagement, voller Fanatismus auf dem Boden der Angst, voller Weltpluralismus und Skepsis sagen Christen fröhlich: „*Ich weiß*, woran ich glaube." Sie sagen das ganz ohne Überheblichkeit und Arroganz, sagen es mit Humor. *Christenhumor* ist, wenn man trotz des alten Drachens fröhlich lachen kann, wenn man mitten drin (im Schlamassel) doch drüber steht. In solchem Christenhumor kann Paulus mitten in Weltuntergangsstimmung die Schiffsmannschaft zum Frühstück bitten: „Er nahm ein Brot, dankte Gott vor ihnen allen und brach's und fing an zu essen. Da wurden sie

alle guten Muts und nahmen Speise“ (Apg 27,35f). Solcher Christenhumor ist ansteckend, hat unmittelbar missionarische Qualität, macht es anderen leichter, an Jesus zu glauben.

„Du wirst allein ganz recht behalten“, diese Gewißheit nimmt unserem Gespräch mit anderen, unserem Gebet für andere alle nervöse Hektik, jeden Anflug von Fanatismus, alles falsche Drängen, schenkt uns dafür die *„makrothymia“*, den „langen Atem“, den Paulus als Kennzeichen der Liebe nennt (1Kor 13,4). Ich vergesse jenen hochgebildeten arabischen Bruder nicht, der in unserem Wohnzimmer saß. Theologie hatte er studiert, als gläubiger Moslem natürlich islamische, und zwar an der bedeutendsten theologischen Fakultät der islamischen Welt, der El Azhar-Universität in Kairo. Natürlich wurden dort auch in polemischer Auseinandersetzung die nicht-islamischen Religionen behandelt, insbesondere das Christentum. Der junge moslemische Student hatte eine wissenschaftliche Seminararbeit anzufertigen über den Römerbrief des Paulus, selbstverständlich mit dem Ziel, die christlichen Irrlehren zu analysieren und zu widerlegen. Aber mitten bei dieser Arbeit wurde jenem Moslem das Bibelwort zum lebendigen Gotteswort: Aus dem griechischen Buchstaben des Textes trat Jesus als der lebendige Kyrios hervor. Der moslemische Theologe wurde Christ und treibt heute Mission an seinen Landsleuten. (Bei einer Rückkehr in seine Heimat wurde er als „Abtrünniger“ hinterrücks erschossen – ein Blutzeuge Jesu!).

Solch ein Einbruch ermutigt mich zum Vertrauen auf den Gott, dem kein Ding unmöglich ist, und zu dem Herrn, dem die Starken „zum Raube“ verheißen sind. Niemand muß, niemand darf ich je abschreiben, mit niemand je „fertig“ sein, denn Gottes Geschichte mit einem Menschen geht unendlich weiter und tiefer als wir je ahnen.

Zuversichtlich, von Osterduft umgeben, darf unser Zeugnis sein, herzlich, fröhlich, geduldig und voller Zuversicht. Wann immer wir den Namen Jesus sagen (auch wenn uns das Herz dabei bis zum Halse schlägt), kommt guter Ozon, guter Geist, in einen muffigen oder gewittrig schwülen Raum. „Es muß doch alles gut werden!“ – solch anstekkende Zuversicht ist ein Heilklima für den von geistiger Luftverschmutzung, von angstvollen Erstickungsanfällen geplagten Zeitgenossen. Den „Wohlgeruch Christi", den „Duft des Lebens zum Leben" (2Kor 2,14f), sollte jeder einatmen dürfen, der einem der Gratisverkäufer aus dem Hause Gnadenau begegnet.

2. Die rationale Ebene: Argumentation

Leitsatz: Der von Kindesbeinen an auf kritisches Hinterfragen getrimmte Zeitgenosse fragt nach stichhaltigen Begründungen für unseren Glauben; er hat ein Recht auf unser geduldiges, sachliches, rationales Argumentieren, hat Anspruch auf Diakonie im Denken.

Zum durch das Evangelium überzeugten Zeugen Jesu Christi gehört die ständige Bereitschaft „zur Verantwortung vor jedermann, der von euch Grund fordert der Hoffnung, die in euch ist" (1Petr 3,15). „Seid allezeit bereit, jedermann Rede und Antwort zu stehen" (Wilckens)! Ein Ausleger spricht von der „Weite einer universalistischen missionarischen Apologetik" (L. Goppelt).[2] Darin steckt Bereitschaft zur Verteidigung wie zum Angriff, und zwar mit geistigen, mit intellektuellen Waffen, mit guten Argumenten. Prof. Karl Heim hat mit Nachdruck *vom guten „intellektuellen Gewissen"* gesprochen, das ein Christ ebenso nötig braucht wie das gute, das getröstete „moralische" Gewissen (Es gehört „zur völligen Heiligung, daß auch in unserem Gedankenleben Ordnung herrscht und nicht chaotische Verwirrung").[3] Wenn viele Zeitgenossen im Denken völlig unmündig sind, sozusagen bei irgendeiner ideologischen Firma „denken lassen", anstatt es selbst zu tun, so müssen wir Christen hier tapfer widerstehen. „Der Heilige Geist ist kein Skeptiker", sagt Luther. Wiederum sagen wir: „Ich *weiß*, woran ich glaube." Ich habe im Glauben einen geistigen Horizont bekommen, der von der Grundlegung der Welt bis zum neuen Himmel und zur neuen Erde reicht. Ein Christ lebt in der fröhlichen Gewißheit: Ich bin nicht einer

Ideologie aufgesessen, die ich nur mit dem „Opfer des Verstandes", nur mit geistigen Verdrängungen durchhalten kann („Das darfst Du nicht denken! So darfst Du nicht fragen!"). Im Gegenteil: Karl Heim war der Überzeugung: Solange ich noch irgendeinen Gedanken aus Philosophie oder Naturwissenschaft oder auch „modernistischer Theologie" fürchten und ihm ausweichen muß, solange glaube ich es nicht bis hinein in meine Gedankenwelt: Herr ist Jesus. Ich habe nicht irgendwelche religiösen *Ansichten* zu verteidigen; Gott hat mir *Ein-Sicht*, Einblick in die Wahrheit geschenkt und damit auch Ein-Sicht in die Wirklichkeit seiner Welt. Wer von Karfreitag und Ostern herkommt, hat die „Zentralschau". Das ist nicht irgendeine besondere mystische Entrückung, sondern die nüchterne Optik des Glaubens. Paulus hat das unerhört kühne Wort formuliert: „Der Geistbegabte (Pneumatiker) kann alles beurteilen" (1Kor 2,15). Christen sind zum Argumentieren berechtigt und verpflichtet. Was der Glaube bekennt, ist wohl höher als alle Vernunft, aber es ist nicht vernunftwidrig, nicht absurd. Was Gott der Sohn (II. Artikel) und Gott der Geist (III. Artikel) tun, widerspricht nicht dem Werk Gottes des Schöpfers. Erlösung ist nicht Vernichtung, sondern Vollendung der Schöpfung.

Darum ist mit allem Nachdruck festzuhalten: Es gibt keinen Konflikt zwischen echtem Christenglauben und echter (d.h. nicht ideologisch überfremdeter) Wissenschaft. Der Christenglaube läßt sich gewiß nicht beweisen, aber es gibt sehr wohl gute Argumente für ihn. Nicht der Glaube, wohl aber der Unglaube ist mit der Dummheit verschwistert. Denn Sünde ist – nächst Hochmut und Ungehorsam – stets auch – wie Karl Barth betont – „Dummheit", der ebenso unsinnige wie unmögliche Versuch des Geschöpfes, „ohne Gott in der Welt zu sein" (KD IV 2/S. 461). Der Alttestamentler Gerhard von Rad fragte von der stark argumentierenden alttestamentlichen Weisheitsliteratur her zu Recht: „Kann der christliche Glaube nicht auch heute den Menschen mit Erfahrungen und Wahrheiten an die Hand gehen, die Evidenz haben (einsichtig sind)? Haben wir nicht ein großes Feld, auf dem wir zum Reden, ja zum Argumentie-

ren ermächtigt wären, eine riesige Dimension spezifisch christlicher Erfahrungen versteppen lassen?"[4] Zwischen Glaube und Wissen steht wie eine Brücke vermittelnd die „Weisheit". „Weisheit ist wissender Glaube und glaubendes Wissen", so formuliert H.G. Pöhlmann.[5]
Wir haben jeder scheinfrommen Überhöhung der Dummheit und Denkfaulheit zu widerstehen, als sei nicht der *geistlich,* sondern der *geistig* Arme selig zu preisen. Es ist unerträglich, wenn der englische Buchtitel „A small woman" – vermeintlich zur höheren Ehre Gottes – im Deutschen wiedergegeben wird mit „Eine unbegabte Frau"! Wir sind den Zeitgenossen Argumente schuldig! Ich nenne einige beliebige *Beispiele* zur Illustration: In unserem kleinen Hauskreis sind zwei engagiert fragende Diplomingenieure. Als wir bei der Besprechung des Markus-Evangeliums auf Wundergeschichten stießen, war schlechterdings kein Weiterkommen ohne die grundsätzliche Frage nach Wunder und Naturgesetz. Ein *philosophisch* und *theologisch* grundlegender Artikel von Karl Heim erwies sich als große Hilfe.[6]
Oder: Für die Frage nach der *geschichtlichen* Glaubwürdigkeit des Ostergeschehens bietet sich das Buch von Heinzpeter Hempelmann an: „Die Auferstehung Jesu Christi- eine historische Tatsache?" (1982). Gerade beim Auferstehungswunder kann man Grundsätzliches und Modellhaftes lernen: Die Auferweckung als Gottestat übersteigt alle Kategorien, nach denen wir sonst historische Fakten messen, es ist ja der geradezu explosionsartige Einbruch der neuen Welt in den Äon des Todes. Aber dieses Ereignis hinterläßt einen historischen Kraterrand. Die historischen Rätsel (Wie war der fröhliche Glaube der Jünger nach dem Fluchtod Jesu möglich? Wie läßt sich das leere Grab erklären?) führen auf die Schwelle zum göttlichen Geheimnis. Das göttliche Geheimnis vermag gewiß nur der Geist Gottes zu öffnen, aber einen ernsthaft Fragenden kann ich durchaus bis zu dem „kritischen" Kraterrand führen.
Oder zu der immer wieder gestellten Frage: Steht hinter der Welt eine planende Intelligenz oder ist *alles nur eine Summe von Zufällen*? Prof. Werner Gitt hat an einem Beispiel – der menschlichen Augenlinse – aufgezeigt, daß das Modell ei-

ner Evolution, die nichts als Mutation und Selektion, nichts als das Prinzip Zufall und eine schier unendliche Zeitdauer kennt, schlicht versagt, sich selbst ad absurdum führt. Charles Darwin selbst gibt zu: „Die Annahme, das Auge mit seinen unnachahmlichen kunstvollen Einrichtungen für Scharfeinstellung, Regelung des Lichteinfalls und Ausgleich sphärischer und chromatischer Aberration habe sich durch natürliche Auslese bilden können, ist, wie ich offen zugebe, in höchstem Maße widersinnig."[7]

Auch der Bereich des *Ethischen* erlaubt und erfordert solch „weisheitliches" Argumentieren. Ein von Franz Alt verantworteter, in der ARD ausgestrahlter Beitrag zum Thema „Abtreibung" sprach, ohne daß das Wort Gott dabei vorkam, eine unüberhörbar deutliche Sprache der Tatsachen. Ein Embryo im Mutterleib ist in den ersten Lebenswochen eben nicht ein schleimiger Brei oder ein bloßer Zellklumpen, sondern wahrhaftig ein Mensch, künstlich und fein bereitet. Man kann die Filme und Fotos, die da gezeigt wurden, wohl gewaltsam verdrängen, kann (wie Paulus Röm 1,18 sagt) „die Wahrheit mit Ungerechtigkeit niederknüppeln", aber man kann nicht mehr den Ahnungslosen spielen.[8]

Ein letztes Beispiel: Die Landfrau Teresa aus El Salvador berichtete von einem Massaker, das sie überlebte. „Sechs Zivilisten – eine ‚Verteidigungspatrouille' – kamen auf der Suche nach Waffen in ihre Hütte, zerstörten ihre Lebensmittel, schlugen den Mann zum Krüppel, vergewaltigten und schwängerten die beiden Töchter, 14 und 15 Jahre alt. ‚Bedenken Sie, daß es einen Gott gibt, der Sie zur Rechenschaft ziehen wird', wagte Teresa zu mahnen, doch die Männer lachten nur: ‚Gott ist tot, hast Du das noch nicht gewußt? Wir sind jetzt die Götter.'"[9] Ohne die Gottesfurcht wird die Welt zur Hölle. Der Philosoph Kolakowski sagt: „Konsequent zu Ende gedacht, bedeutet die Abwesenheit Gottes den Untergang des Menschen." Wer heute Wege zum Menschen gehen will, soll sich mit guten Argumenten verproviantieren.

Aber ist solche weisheitliche Argumentation nicht *Vorhofsarbeit*? Gewiß! Aber ist solcher Abholdienst im „Vorhof der Heiden", solches Abholen und Begleiten nicht ein notwen-

diger Dienst? Ein pensionierter Bruder im Pfarramt, der jahrelang in einem unserer Gemeinschaftsverbände als Vorsitzender tätig war, erzählte mir von einem entscheidenden Samariterdienst, einer ganz wesentlichen *Diakonie im Denken*, die er von einem Predigerbruder empfing. Bei der Lektüre von Goethes „Faust" („Wer immer strebend sich bemüht, den können wir erlösen") war er als Gymnasiast in tiefe innere Unsicherheit geraten, in eine Glaubenskrise. Da hatte der Prediger nicht nur mit ihm gebetet, sondern Abende lang mit ihm den „Faust" studiert und die geöffnete Bibel danebengelegt.
Wir Gratisverkäufer vom Hause Gnadenau haben keinen Anlaß, uns zu verstecken. Wir sind – wie jener Kaffeevertreter – von der Qualität unserer Ware überzeugte Leute. Wir laden fröhlich ein: „Kommen Sie nur ganz nah heran! Sie können unsere Artikel gern anfassen. Sie dürfen gern die Verpackung aufreißen. Auch Schere und Messer bringen Sie ruhig mir! Was wir ihnen anbieten, ist hieb- und stichfest!"

3. Die personale Ebene: Existenzielle Betroffenheit

Leitsatz: Der in der Industriegesellschaft auf Daten und Funktionen eingeschrumpfte, sich als Computernummer und Ersatzteil erfahrende Zeitgenosse fragt nicht nach etwas, sondern nach uns, sucht das unverwechselbar Persönliche. Er hat ein Recht darauf, daß wir uns ihm aussetzen mit unserer ureigensten Erfahrung.

In der Begegnung mit dem ewigen Gott, der sich als mein Gott mir zuwendet, mit dem Schöpfer aller Welt als meinem Vater, dem Herrn (Kyrios und Pantokrator) Jesus Christus als meinem Bruder und Erlöser, dem Heiligen Geist, der als mein Anwalt in mir Wohnung nimmt, in dieser Erweckung des Gewissens, in diesem Empfang der Gotteskindschaft *werde ich ich selbst*, da empfange ich (um ein Modewort zu benutzen) meine *Identität*. Die Frage „Wer bin ich?" kommt zur Ruhe: „Wer ich auch bin, Du kennst mich,

Dein bin ich, o Gott" (D. Bonhoeffer). Ich komme in den Glauben hinein, und das ist die urpersönlichste Erfahrung meines Lebens. Da wird wirklich per Du geredet: „Ich habe Dich bei Deinem Namen gerufen, mein bist Du!" Aber es ist wichtig, davon sachlich zu sprechen: Dies unvertauschbar *Persönliche* ist keineswegs etwas *Subjektives*, etwas, das nur mich angeht, das meine Privatsache ist. Hier geschieht vielmehr Ein-sicht in das universal Gültige, in das, was alle betrifft: Gott hat die *Welt* versöhnt. In diesem umfassenden Horizont steht meine urpersönliche Bekehrung und Wiedergeburt. Ich habe die Wirklichkeit, die Wahrheit entdeckt, die „allem Volk" gilt. So macht mich gerade diese Urerfahrung zum Schuldner der Menschen, zum Zeugen vor der Öffentlichkeit. Ich bin „gezogen" (Zeuge!) worden, eingezogen, einberufen zum Dienst meines Herrn. „Kommt her, *ich will erzählen*, was der Herr an meiner Seele getan hat" (Ps 66,16).

Mein Christuszeugnis ist so immer auch *Erfahrungsbericht*. Wir sollten das Wort „Erfahrung" nicht scheuen. Es ist voll farbiger Anschaulichkeit. Es hat mit Fahren zu tun, mit Wandern, Reisen. Den Rheinfall bei Schaffhausen habe ich „erfahren", wenn ich das Donnern der Flut hörte, die Gischt auf meiner Haut spürte. Solche Erfahrung ist das Ursprüngliche und Elemetare, ist Erstkontakt zur Sache. Kein Film, kein Foto kann sie ersetzen. Erfahrung trägt ganz unmittelbar Gewißheit in sich („Ich hab's doch selbst gesehen" ist ein fundamentales Argument). Erfahrung geht allem Nachdenken, aller Theorie voraus, zieht sich als der innere Pulsschlag durch alles Berichten hindurch. Wenn in Israel ein schwer Erkrankter aus Todesnot genas, dann lud er ein zum „Toda-Opfer". Beim anschließenden Dank- (oder Bekenntnis-) opfermahl erhob er vor der Versammlung seine Stimme zum Gotteslob. Der Tenor hieß: „Kommt her, ich will erzählen, was Gott an mir tat" (vgl. Ps 31,8f. 20-25, Ps 69,31ff; Ps 22,23ff; Ps 116).[10] Dieser persönliche Ton will bei allem Christuszeugnis hörbar sein: Ich bin ein „befangener" Zeuge, rede von mir, wenn ich von ihm spreche, spreche von ihm, wenn ich von mir rede. „Ich weiß, an wen ich glaube!"

Aber wer bin ich denn? Ein *gerechtfertigter, begnadigter* Sünder! Wenn ich wirklich mit meiner Existenz „weiß“, was diese Formel sagt, dann muß das meinen Umgang mit meinem Nächsten, gerade auch dem Noch-Nicht-Christen prägen. Ich kann dann nicht „von oben herab tönen“ (das ist der Ursinn des Wortes „Katechese“), sondern nur neben ihm sitzen. Wenn der Herr auf dem Esel saß, können die Vertreter Gnadenaus nicht auf hohem Roß galoppieren. Ich kann nicht auf dem Hochsitz meiner Frömmigkeit auf Beute lauern und sie dann durch gezielten Blattschuß zur Strecke bringen wollen. Der „Hochsitz“ des Christen ist das Armsünderbänklein, von dem ich ein Leben lang nicht herunterkomme, also der Sitz neben, nie über dem anderen. Christen sind „Bettler, das ist wahr“.

Zur Zeit der Lebensmittelrationierung unterschied man Selbstversorger, Teilselbstversorger und Leute mit Lebensmittelkarten. Christen gehören stets der letzten Gruppe an. Auch die Mitarbeiter im reichen Kaufhaus Gnadenau sind niemals Produzenten, auch sie leben vom täglichen Empfangen. Bettler sind wir, freilich solche, die am Freitisch Gottes sitzen, Gäste des Hochzeitsmahls. Deshalb sind wir auch Bettler, die anderen Bettlern sagen können, wo es etwas zu essen gibt. In diesem Sinne sind wir Arme, die zugleich reich machen (2Kor 6,10). Wir Christen sind *„Gerechte und Sünder zugleich“*. „Wer bin ich, wenn es mich betrifft?“, fragt Woltersdorf. „Ein Abgrund voller Sündengift!“ Als solcher bin ich mit allen verlorenen Söhnen der Welt solidarisch. Dies Modewort hat ja mit „solide“ zu tun, was „dicht, fest, eng zusammengebunden“ bedeutet. Wir alle sind von einem Stoff. Ich kann von keiner Sünde des Nächsten – etwa in einer persönlichen Aussprache – hören, ohne daß dabei mein Innerstes mitschwingt. In den Kellergewölben auch meines Unbewußten liegt genügend Rohmaterial zu denselben Taten. Allein seine Bewahrung (vielleicht vom gläubigen Elternhaus her) hat mich gehalten! Aus dieser Solidarität konnte der von Hause aus hochsensible und ästhetisch sehr empfindsame Adelige Friedrich von Bodelschwingh einen stinkenden, verlausten Alkoholiker in die Arme schließen: „Komm, Bruder!“

Wer von seiner Erfahrung mit Jesus spricht, redet von der eigenen Krankheit und von dem wunderbaren Arzt zugleich. Solidarisch mit dem Nächsten sind wir auch als *Angefochtene*. Paulus war jedenfalls überzeugt: Nur wer durch die „Trübsale Asiens" geht, so daß er schier am Leben verzagt, und dort in unheimlichen Abgründen dem „Vater der Barmherzigkeit und Gott allen Trostes" begegnet, vermag nun auch andere aufzurichten „mit dem Trost, mit dem wir selber getröstet werden von Gott" (2Kor 1,3-7). Kluge Patentantworten – und wären sie auch in Bibelsprüche verpackt – können brutale Unmenschlichkeit sein. Der frühere Leiter der Betheler Anstalten, Pfarrer Alex Funke, erzählte einmal, wie nach dem Sterben seines Töchterchens (es starb an Leukämie, und die Mutter stand als Ärztin hilflos daneben) auch solche „Trostbriefe" ins Haus gekommen seien: „O wie muß Euch der Herr doch liebhaben, denn welche er liebhat, die züchtigt er!" Aber derartige Phrasen, aus sicherem Schneckenhaus abgefeuert, helfen nicht. Hiobs Freunde, die doch von Gott als Schwätzer disqualifiziert wurden, haben immerhin sieben Tage und Nächte schweigend neben ihrem totwunden Freund gesessen. Das lösende, helfende Wort haben wir nicht wie Pulver auf der Pfanne, es will erbeten sein.
Der Zeuge Jesu ist Zeuge mit seiner ganzen Person, er ist nicht eine gutgeölte, stets produzierende Kerygma-Maschine. Wenn solch ein verkommener Bruder von der Landstraße den Herzschlag unter Vater Bodelschwinghs Jacke spürte, hatte er etwas von dem liebenden Herzen Jesu selbst erfahren.
„Ich hab's!" ruft ein Christ, jubelnd wie einst Archimedes, der Physiker. Und es ist wahr: Wir haben's: Vergebung der Sünde und ewiges Leben, einen Heiland haben wir. Doch dieser Jubel kann nie schrill und überheblich von oben tönen. Daß ich es hab', hängt doch in jeder Sekunde daran, daß ER mich hat und hält. Gratisverkäufer in Gnadenau müssen Zeugen zum Anfassen sein. „Sieh, die Nahrung, die ich Dir empfehle, ich selber ernähre mich täglich davon. Hör, die Medizin, die ich Dir anbiete, sie hat mich selbst gesund gemacht! Faß ruhig die Kleider an, die ich trage, prüf

ihren Stoff und ihren Sitz, der Chef hat sie eigens für mich maßgeschneidert, und für Dich liegen auch schon welche bereit!"

4. Die „reale" Ebene: Sachlichkeit

Leitsatz: Der durch Reklamesprüche und politische Parolen abgebrühte, durch unablässige Starproduktion und -vermarktung angeekelte Zeitgenosse will wissen, „was Sache ist". Er fragt nach Menschen, die nicht sich selbst und ihre private Ideologie an den Mann bringen wollen. Er hat ein Recht darauf, bei uns strenge Sachlichkeit zu finden, den nüchternen, selbstlosen Hinweis auf die Realität, die unser Leben trägt.

Wir haben die Bedeutung der persönlichen Glaubenserfahrung für unser missionarisches Gespräch herausgestellt. Wo es etwas zu erzählen gibt, spitzt der Zeitgenosse die Ohren. Zudem hat das persönliche Zeugnis unmittelbar „ansprechende" Kraft: Der Zeuge bringt immer sich selbst mit, gibt ein Stück von sich selbst her, liefert nicht nur etwas ab (wie ein Briefträger), sondern liefert sich selbst aus, exponiert sich, riskiert sich. Mit der Erfahrung unseres Lebens dürfen wir es anderen leichter machen, an Jesus zu glauben. Aber eben um dies *„an Jesus glauben"* geht es. Das „Bodenpersonal" im Hause Gnadenau kann ja niemand bei sich selbst festhalten wollen statt ihn weiterzuleiten zum „Chef". Gerade indem wir von uns wegweisen, werden wir zu Weg-weisern unseres Herrn. Wie der überdimensionale Zeigefinger Johannes des Täufers (auf Grünewalds Gemälde), wie die ausgestreckte Schwurhand Luthers (auf Cranachs Bild) es plakativ verdeutlicht, so sind wir nichts als Fingerzeige. „Wir predigen nicht uns selbst (auch nicht unsere geistlichen Erfahrungen!), sondern Jesus Christus als den Herrn" (2Kor 4,5). Wohl identifiziert sich Paulus leidenschaftlich mit seiner Botschaft, sagt „mein Wort" (1Kor 2,4), ja „mein Evangelium" (Röm 2,16; 2Tim. 2,8), aber er sagt nie „das Evangelium von mir". Es gibt kein anderes

Evangelium. Der lebendige Herr ist sein Inhalt und sein Autor, es handelt von ihm, und er selbst spricht es zu. Paulus wollte keine „Pauliner“, und unser Ziel kann es nicht sein, Gemeinschaftsleute oder EC-ler zu machen. Die Botschaft heißt nicht: „Komm zu uns!“, sondern: „Glaubt an den Herrn Jesus Christus!“ Unsere Freude ist vollkommen, wenn Menschen sagen: „Wir glauben hinfort nicht um deiner Rede willen; wir haben selber gehört und erkannt, daß dieser ist wahrlich der Welt Heiland“ (Joh 4,42). Unser Gebet muß lauten wie das des indonesischen Erweckungspredigers Petrus Oktavianus: „Herr, nimm deinen Diener weg, daß er hinter dem Kreuz verborgen ist, damit heute die Freunde nur Deine Stimme hören ...“[11]

Wie verhalten sich nun unsere *Erfahrungen* und die uns gebotene *Sachlichkeit* zueinander? Paul Tillich formuliert: „Das Ereignis, auf das sich die Christenheit gründet, ist nicht aus der Erfahrung abgeleitet, es ist gegeben in der Geschichte. Erfahrung ist nicht die Quelle, aus der die Inhalte der systematischen Theologie genommen werden können, sondern das Medium, durch das sie existentiell empfangen werden ...“ Das „Ereignis (Jesus Christus) ist der Erfahrung vorgegeben ... Deshalb *empfängt* die Erfahrung, aber sie *schafft nicht* neu.“[12]

Im Gegensatz dazu haben Theologen im 19. Jahrhundert (besonders die sog. „Erlanger Schule“) versucht, alle Inhalte des Glaubens aus der Wiedergeburtserfahrung zu gewinnen: Weil ich Wiedergeburt erlebte, weiß ich von Sünde und Vergebung, von dem Erlöser, von der Trinität, von den Heilsmitteln Wort und Sakrament etc. Der methodische Leitsatz lautete, klassisch formuliert: „Ich – der Christ – bin mir – dem Theologen – der vornehmste Gegenstand meiner Theologie“, d.h. ich betrachte mich, greife in mein Inneres und hole aus dem Reservoir meiner Erfahrung den ganzen Christenglauben hervor. Dogmatik als „Glaubenslehre“ im schlechten Sinn! Martin Kähler wendet gegen einen dieser Theologen (R.H. von Frank) kritisch ein: „Er hat kein Bedürfnis, erst aus der Bibel festzustellen, was sich in der Bibel findet“[13]; er trägt seine Erfahrung gleichsam als „innere Bibel“ in sich. Solcher „Erfahrungstheologie“ müssen wir widerstehen. Das Wort Gottes geht stets als Bergführer voran, ans Wort ist der Glaube angeseilt, die Erfahrung macht den Schluß. So entsteht eine bergtüchtige Seilschaft (Bild von Watchman Nee).

So wiederholen wir nachdrücklich: Rechte Weg-weiser sind wir, indem wir von uns selbst weg-weisen, nicht nur vom „alten Adam", sondern auch von der „neuen Kreatur"!

Zum Zeugen gehört die strenge Sachlichkeit. „Zur Sache!" Dieser Ruf wird konkret immer bedeuten: „Hin zum biblischen Wort!" Wir werden, gerade was die „Analphabeten höherer Ordnung" (ich meine damit die Zeitgenossen, die wohl in der Schule lesen lernten, aber weder ein Buch noch eine Zeitung je anrühren, geschweige denn die Bibel; sie sind reine „Videomenschen") angeht, sehr erfinderisch sein müssen: Bibelcomics, Pantomime, Straßentheater, Puppenspiele sind nicht nur erlaubt, wir werden sie mit viel Liebe entwickeln müssen. Aber Methode heißt stets „Weg hinüber zur Sache".

Und die Sache ist das biblische Wort. Denn: Das Wort tut's. Die Väter sagten: Die Schrift besitzt *„efficacia"*, es ist lebendig, wirkmächtig. *Das Wort tut's!* Darum darf ich den anderen einladen, es mit dem Wort zu probieren, es zu riskieren. Samuel Rothenberg formuliert als Rat an einen Gottesleugner: „Nehmen Sie einen einzigen Satz aus der Bibel, der Ihnen einleuchtet, und leben Sie konsequent vier Wochen danach – dann sprechen wir uns wieder."[14]

Das Wort tut's! Es ist das Reale und schafft Realität. Es ist darum wichtig, daß der Zeuge Jesu weiß, was er tut und womit er rechnen darf und muß, wenn er im persönlichen Gespräch oder in einer größeren Öffentlichkeit die biblische Botschaft weitersagt. Für die Reformatoren galt der Satz: *„Praedicatio verbi Dei est verbum Dei"*[15]; „die Predigt des Wortes Gottes ist selbst Gottes Wort". Entsprechend gehört für Luther zur Beichte vor die Absolution die Frage: „Glaubst du auch, daß meine (des Predigers) Vergebung Gottes Vergebung sei?" Hier haben wir das eherne *„est"*, das „es ist" der Väter (vgl. „Das *ist* mein Blut!"). „Wer euch hört, der hört mich", das ist Jesu Verheißung über seinen Zeugen. Eine unerhörte Aussage: Wenn ich rede, spricht

Gott selbst durch mich. Es wäre Vermessenheit und Wahn, wenn man das als Aussage über unsere Qualitäten verstehen wollte („Schaut und hört auf uns!"). Doch es ist Ausdruck schlichter Sachlichkeit, ist Ausdruck der „fremden Würde" (Luther); es ist die Würde unseres Zeugenstandes, die wir in hochgemuter Demut bejahen.

Der frühere Leiter der Unterweissacher Missionsschule, Max Fischer, wurde einmal im Schwabenland bei einer Konferenz von einem Gemeinschaftsbruder gefragt: „Herr Pfarrer, wie hat Ihne heut morge mei Aadächtle gfalle?" Darauf fuhr Max Fischer den Bruder scharf an: „Was heißt hier ‚Ihr Aadächtle'? Das war Gottes Wort!" Die scheinbar bescheidene Anfrage war in doppelter Hinsicht Ausdruck gefährlicher Unsachlichkeit: Weder geht's um „mei Aadächtle" noch um „gefallen", weder um subjektive Auslegungskunst noch um ebenso subjektive Geschmacksurteile („Er hat schön gesprochen"). Wir Gratis-Verkäufer vom Hause Gnadenau haben nicht auf unseren Namen patentierte, mit feinem Geschmack für Muster in fleißiger Heimarbeit selbstgestrickte Pullover auf dem Ladentisch zu präsentieren, sondern das Gewand der Gerechtigkeit Christi anzubieten. Darum: Mut zur Sache und zur Sachlichkeit!

Gebet um Weisheit

Von der Begegnung mit dem Zeitgenossen auf vier Ebenen haben wir gesprochen, von der *emotionalen,* der *rationalen,* der *personalen* und der *realen.* Von Zuversicht, Argumentationskraft, existentieller Betroffenheit und Sachlichkeit war die Rede. „Bringen" wir das? Schaffen wir das? Und können wir es recht dosieren? Wann ist das Emotionale dran, daß wir einem Verzagten mutmachend die Hand drücken, mit einem Erschütterten weinen („Weinet!" ist ein Imperativ der Bibel! Röm 12,15), mit einem Glücklichen jubeln, einen tief Erschütterten spontan in die Arme schließen? Wann ist das geduldige rationale Argumentieren fällig, vielleicht eine halbe Nacht lang? Und wann muß dies Gespräch rigoros abgebrochen werden, weil das Gegenüber seine kritischen Fragen nur als Alibi für seinen Ungehorsam benutzt, mit seinen Zweifeln kokettiert? Wann ist das zeugnishafte Erzählen dran: „Hör zu, ich will Dir erzählen, wie mir in einer Ehekrise geholfen wurde." Wann ist der Raum des gegenseitigen Vertrauens dafür gegeben? Und wann ist das Aufschlagen der Bibel dran, das „Sieh, da steht's"? Wann gilt's dem anderen ein konkretes Gotteswort auf den Kopf zuzusprechen: „Im Namen Jesu, Dir sind deine Sünden vergeben, du bist frei!"?

Ein Wort, das ich besonders liebe, steht in Jak 1,5: „So jemand Weisheit mangelt, der bitte darum!" Weisheit ist die Kunst des richtigen Dosierens, die Kunst, den rechten *„kairos"*, den passenden Augenblick zu erkennen, die richtige „Methode", den passenden Weg zur Sache zu finden. Wie gut, daß Gottes Weisheit den Überblick hat, daß der Geist Gottes das Woher und Wohin, das Was und das Wie in seine Obhut nimmt! Wie gut, daß diese Weisheit Gottes unserem Gebet verheißen ist! Denn darum geht's im Kaufhaus Gnadenau, dem einzelnen Kunden zur rechten Zeit den rechten Artikel mit den rechten Worten recht lieb zu machen.

B. „Ware" und „Kunde"
(Die Frage der „Anknüpfung")

Im vorigen Kapitel (Teil A) haben wir nach dem Charakter des Christus-Zeugen, nach dem Stil des Sola-Gratia-Verkäufers aus dem Hause Gnadenau gefragt. Wir wollen nun genauer bedenken, wie sich unsere *„Ware"* und der mögliche *„Kunde"* zueinander verhalten. Paßt der Zeitgenosse zum Evangelium und das Evangelium zum Zeitgenossen? Ist das, was wir wie jener orientalische Wasserverkäufer anbieten und anpreisen, für unsere Mitmenschen überhaupt attraktiv? Gewiß, Jesus Christus, der eine für alle und dies ein-für-allemal, das ist das *eine* Evangelium, das kein anderes neben sich duldet. Aber auch das andere läßt sich nicht bezweifeln: Dies eine, ewige Evangelium trifft auf eine sich tief wandelnde Welt; der Schatten des Kreuzes, das Licht von Ostern fällt auf eine sich radikal ändernde geistige (soziale, politische, kulturelle) Landschaft. Ein Schlaglicht: 1848 schrieb Theodor Storm das von ihm selbst sehr geliebte „Oktoberlied". Eine Strophe, die das damalige Lebensgefühl plastisch werden läßt, sei hier zitiert:

„Und geht es draußen noch so toll,
unchristlich oder christlich,
ist doch die Welt, die schöne Welt,
so gänzlich unverwüstlich."

Diese Verse erscheinen uns heute als böse Ironie. Nicht abstrakt mit dem Menschen überhaupt haben wir zu reden, sondern konkret mit unserem Zeitgenossen. Wo können wir ihn abholen, wo bei ihm anknüpfen? Das Stichwort *„Anknüpfung*(s-punkt)" steht als Signal für einen leidenschaftlichen theologischen Streit[16], bezeichnet ein sehr ernsthaftes Problem. Wir können es hier gewiß nicht lösen, dürfen ihm aber im Blick auf unser missionarisches Gespräch nicht ausweichen. Ich will drei Ansätze charakterisieren.

I. Drei Ansätze (Diskussion und Position)

1. Der anthropologische Ansatz: der Weg von unten

(Schlagwort: „Wie der Deckel zum Topf")

Was *braucht* der Zeitgenosse? Da soll man ihn doch selber fragen. Er ist mündig genug, seine Bedürfnisse selbst auszusprechen (wobei demoskopische Umfragen ebenso zu

Rate zu ziehen sind wie soziologische und psychologische Forschungen). „Zeitgenosse, wo drückt dich der Schuh? Wie heißen deine Defizite, deine Sehnsüchte, deine Alp- und Wunschträume?" Nehmen wir an, der so befragte Mitmensch antwortet (ich skizziere klischeehaft): „Was mich als *Privatmann* angeht, so suche ich Geborgenheit, Angenommensein, Hilfe in Lebenskrisen, kurzum *Glück;* was mich als Bürger betrifft, so geht es mir um Weltfrieden, heile Umwelt, Arbeit für alle, kurzum ums *Wohl* der Allgemeinheit; was mich als nachdenklichen *Menschen* an weltanschaulichen Fragen umtreibt, zielt auf Leid und Ungerechtigkeit in der Welt (kann es da einen Gott geben?), auf die Frage nach einem möglichen Leben nach dem Tod, kurzum mir geht es um *Sinn.*"

Nach Glück, Wohl, Sinn sehnt sich der Mitmensch. Nach dem anthropologischen Ansatz (Modell 1) habe ich jetzt zu antworten: Genau das findest du in optimaler Weise bei Jesus! Gerade für diese Artikel ist Gnadenau das Spezialgeschäft. Ich spitze zu: Jesus ist – nach diesem Modell – der maßgeschneiderte Anzug für unsere Blößen. Jesus paßt zu uns wie die zweite Halbkugel; der Radius ist millimetergenau identisch. Etwas salopp ausgedrückt: Jesus paßt zu unseren Fragen und Nöten wie der Deckel zum Topf. Er ist zu „vermarkten" nach dem Bedürfnis-Erfüllungs-Modell.

Wir fragen kritisch nach. Zuerst: Ist dieser Weg praktikabel? Kann das gutgehen? Paulus sagt: „Wenn ich auch geopfert werde bei dem Gottesdienst eures Glaubens, so freue ich mich mit euch allen" (Phil 2,17). Paulus ruft also aus: Muß ich mein Leben für Jesus hingeben, bedeutet das für mich Glück und für euch ein Fest! Ob da nicht der Zeitgenosse, dem wir Glück und Freude genau nach Maß versprochen haben, zuerst verblüfft und verwirrt den Kopf schüttelt und dann empört die Faust ballt, weil er sich von uns geprellt, betrogen, „verschaukelt" fühlt? Ob er uns nicht anfährt: „Diese Art Glück behaltet ja für euch selbst! Was ihr redet, ist unlautere Werbung, ist Volksverdummung und -verführung!"

Wir fragen weiter: „Jesus macht dich glücklich!" – als Werbespot benutzt im Rahmen des Bedürfnis-Erfüllungs-Modells – kann das sachlich richtig sein? Muß dabei nicht ein verharmloster, ein zurückgestutzter, ein angepaßter, gleichgeschalteter, kurzum ein verfälschter Jesus herauskommen? Da sagt jemand: Durch Franz Alts Buch „Frieden ist möglich“ und sein pazifistisches Programm habe ich einen ganz neuen Zugang zur Bibel. Ich bin fasziniert von der Bergpredigt, begeistert von Jesus! Gewiß, Franz Alts Jesus ist attraktiv für den Zeitgenossen. Aber welcher Jesus ist das? Alt formuliert: „Jesus wußte viel von Gott, mehr als alle anderen Menschen, er ist für mich ein Lehrer Gottes“ (S. 29). Rainer Riesner bemerkt dazu: „Nirgends im ganzen Buch finden sich Hinweise darauf, daß da auch noch Platz für Jesus als Erlöser bleibt. Er erscheint als Märtyrer einer Idee, die 2000 Jahre lang im wesentlichen folgenlos war. Wenn sie nun angesichts der atomaren Bedrohung endlich wiederentdeckt wird, so ist das auch einer Art inspiratorischem Erlebnis Alts zu verdanken.“[17] Riesners Urteil lautet: „Glaube auf Moral reduziert“, „altes Gesetz, nicht neues Evangelium“, „dünne Jesulogie“. Solch ein aktuell frisierter pazifistischer Jesus mag der ideale Marktlückenfüller sein (wie es der Aufklärer Jesus, der Hippy Jesus seinerzeit waren), aber erkennen wir darin unseren Herrn wieder? Mehr: Kann unseren Zeitgenossen mit einem Jesus geholfen sein, der nur ein überhöhtes Selbstbild ist, nur Symbol unserer Sehnsüchte, nur Projektion unseres Wollens?

Es geht nicht um Ketzerhüte, sondern um die grundsätzliche Erkenntnis, daß das marktwirtschaftliche Modell, der anthropozentrische Weg „von unten“, weder praktiziert werden kann noch darf; es ist weder praktikabel noch sachgemäß. Hier wird nicht nur Jesus auf das Prokrustesbett gelegt und modern zurechtgeschnitten, die Botschaft der Bibel wird auf den Kopf gestellt. Geht es dem Evangelium darum, daß *Gott* bei dem Menschen recht bekommt (Gott endlich als Gott anerkannt wird), so bekommt hier der Mensch recht bei Gott, recht mit seinen Ansprüchen, Forderungen, Postulaten; das aber bedeutet die endgültige Entthronung Gottes, die Vergottung des Menschen. Nach Modell 1 soll der „alte Mensch“ Ostern erleben können, ohne sterben zu müssen. Aber Jesus kann unmöglich die bruch-

lose Verlängerung menschlicher Sehnsüchte sein, er kann unmöglich schlicht das Vakuum menschlicher Bedürfnisse ausfüllen. Denn der Mensch ist vor Gott gerade nicht Vakuum, ist nicht leer, ist vielmehr randvoll von sich selbst. Und diese „Mittelpunktshaltung" heißt in der Sprache der Bibel Sünde. Wie könnte das Evangelium die Sünde einfach abdecken und damit bestätigen?
Wir sehen: Der Slogan „Der Kunde ist König" kann für das Sola-Gratia-Kaufhaus Gnadenau und seine Mitarbeiter nicht gelten, und zwar gerade, weil wir den Kunden lieben, ihm die originalen Produkte gönnen statt billiger Imitationen, die echten Perlen, nicht Modeschmuck.

2. Der (abstrakt) theologische Ansatz: der Weg von oben

(Schlagwort: „Wie die Faust aufs Auge")

Geschockt von den Konsequenzen des (sicher gut gemeinten) Ansatzes „von unten", wenden wir uns dem strikt entgegengesetzten Modell zu. Versuchen wir also, streng „von oben" her zu denken und zu reden!
Was braucht der Zeitgenosse? Das muß man ihn selbst am allerwenigsten und zu allerletzt fragen (es käme ohnehin nur unqualifiziertes Gerede heraus!). Seit wann stellt der Patient die Diagnose anstelle des Arztes? Die biblische Offenbarung allein weiß, was der Mensch wirklich braucht, was er objektiv benötigt, nicht subjektiv zu brauchen meint (als ob das wichtig wäre!). Der Mensch hat nicht Fragen an Gott zu richten; er muß endlich entdecken, daß er der von Gott Gefragte ist (der dabei auf Tausend nicht Eines zu antworten weiß). Er soll endlich aufhören, von seinem Gott-suchertum zu reden, in Wahrheit flieht er doch vor Gott, ja haßt ihn wie seinen ärgsten Feind. Kapitulieren muß er, zu Kreuze kriechen. „Lieber Zeitgenosse, was du wirklich brauchst, ahnst du nicht einmal. Ich will dir sagen: Eins ist not, Erkenntnis deiner Sünden, Buße, Bekehrung, Glaube, Vergebung, ewiges Leben. Deine angeblichen Bedürfnisse sind eitel Verblendung, Anmaßung, Torheit. Alles, was du

an vermeintlich berechtigten Fragen stellst, ist in Wahrheit Gotteslästerung. Die Botschaft muß sich den Hörer erst schaffen; die Antwort ermöglicht erst die richtige Frage. Mit Gott willst du in einen Dialog eintreten? Vermessenheit! Hier hat nur einer das Sagen! Hör auf das, was senkrecht von oben kommt."

Also Plakat am Kaufhaus Gnadenau: „Achtung, hier wird König Kunde zum Bettler umfunktioniert. Achtung, wir führen zwar nichts von dem, was Sie wünschen, dafür aber alles, was Sie wirklich brauchen!"

Wir stellen wieder die beiden kritischen Fragen: Ist dieser Verkaufsstil *praktikabel*? Ob der Zeitgenosse sich bei dieser „Bedienung von oben " nicht sehr „von oben herab" behandelt fühlt? Ob er sich nicht ebenso frustriert vorkommt, wiederum geprellt, enttäuscht? Ob er nicht klagt: „Ihr habt mir gar nicht erst zugehört, seid mir gleich über den Mund gefahren. Meine Nöte – Atomkriegsgefahr, Umweltverschmutzung, Streß am Fließband – erklärt ihr samt und sonders für Bagatellen. ‚Atomtod, das ist doch gar nichts!', sagt ihr, ‚auf das Jüngste Gericht kommt's an!' Ihr seid nichts als Besserwisser, arrogant und überheblich! Pharisäer seid ihr!"

Was machen wir mit diesen Klagen und Anklagen? Können wir sie mit einer theologischen Handbewegung wegwischen? „Das ist typisch für diese Verstockten! Sie werden sich am Ärgernis des Kreuzes noch den Hals brechen. So reden alle, die verloren gehen. Ihr Schelten ehrt uns, das ist die Schmach Christi!" Geht das praktisch so? Können wir so reden?

Mehr: *Dürfen* wir so reden? Das ist die *Sachfrage*! Ist der Weg von oben in dieser Weise sachgemäß, entspricht er Gottes Stil im Umgang mit uns? Hat Jesus die Nöte seiner Zeitgenossen nicht mit liebendem Herzen ernstgenommen? Die Blindheit des Bartimäus, die Einsamkeit des Mannes am Teich Bethesda („Ich habe keinen Menschen"), die verkappte Sehnsucht in der Neugier des Zachäus auf dem Feigenbaum? Muß man nicht grundsätzlich sagen: Wenn Gott nur senkrecht von oben hätte tönen wollen, wäre dann der Weg in Marien Schoß nicht höchst überflüssig gewesen?

Was heißt das, wenn Gottes „Philanthropie“ in Jesus erschien (Tit 3,4)? Was besagt es, wenn die Kinder sich so sehr zu Jesus hingezogen fühlten, auf seinen Schoß kletterten, auf ihm herumturnten und er sie herzte und segnete? Ist es wirklich in Gottes Sinn und nach Gottes Stil, wenn wir dem Menschen das Brot des Lebens hinwerfen wie einen Stein? Trifft die Botschaft des Evangeliums den „natürlichen Menschen“ nur in dem Sinn der Antithese, des puren Gegensatzes, der tötenden Negation? Heißt die Regel wirklich „totaliter aliter“ (ganz anders)?

3. Der christologische Ansatz: das von oben im Unten

(Schlagwort: „Wie Skalpell und Pflaster beim Geschwür“)

Unsere Alternativen („von unten“ oder „von oben“) scheinen in einem Dilemma zu enden: Weder der Weg der bloßen Anpassung („Topf und Deckel“) noch der der reinen Konfrontation („Faust aufs Auge“) scheint gangbar. Gibt es einen dritten Weg, der die nutzlose Alternative überholt?
Vielleicht ist ein Seitenblick hilfreich: Es taucht bei den Entwürfen der Christologie ein ganz ähnliches Problem auf. Da gibt es einerseits den Versuch einer „Christologie von unten“. Man beginnt bei dem Menschen Jesus, seinen Worten, seinem Verhalten, und sucht von dort („induktiv“) nach oben zu seiner Göttlichkeit aufzusteigen.

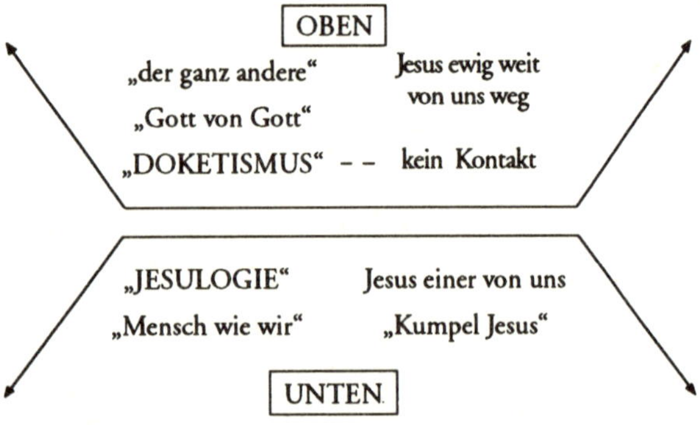

Umgekehrt gibt es „Christologien von oben", die bei der ewigen Sohnschaft beginnen und sich dort („deduktiv") auf den Boden unserer Welt abzuseilen suchen. Für beide Entwürfe gilt: Sie pflegen von ihrem Ursprungsort nicht wirklich loszukommen, erreichen die andere Ebene kaum. Klaus Bockmühl hat ein anschauliches Bild benutzt: Will man in Zeiten kriegerischer Auseinandersetzungen beim Flug mit einem Flugzeug dem gegnerischen Radarsystem ausweichen, so gibt es dafür zwei Möglichkeiten: Man kann es *unter*fliegen (Flughöhe möglichst nahe bei Null). Dabei riskiert man, daß man am Boden zerschellt. Andererseits kann man das gegnerische System in schwindelnder Höhe *über*fliegen: „Da ist man dann zwar sicher und kann ungestört fliegen, man ist aber auch endgültig ohne Biß, ohne Berührung mit der Wirklichkeit."[18]

Auf unsere Frage nach der Christologie angewandt: Die „Christologie von unten" scheitert zumeist im Unten. Sie bleibt meist humanistische Jesulogie (Jesus als Vorbild, nicht Erlöser), sie geht in der Immanenz auf und unter. Dogmengeschichtlich spricht man von „Ebionitismus": Die Gottheit Jesu wird zugunsten seiner Menschheit verraten.

Die „Christologie von oben" weiß dagegen Jesu Gottheit hoch zu preisen, vermag aber das „wahrer Mensch" nicht wirklich und überzeugend zum Leuchten zu bringen. Dogmengeschichtlich spricht man von *„Doketismus"*: Jesus ist nur scheinbar Mensch, hatte nur einen Scheinleib, war leidensunfähig usw. Hier saugt die Gottheit die Menschheit auf.

Merken wir, wie hier bei der Christologie eine ganz entsprechende Frage entsteht, sich ein ganz ähnliches Dilemma zeigt: Ist Jesus nur „einer von uns", bloß „Mensch wie wir", so vermag er uns nicht zu helfen, versinkt er mit uns im selben Sumpf. Ist Jesus nur „der ganz andere", bleibt er ewigweit von uns geschieden, so ist unsere Verlorenheit ebenso besiegelt.

Um was geht es dem Gott der Bibel? Er will gerade nicht der „Gott-für-sich" sein, sondern der *„Immanu-El"*, der „Gott-für-uns". Eben deshalb heißt der Spitzensatz des christlichen Glaubens: „Das Wort ward Fleisch“. In der biblischen Botschaft geht es gerade um den kritischen und befreienden Kontakt der Welt Gottes mit unserer Wirklichkeit. Deswegen kann es auch nicht um Christologie „von oben“ oder „von unten“ als Gegensatz gehen; diese ganze Alternative ist falsch. Es geht gerade um eine „Christologie der Begegnung“[19], um das „Zugleich von oben und unten“, um das *Oben im Unten.*[20]

Ich weiß nicht, ob wir bemerken, daß es hier nicht nur um ein ähnliches Problem geht, sozusagen um eine Parallele zu unserer Frage, sondern um dieselbe Sache, ja um den Kern der Sache. Wenn wir mit dem Zeitgenossen von Gott sprechen wollen, dann ist der Inhalt doch eben dieser. „Das Wort ward Fleisch“. Und dieser Inhalt muß für unser Reden den Maßstab, die Norm abgeben. Wir bleiben also hart an der Sache, wenn wir uns das Oben im Unten noch ein wenig verdeutlichen. Jesus ist „mitten drin“ „der ganz andere“. Er wird geboren wie wir (vgl. Gal 4,4 und das „in Windeln gewickelt“ aus Luk 2!) und ist doch gerade da „der andere“:

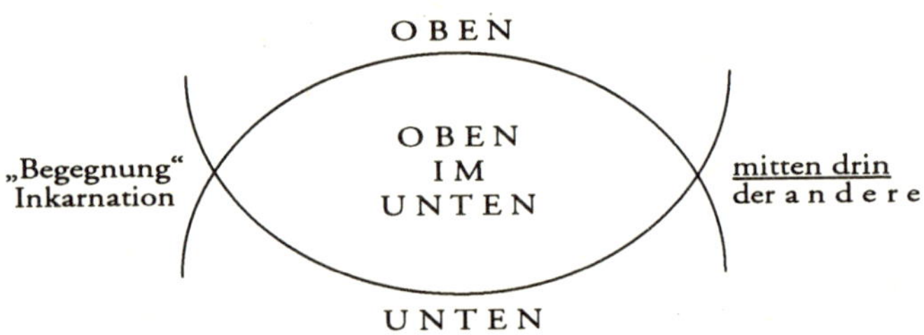

Wir wurden nicht gefragt bei unserer Geburt; aber er hat unser Leben bewußt gewählt. Er als der einzige Gefragte hat JA gesagt. Jesus stirbt wie wir (medizinisch gesehen einen Kreislauftod) und ist doch mitten darin „der andere“: Er wählt unseren Tod. Wir „werden gestorben“ (K. Marti), wir müssen's einfach, der Tod fragt niemanden. Er wollte sterben (für uns!), seine Passion war in Wahrheit Aktion, Tat („Niemand nimmt mir mein Leben, sondern ich lasse es von mir selber. Ich habe die Vollmacht, es zu lassen und es wiederzunehmen“, Joh 10,18).

Jesus schläft im Boot. Wie wir ist er auf Essen, Trinken, Schlaf angewiesen, ist ein Stück Kreatur. Und doch ist er gerade dabei „der andere“: Er schläft im Orkan, während die Jünger verzweifelt schreien, denn er ist geborgen in der Gemeinschaft mit dem Vater, ist als Schöpfer Herr über Wind und Wellen. Umgekehrt schreit er in Gethsemane laut, während die Jünger in der lauen Nacht gemütlich schlafen. Denn er allein weiß, was es heißt, als der eine dem Fluchtod zu begegnen – für uns. So ist er stets solidarisch mit uns, ist mitten drin in unserer Situation, ist im *Unten*, und eben da ist er der unvergleichlich andere, der eine ist im Unten *oben*!
Hier gilt es die Einheit unseres trinitarischen Gottesglaubens zu beachten: Kommt in Jesus wirklich der ewige Schöpfer („das Wort, durch das alles geworden ist“, Joh 1, 1-3), um uns zu erlösen, so kommt er in sein Eigentum (Joh 1,11). Und alle Rebellion der „Seinen“, die ihn nicht aufnehmen wollen und leidenschaftlich bestreiten, die „Seinen“ zu sein (Joh 1,11b), vermag nichts daran zu ändern, daß sie objektiv (wenn auch unwissend oder wider Willen) sein Eigentum sind. Das bedeutet: Der Mensch bleibt auch als Mensch wider Gott *Gottes Mensch,* auch als Rebell *Gottes Rebell.* Seine Bestimmung zur Gottebenbildlichkeit kann er niemals abstreifen, wird mit all seiner Gottlosigkeit Gott nie los.
Das bedeutet aber weiter: Alle menschliche Unruhe ist (wenn auch vom Menschen verneint und verdrängt) Heimweh, alle zerstörerische Sucht zutiefst Sehnsucht nach dem Vater. Alle Probleme des Menschen (psychische wie intellektuelle, politische wie soziale) sind – tief verschlüsselt – Ausdruck der Gottesfrage. Alle Fragen, seien sie oberflächlich oder tiefsinnig, zielen, wenn auch noch so verzerrt, verborgen, ja dämonisch pervertiert, auf Gott. In diesem Sinne hat (ja „ist“) der Mensch nur eine einzige Frage, die nach seinem Schöpfer und Herrn. In der Formulierung „Gottes Rebell“ (E. Brunner) ist beides eingefangen: die Trennung, der Abstand, die Sünde, also die radikale *Diskontinuität* – und die unausweichliche Rückbindung („religio“), die unausrottbare Zugehörigkeit, also die bleibende *Kontinuität.*
Daraus gilt es nun Folgerungen zu ziehen im Blick auf un-

sere Frage nach dem „Anknüpfungspunkt". Wie verhält sich das Evangelium zu den Fragen des Zeitgenossen? Die beiden Abwege können wir nun ausschließen. Das Bedürfnis-Erfüllungsmodell („Deckel zum Topf") berücksichtigt nur die Kontinuität, das Konfrontationsmodell („Faust aufs Auge") lediglich die Diskontinuität. Beide Modelle sind also wesenhaft defekt. Ich versuche das Miteinander beider Aspekte in folgendem Vergleich anzudeuten: Das Evangelium verhält sich zu den Fragen der Zeitgenossen *wie Skalpell und Pflaster zum Geschwür*, theologisch gesagt *wie Gericht und Gnade zum Sünder.*

II. Radikale Verwandlung

Was bedeutet das nun für die Praxis des Gesprächs? Es ist sicher deutlich: Eine glatte und bequeme Formel läßt sich nicht aufstellen, geschweige denn ein Patentrezept. Dafür erweist sich das Beziehungsgeflecht als zu kompliziert. Ich will eine These zur *Sache* aufstellen, die dann auf der Ebene der Sprache (missionarisches Gespräch!) bewährt werden muß: Was der Mensch mitbringt (an Sachfragen wie in seiner Sprache) muß durch eine radikale Verwandlung hindurch, es muß mit Christus sterben und auferstehen, muß *„mortificatio et vivificatio"* (Tötung und Erweckung) erfahren.

Es gilt dabei, die Grundstruktur, das Grundgesetz zu erfassen, den ständig wiederkehrenden *Dreier-Rhythmus*, den biblischen *Dreischritt.* Es geht jeweils um den Dreitakt: *Schöpfung – Sünde* (als dämonische Perversion des gut Geschaffenen) – *Erlösung* (als radikale Verwandlung). Ich versuche, das exemplarisch zu veranschaulichen.

Der *„Wille zum Leben"* (der „Selbsterhaltungstrieb") ist dem Menschen als Geschöpf eigen, ist Gabe und Aufgabe seitens des Schöpfers, der dem Menschen z.B. die Früchte des Gartens zur Nahrung schenkt. Die Sünde verdirbt die-

sen Lebenswillen zur Selbstsucht: Der Mensch macht sich selbst zum zentralen Thema, will selbstherrlich leben gegenüber Gott und selbstherrlich über-leben auf Kosten der Mitgeschöpfe. Entscheidend ist nun, daß diese (sündhafte) Selbstsucht nicht dadurch bewältigt wird, daß man sie pädagogisch angeht, sie bremsen, mäßigen, sublimieren, in Selbst-zucht nehmen will. Nein, diese Selbst-sucht empfängt das Todesurteil, muß in das Sterben Jesu hineingetaucht werden. Zur Tötung des „alten Menschen" aber tritt in der Kraft des Heiligen Geistes die Auferweckung: Die „neue Kreatur" lebt von der Liebe Gottes, weiß sich in dieser Aufgabe aufgehoben, empfängt von daher als Geliebte nun auch das Recht, sich selbst zu lieben, sich selbst dankbar als von Gott „angesehen" anzunehmen. Auch dies gehört zur Freude der Erlösten: „Ich danke Gott und freue mich wie's Kind zur Weihnachtsgabe, daß ich bin, bin und daß ich dich, schön menschlich Antlitz, habe" (M. Claudius). Ein Christ, der sich selbst beständig herabsetzt und selbst zerfleischt, lästert seinen Schöpfer, seinen Versöhner und seinen Erlöser, den Vater, den Sohn und den Geist. Diesen dreigliedrigen Vorgang können wir durchaus unter der nun neu gefüllten, der „getauften" Vokabel „Selbst-findung" zusammenfassen. In der Tat: Bei Jesus komme ich auch zu mir selbst, finde mich selbst (freilich unter der Überschrift: das ist Zu-gabe; „solches alles wird euch obendrein zufallen"[21]).
Haben wir diese Grundstruktur, diesen Dreischritt einmal erfaßt, entdecken wir rasch, daß er im Neuen Testament beständig wiederkehrt: Die Juden fragen nach *Gerechtigkeit.* Zum Schöpfer und Bundesgott im rechten Verhältnis (das bedeutet „gerecht" im Alten Testament wie im Neuen Testament) stehen zu wollen, ist gut. Aber nun tritt die Perversion ein, die „Selbstgerechtigkeit", „eigene Gerechtigkeit" heißt (Röm. 10,3). Gott antwortet darauf, indem er durch Karfreitag und Ostern hindurch (durch Todesurteil und Totenauferweckung) die „Gottes-Gerechtigkeit" aufrichtet (Röm 1,17).
Nach *Weisheit* fragen die Griechen, und das ist im Ansatz schöpfungsgemäß; denn Gott gab dem Menschen die Ver-

nunft, das Organ des „Vernehmens". Aber faktisch begegnet uns diese Weisheit als verderbt, als „Weisheit dieses Äons" (1 Kor 2,6), die die Gottesoffenbarung als „dummes Zeug" (Torheit) verhöhnt. Gott aber richtet in Jesus seine, die „Gottesweisheit" auf (1 Kor 2,6f).

Wir halten fest: Der zentrale Heilsbegriff der Juden („Gerechtigkeit") wie der Griechen („Weisheit") wird durch die Christusoffenbarung nicht einfach eingestampft, aber auch keineswegs einfach bestätigt; er wird in Gericht und Gnade „wiedergeboren".

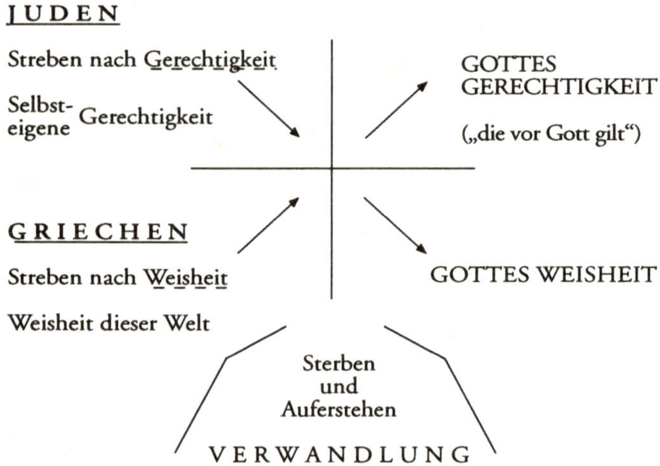

„Zeichen" erwarten die Frommen, und das ist recht, denn der Gott der Bibel ist kein „schnarchender Gott" (Luther), sondern ein lebendig wirkender. Aber der sich selbst vergötzende Mensch richtet nun die „Zeichen" als Maßstab auf, an dem sich Gott gefälligst zu legitimieren hat („Steig herab vom Kreuz, dann wollen wir dir glauben!"). Gott soll sich dem menschlichen Test unterwerfen, der Mensch wird ihn dann akzeptieren oder disqualifizieren. Gott aber setzt dennoch sein Zeichen in die Welt, das „Zeichen des Jona", das Kreuzeszeichen, macht den verworfenen Stein zum Eckstein. Also wird in radikaler Verwandlung auch das Wort „Zeichen" aufgehoben, „aufgehoben" im Doppelsinn: durchgestrichen und neu aufgerichtet.

III. Sprache im Licht der Christusoffenbarung

Nun beobachten wir plötzlich, daß alle großen Worte der menschlichen Sprache so „verwandelt" werden: Vater („Vater unser... "), Mutter („wie einen seine Mutter tröstet"), Schwester und Bruder (die neue Gottesfamilie), das Haus (dort sind „viele Wohnungen"), die Heimat (ist „in den Himmeln"). Dasselbe geschieht mit den elementaren Nahrungsmitteln: Brot („des Lebens"), Wasser („lebendiges Wasser"), Wein („der wahre Weinstock"). Bei kosmischen Begriffen ist es nicht anders: Himmel, Licht und Finsternis, die Sonne („die mir lacht"). Menschliche Sehnsuchtsworte werden so verwandelt: Liebe, Freude, Friede, Gerechtigkeit, Ruhm (Eigenruhm – „sich des Herrn rühmen") ... Keines dieser Worte kann geradlinig von dieser Welt ins Reich Gottes geführt werden (wie jene „natürliche Theologie" von unten will), keines aber fällt auch einfach „senkrecht vom Himmel" (wie jene doketische oder glossolalische Theologie von oben meint). Alle werden sie durch Tötung und Auferweckung verwandelt, von allen gilt: „So ihr nicht Buße tut ... " Aber alle sind nun auch sprachliche Gefäße für das Evangelium. Wir reden mit dem Zeitgenossen, indem wir seine Vokabeln, die Vokabeln der alten Welt als „bekehrte", als „wiedergeborene" Worte benutzen. Spricht mir jemand von „Selbstverwirklichung", dann sage ich zuversichtlich: Ja, die erwarte ich auch! Erzählt er mir, er wolle „mit sich selbst identisch" werden, dann akzeptiere ich dies Modewort gern: Wer könnte denn bestreiten, daß in der Vollendung (wenn Gott „alles in allem" ist) auch mein Selbst so zu Stand und Wesen gebracht wird, wie Gott mich gemeint, mich entworfen hat (vgl. Menschenwürde).

Alle großen Sehnsuchts- und Hoffnungsworte der Menschheit gehören nicht der Welt, der Sünde und dem Teufel zu, sondern uns, den Kindern des Reichs. Alle können wir benutzen, um Zeitgenossen damit „abzuholen", bei ihnen „anzuknüpfen". Freilich: „Es geht durch Sterben nur." L. Goppelt hat das (im Blick auf die „Ich-bin-Worte" des

Johannesevangeliums) klassisch zusammengefaßt: Jesu Gabe ist „etwas radikal anderes“ und doch „genau die Erfüllung dessen, wonach der Mensch eigentlich hungert“.[22]
Das Ur- und Sehnsuchtswort des Zeitgenossen heute heißt *Leben* („lebenswert“, „Lebensqualität“, „überleben“). Das Heilswort in der Theologie des Johannes heißt genauso: Leben. Freilich, wenn der „alte Adam“ von Umkehr zum Leben spricht, dann meint er gerade Selbsterhaltung. Jesus aber sagt gerade: „Wer sein Leben verliert um meinetwillen, der wird's finden.“ Aber das ist unsere Botschaft: Wir dürfen Menschen, die um jeden Preis leben wollen, die in ihren „Bios“ verkrallt sind, einladen zu dem, der die Auferstehung und das Leben ist, das göttliche Leben („Zo-e“). Aber was ist das für eine Botschaft, die Nachricht: Gott starb in Christus, damit wir leben! Die berühmte englische Kriminalschriftstellerin Dorothy Sayers hat diese Geschichte „Das größte Drama aller Zeiten“ genannt. Ich schließe mit einem Satz dieser überzeugten Christin[23]:
„Jedenfalls waren und blieben die, die den auferstandenen Christus sahen, überzeugt, daß das Leben es wert ist, gelebt zu werden, und daß der Tod nichtig ist. Eine sehr andere Haltung als die des modernen Defaitisten“ (Schwarzseher und Miesmacher), „der so fest überzeugt ist, daß das Leben ein Unglücksfall und der Tod – ein bißchen inkonsequent – eine noch größere Katastrophe sei.“
Mit diesem zu Ostern entsprungenen Lebensmut bin ich gern ein Verkäufer zum Nulltarif auf der Sola-Gratia-Basis des Hauses „Gnadenau“.

Orte der Erstveröffentlichung

1. *Die Rechtfertigung des Gottlosen,* in: Luther und der Pietismus, hrsg. von Kurt Heimbucher, Dillenburg – Gießen/Basel 1983, S. 78-100.

2. *Rechtfertigung und Heiligung,* in: Dem Auftrag verpflichtet, hrsg. von Kurt Heimbucher, Dillenburg – Gießen/Basel 1988, S. 198-236.

3. *Vom unfreien Willen,* in: Luther und der Pietismus, hrsg. von Kurt Heimbucher, Dillenburg – Gießen/Basel 1983, S. 120-157.

4. *Die reformatorische These „Vom unfreien Willen" und der evangelistische Ruf zum Glauben,* in: Klaus Teschner (Hrsg.), Die Botschaft von der freien Gnade, Festschrift für Johannes Hansen, Neukirchen-Vluyn 1990, S. 15-29 (für diese Ausgabe überarbeitet).

5. *Wie soll man heute von Gott reden,* in: Kurt Heimbucher (Hrsg.), Schritte zu den Menschen, Dillenburg 1984, S. 133-152. Ursprünglicher Titel: Gott – Wie soll man heute von ihm reden?

Anmerkungen

1. Die Rechtfertigung des Gottlosen

1 Die lateinische Ausgabe findet sich in den Bänden 40, I und II der Weimarer Ausgabe (WA). Ich zitiere nach der deutschen Übersetzung Luthers Galaterbrief-Auslegung von 1531, hrsg. von H. Kleinknecht, Göttingen 1980.

2 H.J. Iwand, Nachgelassene Werke IV, 414.

3 WA 40, I, 258/II, 16.

[4] Schmalkald. Artikel, Luthers Werke, Münchener Ausgabe (Mü) III, 296.

[5] H. Fausel, Martin Luther, 1483-1521, ³1977, S. 18.

[6] E. Hirsch, Hilfsbuch zum Studium der Dogmatik, S. 123.

[7] Melanchthon spricht in der Apologie von *„odisse iudicium Dei“* (Gottes Gericht hassen), *„irasci Deo“* (Gott zürnen), von *„contemptus Dei“* (Verachtung Gottes), BSLK 148f.

[8] Vgl. dazu Mü I, 26f.

[9] Sind im Folgenden nach den Zitaten nur Seitenzahlen angegeben, so beziehen sie sich stets auf die unter 1) genannte Übersetzung des Galaterkommentars von 1531.

[10] WA 40, I, 285, 31.

[11] Aus: Von der Freiheit ... Mü II, 271.

[12] Vgl. dazu Günter Rohrmoser, Nietzsche und das Ende der Emanzipation, Freiburg 1971, S. 19ff; das Zitat S. 19.

[13] Hirsch a.a.O., S. 120; vgl. auch die Vorrede zum Römerbrief: „O, es ist ein lebendig, schäftig, tätig, mächtig Ding um den Glauben, daß unmöglich ist, daß er nicht ohn Unterlaß sollt Guts wirken. Er fraget auch nicht, ob gute Werke zu tun sind, sondern ehe man fragt, hat er sie getan und ist immer im Tun“; Mü VI, 90.

[14] So referierte Prof. Klaus Bockmühl einen amerikanischen Theologen, Gnadauer Pfingstkonferenz 1981.

[15] „Von den Konziliis und Kirchen“, 1539; Mü Ergänzungsreihe VII 86 f.

[16] Paul Tillich, Systemat. Theologie II, S. 190-192.

2. Rechtfertigung und Heiligung

[1] Ernst Gaugler, Der Epheserbrief, Zürich 1966, S. 90.

[2] Ebenda, S. 99.

[3] Gottfried Voigt, Das heilige Volk (Hom. Auslegungen Band II), Göttingen 1979, S. 372.

[4] Erich Beyreuther, Der junge Zinzendorf, Marburg/Lahn, 1957, S. 169.

5 Adolf Schlatter, Das christliche Dogma, Stuttgart ²1923, S. 366f.

6 C.H. Spurgeon, Alles zur Ehre Gottes (Autobiographie), Wuppertal 1984, S. 97.

7 Wichtig ist die historische Untersuchung: Johannes Meyer, Historischer Kommentar zu Luthers Kleinem Katechismus, Gütersloh 1929, S. 340-374.

8 Heinrich Schmid, Die Dogmatik der evgl. luth. Kirche, Frankfurt/M. ⁶1876, S. 323.

9 Karl Barth, Kirchliche Dogmatik IV/2, S. 569.

10 Vergleiche zu diesem Abschnitt: Ernst Gaugler, Die Heiligung im Zeugnis der Schrift, Bern 1948; Julius Schniewind, Heiligung – in: Geistliche Erneuerung, Göttingen, 1981, S. 105-114; H.P. Müller, Artikel *kadosch – heilig,* Theologisches Handwörterbuch zum AT, Band II, Sp. 598-609.

11 Adolf Köberle, Rechtfertigung und Heiligung, Leipzig ²1929, S. 274.

12 Vgl. zu diesem Abschnitt Köberle (Anm. 20), S. 274-284; Karl Barth (KD IV/2, S. 571) unterscheidet „faulen Quietismus" von „einem illusionistischen Aktivismus".

13 Vgl. dazu Friedrich Brunstädt, Theologie der lutherischen Bekenntnisschriften, Gütersloh 1951, S. 112.

14 Vgl. dazu Adolf Schlatter, Der Dienst der Christen in der älteren Dogmatik (Kleine Schriften), herausgegeben von Ulrich Luck, München 1969, dort S. 53: „... haben unsere Alten ... für die Buße und das Glauben Koexistenz verlangt und ihr Doppelurteil auf dasselbe Ich bezogen, was ich jetzt bin. Sie haben somit die Unfreiheit und die Freiheit zum Guten gleichzeitig in dieselbe Persönlichkeit hinein verlegt, jene als Ergebnis ihrer eigenen Natur, diese als Gabe der Gnade."

15 Wilfried Joest, Dogmatik Band 2, Göttingen 1986, S. 484.

16 Zitiert bei Kurt Hutten, Seher, Grübler, Enthusiasten, Stuttgart ⁵1958, S. 458 (aus J. Pauls Zeitschrift „Heiligung" 1904).

17 Ebenda, S. 457.

18 Hans von Sauberzweig, Er der Meister – wir die Brüder, Denkendorf ²1977, S. 224f.

19 Ebenda, S. 223.

20 Schlatter, s. oben Anm. 15, S. 55/56.

[21] Schlatter, Das christliche Dogma, s. oben Anm. 6, S. 473 und Anm. 291 auf S. 603.

[22] Zu diesem Thema ist bleibend wichtig, was Schlatter in dem oben unter Anm. 15 genannten Aufsatz darlegt über „Die negative Fassung der Heiligung", S. 63ff.

[23] Vgl. ebenda, S. 66.

3. Vom unfreien Willen

[1] Zur *Literatur*
Die lateinische Fassung „De servo arbitrio" (WA 18) findet sich am bequemsten in der Clemenschen (Bonner) Ausgabe „Luthers Werke", Band III, zitiert als Cl.
Übersetzungen: „Daß der freie Wille nichts sei", Münchener Ausgabe, Ergänzungsreihe Bd. I, zitiert Mü; gekürzt in Aland, Luther Deutsch III, zitiert LD. Normalerweise wird nach LD zitiert, sonst Mü oder Cl. Wird aus anderen Bänden der genannten Ausgaben zitiert, so ist jeweils der Band genannt (z.B. Mü II).
Sekundärliteratur:
Eine vorzügliche Einführung mit Kommentar von H.J. Iwand findet sich in dem Band der Münchener Ausgabe (Mü Ergänzungsreihe I); ferner: H.J. Iwand, Um den rechten Glauben, Aufsätze, München 1965. Rudolf Hermann, Luthers Theologie, Göttingen 1967, dort Teil VIII. Klaus Schwarzwäller, Theologia crucis, München 1970.

[2] Vgl. Luthers Heidelberger Disputation, 1518, dort These 13: „Freier Wille ist nach dem Sündenfall nur ein bloßer Name, und wenn er tut, soviel an ihm ist, begeht er Todsünde" (Mü I, 130).

[3] Vgl. Hermann, a.a.O., S. 146.

[4] WA I, 225.

[5] Iwand, a.a.O., S. 38/S. 35.

[6] Iwand, Mü 253; a.a.O., S. 250.

[7] Iwand, a.a.O., S. 257.

[8] Schwarzwäller, a.a.O., S. 61.

[9] Dazu der wichtige Aufsatz von Adolf Schlatter, Der Dienst des Christen in der älteren Dogmatik, in Der Dienst des Christen. Beiträge zu einer Theologie der Liebe. Hrsg. von Werner Neuer, Gießen/Basel 1991.

10 Zit. nach E. Hirsch, Hilfsbuch zum Studium der Dogmatik,[3]1958, S. 120.

11 Luther „kennt weder vor noch nach dem Gnadenempfang einen freien Willen. Der freie Wille ist eine Vokabel, die in seiner Theologie nicht vorkommt, weder in seiner Lehre von der Rechtfertigung noch in der von der Heiligung". Mü 254; Um den rechten Glauben, S. 267: „Es ist ... wesentlich, daran zu erinnern, daß Luther auch für den von Gott zu der Freiheit des Glaubens Befreiten das ‚liberum arbitrium' nicht wiederhergestellt sehen möchte."

12 „Während dort" (bei Erasmus) „das Bestreben vorherrscht, die unlösbaren Widersprüche der Prädestination und Reprobation, des verborgenen und offenbaren Gottes aufzulösen, sie gleichsam durch Vergleich zu versöhnen und so der Vernunft einen Anblick zu ersparen, der sie vor die Grenzen ihrer selbst stellen könnte, läuft hier" (bei Luther) „alles darauf hinaus, diese Abgründe des Glaubens aufzudecken und zu entschleiern, nicht um daran zu verzweifeln, sondern um zur Anbetung dieses unbegreiflichen Willens Gottes zu mahnen" (Iwand, a.a.O., S. 18). Erasmus „sichert ... also die Vernunft vor ihrer eigenen Katastrophe, verdeckt mit seinem Veto das, woran sie zuschanden wird" (ebenda, S. 21).
„Tatsächlich kann sich auch kein Mensch Gott gegenüber für frei halten, ohne daß er damit notwendig und gerade darum unbewußt *Gott* von seinem Verhalten *abhängig* denkt. Hier liegt die Wurzel aller Gesetzesfrömmigkeit" (ebenda, S. 47).

13 „Himmel und Hölle hören auf, Bilder des menschlichen Wünschens oder Schreckens zu sein. Einigung mit Gott, Eingehen in seinen Willen, das heißt Seligkeit, und Auflehnung wider Gott, Zerfallensein mit ihm heißt höllisches Feuer." Iwand, Glaubensgerechtigkeit nach Luthers Lehre, München 1964, S. 24.
An dieser Stelle Angefochtene weiß Luther wundervoll zu trösten: „Sicherlich ist es nicht die Art der Verworfenen ... vor jenem verborgenen Gericht Gottes zu zittern, sondern die Art der Erwählten ... Wenn einer also große Angst hat, daß er nicht erwählt sei ... so soll er für solches Bangen Dank sagen und sich freuen, daß er überhaupt Angst hat, weil er zuversichtlich wissen darf, daß Gott nicht lügen kann, der

gesagt hat: Das Opfer, das Gott gefällt, ist ein geängsteter Geist, d.h. ein verzweifelter Geist" (Mü/Römer, S. 295).

[14] W. Kreck, Grundentscheidungen in Karl Barths Dogmatik, Neukirchen 1978, Exkurs „Zu Luthers Erwählungslehre" (S. 284 ff.): Luther „lehrt insofern eine doppelte Prädestination, als bei Gott allein der Grund liegt, warum der eine glaubt und der andere nicht. Aber so gewiß Luther das klar ausspricht und also auch von Verstockung reden kann, so fehlt doch eine Spekulation über die beiden Menschengruppen, geschweige daß ein doppeltes Dekret Gottes zum Ausgangspunkt seines Denkens gemacht würde", S. 294f.

Hermann, a.a.O., S. 167: „‚Erwählung' ist eben nicht vornehmlich die positiv ausgefallene Möglichkeit im Unterschied zu der ebenso möglichen Verwerfung, sondern eine Charakterisierung der Zukehr Gottes in Christo zu dem einzelnen Menschen." Damit ist gesagt, daß Luther kein eigenständiges Interesse an der Verwerfung hat, sondern das Solus Christus, Sola Gratia gegen alle Ansprüche des Menschen stellt! „Die Erwählung ist im Sinne Luthers schwerlich als eine Art vorzeitlicher Los-Austeilung zu verstehen, sondern als Handeln Gottes in seiner Offenbarung. Wir ‚kennen' ja keinen anderen Gott als den erwählenden" (ebenda, S. 164).

[15] Dazu, daß Paulus in Röm 9-11 eindeutig eine Prädestinationslehre vertritt, vgl. Gerhard Maier, Mensch und freier Wille, Tübingen 1971. Maier urteilt: „Man könnte die Geschichte der Exegese von Röm. 9 als eine *Geschichte von Versuchen* bezeichnen, *dieser klaren Erkenntnis auszuweichen*", S. 356.

[16] Schwarzwäller, a.a.O., S. 182.

LD IX Tischreden, S. 35: „Ich hab's oft gesagt und sag es noch: Wer Gott erkennen und ohne Gefahr von Gott spekulieren will, der schau in die Krippe, heb unten an und lerne erstlich erkennen der Jungfrau Maria Sohn, geboren zu Bethlehem, so der Mutter im Schoß liegt und saugt oder am Kreuz hängt, danach wird er fein lernen, wer Gott sei. Solches wird alsdann nicht schrecklich, sondern aufs allerlieblichste und tröstlichste sein. Und hüte dich ja vor den hohen fliegenden Gedanken, hinauf in den Himmel ohne diese Leiter zu klettern, nämlich den Herrn Christus in seiner

Menschheit, wie ihn das Wort fein einfältig darstellt. Bei dem bleibe und laß dich nicht von der Vernunft davon abführen, so ergreifst du Gott recht."

17 Vgl. hierzu den vorzüglichen Artikel *„Prädestination"* von Hans Engelland (in Biblisch-Theolog. Handwörterbuch zur Lutherbibel, Göttingen, hrsg. von E. Osterloh und H. Engelland, dort S. 450-455). Hier wird deutlich herausgearbeitet, daß das biblische Zeugnis nicht einlinig verfährt, daß eine universalistische neben einer partikularistischen Aussagenreihe steht und beide nicht harmonisiert werden. Vgl. S. 451: (1)„Das ist der universale Heilswille Gottes, der den Menschen in die Entscheidung ruft und ihn für seine Entscheidung verantwortlich macht"; (2)„In harter Antithese dazu geht durch das NT eine zweite Reihe von Aussagen, nach denen Gottes Heilswille sich nur an den Menschen verwirklicht, die er bestimmt. Über den Empfang des Heils entscheidet nicht der Mensch, sondern Gott, und das Ja oder Nein des Menschen, sein Glaube oder Unglaube geht auf eine Entscheidung Gottes über ihn zurück." – Es wird hier gerade nicht darum gehen, mit „vielen Künsten" jene zweite Aussagenreihe zu entschärfen, sondern darum, mit Luther zu sehen, daß hier *gerade das „Licht des Wortes" uns auf das „Licht der Herrlichkeit" warten heißt.* Das macht die Theologie demütig und verbietet ihr alle spekulativen Lösungen einer „Zentralschau"!

18 Siehe Cl. VIII Tischreden, Nr. 406: „Es muß alles in einem *Dorrsel* (Dusel) geschehen. Sich ergo pertractus sum ad officium docendi." Nr. 3846: „Hoc factum est me invito, dissuadentibus mihi multis hominibus ... Sed ego provocatus ging herzu *wie ein geplendt* (geblendetes) *pferdt,* den(n) der Detzel machts zu grob ..."

19 „Zum ersten bitte ich, man wolle meines Namens schweigen und sich nicht ‚lutherisch', sondern ‚Christ' nennen. Was ist Luther? Ist doch die Lehre nicht mein, ebenso bin ich auch für niemand gekreuzigt ... Wie käme denn ich armer, stinkender Madensack dazu, daß man die Kinder Christi mit meinem heillosen Namen benennen sollte?" („Eine treue Vermahnung ..." 1522 / LD IV, 57).

Betrachtet sich Luther als Person, so weiß er, daß er nichts ist

(„Gottes unwürdiges Gezeuge“), betrachtet er jedoch den Auftrag, den ihm Christus gab, so muß er anders reden, nennt sich einen „Ecclesiasten von Gottes Gnaden“, einen „Propheten der Deutschen“, einen „Apostel und Evangelisten in deutschen Landen“; beides zusammen: Luther ist der „stolze Tropf“, vgl. dazu Karl Holl, Luthers Urteile über sich selbst, Gesammelte Aufsätze zur KG I, S. 381ff.

[20] Schwarzwäller, a.a.O., S. 110.

5. Wie soll man heute von Gott reden?

[1] W. Lüthi, Der Apostel (2. Kor.). Basel o.J., S. 37.

[2] L. Goppelt, Der Erste Petrusbrief, KEK XII/1, Göttingen 1978, S. 237.

[3] K. Heim, Glaube und Leben (Gesammelte Aufsätze), 1926, S. 522.

[4] G. von Rad, Christliche Weisheit?, in: Ev. Theol., 31. Jhg., 1971, S. 153f.

[5] H.G. Pöhlmann, Abriß der Dogmatik, Gütersloh ³1980, S. 86.

[6] „Zur Frage der Wunderheilungen“, wieder abgedruckt in: A. Köberle, Karl Heim, Hamburg 1973, S. 207ff.

[7] W. Gitt, Was spricht gegen die Lehre der Evolution?, SCHRITTE 3/1984, S. 15.

[8] In dieselbe Richtung weist die Erfahrung, daß Krankenschwestern seelisch erkranken, wenn sie in Abtreibungskliniken sich nur dem Geschäft des Tötens zu widmen haben.

[9] Berichtet in: H.G. Pöhlmann, Gottesdenker, Reinbek 1984, S. 293; dort auch das Zitat von Kolakowski.

[10] Zum Toda-Opfer siehe H. Gese, Vom Sinai zum Zion, München 1974, S. 190 (Ps. 22 und das NT).

[11] In: O. Riecker, Ruf aus Indonesien, ²1972, S. 19f.

[12] P. Tillich, Systematische Theologie I, Stuttgart 1956, S. 53 und 57.

[13] Geschichte der prot. Theologie im 19 Jhdt., München 1962, S. 230.

[14] Samuel Rothenburg, Christsein heute und morgen, Konstanz 1981, unter Nr. 548 (S. 173).

[15] So in der Confessio Helvetica Posterior.

[16] Vgl. besonders die Kontroverse zwischen Emil Brunner (Natur und Gnade) und Karl Barth (Nein! Antwort an E. Brunner), München 1934.

[17] R. Riesner, Neues Evangelium oder altes Gesetz, SCHRITTE 5/1984, S. 15.

[18] K. Bockmühl, Atheismus in der Christenheit, Gießen/Basel [3]1985, S. 81.

[19] O. Weber, Grundlagen der Dogmatik II, Neukirchen 1962, S. 36.

[20] B. Klappert, Die Auferweckung des Gekreuzigten, Neukirchen 1971, S. 4f. Als „Christologie des Zugleich von oben und unten in der Erniedrigungsgeschichte ins Kreuz" charakterisiert Klappert Barths Entwurf.

[21] Vgl. dazu W. Lütgert, Ethik der Liebe, Gütersloh 1938. – L. zeigt diese radikale Verwandlung in seinem Abschnitt „Ehre und Ehrgeiz" (S. 137ff): Der Fehler liegt „nicht in der Übertreibung des gesunden Triebes … und also die Heilung nicht in einer Hemmung oder Einschränkung, sondern … der Trieb (geht) in eine falsche Richtung, und die Überwindung (liegt) in einer *Bekehrung,* die Reinigung nicht in einer Besserung, sondern *in einem Sterben und Auferstehen*" (S. 138).

[22] L. Goppelt, Theologie des NT, Göttingen [3]1980, S. 631.

[23] D. Sayers, Das größte Drama aller Zeiten (übersetzt von Karl Barth!), Zürich 1982, S. 32.

Vom Umgang mit dem Leid

Siegfried Kettling

Zwischen Trauer und Trost

48 Seiten. Paperback

Bestell-Nr. 3-7655-9066-5

Von schweren Führungen und Lebenskrisen wird kaum ein Mensch verschont. Doch wie geht man angemessen mit dem Leid um? Wo findet ein vom Leid erschütterter Mensch wieder festen Halt? Wie sieht der Trost konkret aus, den das Evangelium einem Trauernden und Angefochtenen bietet?

Siegfried Kettling trägt nicht Theorien vor. Er spricht als ein persönlich Betroffener, der selbst Trauerarbeit leisten mußte und sich auch gedanklich Klarheit verschafft hat.

Dabei argumentiert der Autor nicht nur als theologischer Lehrer, sondern zieht auch Beobachtungen und Einsichten der Psychologie heran. In der Erinnerung an Texte der Reformation und im Vergleich zu zeitgenössischen Denkansätzen führt Siegfried Kettling dem Leser anschaulich die Einzigartigkeit des Trostes vor Augen, den das Evangelium bietet.